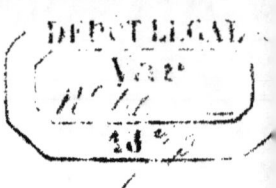

# DESCRIPTION HISTORIQUE

## DU

# DIOCÈSE DE FRÉJUS

# DESCRIPTION HISTORIQUE

DU

# DIOCÈSE DE FRÉJUS

# DESCRIPTION HISTORIQUE

DU

# DIOCÈSE DE FRÉJUS

MANUSCRITS

## DE GIRARDIN ET D'ANTELMY

PUBLIÉS PAR

### L'Abbé J.-B. DISDIER

MEMBRE DE LA SOCIÉTÉ D'ÉTUDES ARCHÉOLOGIQUES DE DRAGUIGNAN

DRAGUIGNAN

C. ET A. LATIL, IMPRIMEURS-ÉDITEURS

Boulevard de l'Esplanade, 4

1872

# AVANT-PROPOS.

*L'histoire des paroisses du diocèse de Fréjus fut entreprise, il y a bientôt deux siècles, par Joseph Antelmy, chanoine, et plus de cinquante ans après par le curé Girardin. Les manuscrits que ces deux historiens laissèrent inachevés sont heureusement arrivés jusqu'à nous, traversant la période révolutionnaire qui a fait tant de vides dans nos archives diocésaines.*

*Nous croyons servir les intérêts de la science et favoriser les études locales en les donnant au public.*

*Par les précieuses indications qu'ils renferment, et qu'on chercherait vainement ailleurs, ils peuvent servir de cadre à une partie de la grande histoire dont l'intelligente sollicitude de notre vénéré prélat, Monseigneur Jordany, veut doter le diocèse de Fréjus.*

Pour cette œuvre si importante, le Prélat a fait appel au concours de tous les prêtres. Les recherches ont commencé; mais la rareté des documents les a souvent rendues infructueuses. Les manuscrits que nous publions ont déjà aidé quelques-uns de nos confrères; désormais ils pourront être utiles à tous.

Il ne sera peut-être pas sans intérêt de montrer quelle place ils occupent dans la vie de ceux qui les ont composés.

Préludant aux doctes travaux par lesquels il devait s'illustrer, Joseph Antelmy, chanoine de l'église cathédrale de Fréjus, commençait, à l'âge de 28 ans, la description historique des paroisses. C'était un essai, incomplet sans doute, peut-être même un peu hâtif, mais où le génie particulier de l'auteur se révèle déjà sous un langage élégant et par de judicieuses observations.

Comprenant lui-même ce qui manquait à son œuvre, il la suspendit pour la reprendre ensuite et la faire entrer dans un plan général qu'il indiquait en la préface de son premier livre, De initiis Ecclesiæ Forojuliensis : Origine, splendeur et décadence de l'antique Fréjus; établissement du siége épiscopal et chronologie des pontifes; histoire de l'église cathédrale et des cinq églises collégiales; description des paroisses et abbayes du diocèse.

Les ouvrages d'Antelmy, que nous possédons, font regretter qu'il n'ait pu mener à bonne fin ce vaste projet; par son érudition, il en aurait fait un monument remarquable. Détourné un instant de son œuvre première par sa lutte avec le P. Quesnel, au sujet des œuvres de saint Léon-le-Grand et de saint Prosper, absorbé ensuite, comme grand vicaire, par l'administration du diocèse de Pamiers que troublaient les affaires de la régale, épuisé enfin par les travaux et les infirmités, Antelmy venait mourir à Fréjus, sa patrie, à peine âgé de 49 ans.

Des nombreux manuscrits qu'il laissa, nous n'avons plus aujourd'hui que la description du diocèse, et encore cette description n'embrasse-t-elle que les deux tiers des paroisses. Toutefois, quoique ébauchée à peine, elle n'en est pas moins précieuse et offre souvent un vif intérêt. Le plan en est bien conçu: en première ligne, la ville et l'église cathédrale; les églises collégiales ensuite; et enfin les églises paroissiales, à commencer par celles dont l'évêque était seigneur spirituel ou temporel.

Chacun des membres composant le chapitre cathédral, à l'époque où Antelmy écrivait, c'est-à-dire en 1676, est désigné par son nom et ses qualités, à mesure qu'est décrite la paroisse qui lui sert de prébende; et on trouve de curieux détails sur ces dignitaires.

Trente ans après la mort de Joseph Antelmy, Jacques Félix Girardin, alors curé de Cogolin et plus tard de l'église cathédrale, reprenait son œuvre. L'Histoire de la ville et de l'église de Fréjus, qu'il fit imprimer en 1729, devait être suivie, ainsi qu'il l'annonce dans la Préface, p. XXIII, d'un autre volume, où le vénérable chapitre de Fréjus et la description de tout le diocèse seraient renfermés. Nous ignorons si Girardin a exécuté la première partie de ce projet ; jusqu'à ce jour, rien n'a pu nous mettre sur ses traces. Quant à la description historique des paroisses, le manuscrit en a été heureusement conservé. Il renferme toutes les paroisses de l'ancien diocèse de Fréjus, à l'exception d'une seule : celle des Arcs.

Commencé vers l'an 1748, ainsi qu'on peut le conjecturer d'après un passage du chapitre II, le travail fut arrêté en 1754 par la mort de l'auteur.

La distribution de l'ouvrage n'est plus la même que celle d'Antelmy. M$^{gr}$ de Fleury venant tout récemment de partager le diocèse de Fréjus en neuf doyennés, Girardin a suivi cette division territoriale.

A la lecture du manuscrit, on voit que l'auteur a voulu faire une œuvre sérieuse. Il a parcouru tous les lieux dont il parle ; il a compulsé les anciens titres, les chartes qui les concernent. Sans doute, la dernière main fait défaut à l'ouvrage ; quelques parties sont incomplètes ; des recherches, des indications ultérieures seraient venues en aide à l'auteur ; mais tel qu'il est, nous croyons que ce manuscrit est une bonne fortune pour notre diocèse. Après de longs et pénibles travaux, on n'aurait pu parvenir à tirer de l'oubli ce qu'il nous a conservé.

Avant de publier l'écrit de Girardin, nous nous sommes demandé s'il n'aurait pas convenu de le rendre complet, en y ajoutant ce que les évènements religieux ou politiques sont venus modifier en chaque paroisse, et si la lecture n'en serait pas plus agréable après les corrections du style. Mais, compléter Girardin, ce serait anticiper sur l'histoire générale du diocèse qui est en préparation. Quant au style de l'auteur, s'il est parfois négligé, il ne manque pas de clarté et il est souvent d'une naïveté plaisante : le retoucher serait lui enlever son cachet particulier.

Nous laissons donc le manuscrit tel qu'il est sorti de la plume de Girardin ; nous permettant seulement de rectifier quelques citations, lorsque nous aurons pu constater qu'elles sont inexactes.

Étrange destinée de ce travail sur les paroisses du diocèse, par lequel Antelmy commença et Girardin finit ! Deux fois entrepris, il est resté deux fois inachevé. Il appelle maintenant, il réclame une œuvre nouvelle et plus étendue. Le terrain s'est élargi ; le nouveau diocèse de Fréjus embrasse trois diocèses entiers et une partie considérable de cinq autres ; il forme un champ vaste et magnifique où de glorieux événements et d'illustres personnages apparaissent, attendant pour revivre et se perpétuer le travail des historiens. Ils ne feront pas défaut à cette œuvre ; et nous serions heureux d'apporter notre part de collaboration à ce beau monument qui doit s'élever à la gloire de notre diocèse.

Qu'il nous soit permis de saluer par avance la grande histoire qui exposera tour à tour l'établissement et l'importance des quatre évêchés de Fréjus, de Toulon, d'Antibes-Grasse et de Vence, la chronologie exacte des trois cents pontifes qui ont tenu ces quatre sièges, les neuf églises collégiales de Pignans, de Barjols, d'Aups, de Lorgues, de Draguignan, d'Hyères, de Cuers, de Six-Fours et de Saint-Paul-du-Var, avec la nomenclature de leurs dignitaires, enfin la multitude des paroisses et des établissements religieux du diocèse.

———

Les deux manuscrits que nous publions aujourd'hui seront bientôt suivis du Cartulaire de l'ancienne abbaye de Lérins, précieux recueil de titres, de donations, de transactions, de priviléges dont la multiplicité et l'importance sont destinées à rendre à la science historique des services signalés. Ce n'est pas seulement l'ancien diocèse de Fréjus et les diocèses circonvoisins, mais d'autres diocèses, en France et en Italie, qui trouveront là des documents authentiques et inconnus pour la plupart.

Le Cartulaire de Lérins sera le complément indispensable de celui de Saint-Victor de Marseille, pour l'histoire d'un grand nombre de localités, de personnages et d'anciennes familles.

# NOTICE

OU

## DESCRIPTION HISTORIQUE

# DU DIOCÈSE DE FRÉJUS

PAR

## JACQUES FÉLIX GIRARDIN

CURÉ DE FRÉJUS, DOCTEUR EN THÉOLOGIE

# NOTICE

ou

## DESCRIPTION HISTORIQUE

# DU DIOCÈSE DE FRÉJUS

---

## CHAPITRE I.

IDÉE GÉNÉRALE DU DIOCÈSE DE FRÉJUS.

---

L'Empire romain étoit divisé en quatorze diocèses, c'est-à-dire en quatorze grands gouvernements qui renfermoient cent vingt-sept provinces. On y envoyoit des magistrats comme vicaires de l'Empire, pour y tenir les peuples soumis, faire valoir les loix romaines, exécuter eux-mêmes les ordres de la République ou des Empereurs, et rendre souverainement la justice. Ces magistrats suprêmes faisoient leur résidence dans la principale ville de leur district; et ils avoient des officiers subalternes pour agir sous eux dans les provinces et les villes de leurs diocèses. Les auteurs sacrés et prophanes appellent ces gouverneurs des diocèses, Présidents, Proconsuls, Propréteurs, etc.

L'ordre ecclésiastique fut établi sur l'ordre civil, presque dez l'établissement de la religion chrétienne; on mit dans chaque diocèse un Vicaire ecclésiastique, qui fut ensuite nommé Patriarche, ou Primat, dont la juridiction s'étendoit sur plusieurs Evêques et Archevêques, et qui jugeoit les affaires ecclésiastiques en dernier ressort. Les patriarches d'Antioche, d'Alexandrie, de Jérusalem, les primats d'Affrique sont assés connus dans l'histoire de l'Eglise qui nous apprend que ces prélats si distinguez, outre l'administration qu'ils avoient d'un vaste territoire en particulier, exerçoient une juridiction générale sur le territoire d'un grand nombre d'autres prélats.

La révolution des tems, les changemens des princes et des Etats, n'ont presque rien changé dans l'ordre ecclésiastique, les patriarcats, les primaties, les archevêchez subsistent encore. Il y a seulement cette différence, que Diocèse ne signifie plus une assemblée de plusieurs provinces, mais, dans un sens plus limité, une seule province, sous le Métropolitain, composée de quelques évêques qui ont leurs sièges dans de simples villes, auprez de la ville métropolitaine, comme la province ou diocèse d'Aix, en ce sens, est composé des évêques d'Apt, Fréjus, Riez, etc. Enfin le nom de Diocèse se donne communément aujourd'huy à l'étendue d'un pays qu'un simple évêque gouverne : ainsi l'on dit, le diocèse de Toulon, le diocèse de Marseille.

Il y a des diocèses d'une étendue immense dans plusieurs royaumes, et pour ne parler que de la France, les diocèses d'Autun, de Bayeux, d'Angers, etc., ont plus de six cens paroisses; ceux de Chartres, de Clermont, de Limoges en ont plus de huit cens; l'archevêché de Rouen, quatorze cens; et le seul évêché de Toul dix sept cens.

Les diocèses de Provence sont fort petits parce qu'elle n'est pas grande et qu'on y compte onze évêchez, qui sont, Fréjus, Grasse, Vence, Glandevez, Senez, Digne, Riez, Sisteron, Apt, Toulon et Marseille, outre deux archevêchez, Aix et Arles.

Le diocèse de Fréjus que je commence à décrire, renferme plus de paroisses que tous ces diocèses, Aix seul excepté. Elles se montoient à plus de cent dans le registre de nos anciens comptes; il n'y en a réellement aujourd'huy que soixante et dix qui sont :

| Fréjus, | Grimaud, | Cottignac, |
| Barjols, | Saint-Tropez, | Serenon, |
| Lorgues, | Bargemon, | Montauroux, |
| Pignans, | Seillans, | Le Muy, |
| Aups, | Le Luc, | Flayosc, |
| Draguignan, | Callian, | Claviers, |
| Fayence, | Les Arcs, | Ramatuelle, |
| Roquebrune, | Salernes, | Monts, |

| | | |
|---|---|---|
| Chateaudouble, | Le Puget, | La Moutte, |
| Carcès, | La Roque, | Empus, |
| Gonfaron, | Entrecastaux, | Brenon, |
| Tourrettes, | Trans, | La Martre, |
| Calas, | Villecrose, | Escragnole, |
| Cougoulin, | Tourtou, | La Napoule, |
| La Garde, | Silans, | Le Toronet, |
| Gassin, | Pontevès, | Sainte-Maxime, |
| Figanière, | Fos, | Taradel, |
| Montferrat, | Monfort, | Les Adrets, |
| Comps, | Vins, | La Moure, |
| Bargème, | Cabasse, | Le Revest, |
| Broves, | Flassans. | Valderoure, |
| Bagnols, | Le Canet, | Chateauvieux, |
| Saint-Rapheau, | Vidauban, | La Bastide, |

Les diocésains de Fréjus appellent leurs curez, vicaires, et leurs vicaires, curez et secondaires; cela est commun dans les autres diocèses de Provence. Les Mandemens de nos évêques s'expriment ainsi : « A tous Prieurs, Vicaires, Curez, etc., » contre la pratique du reste des évêques de France. Les vicaires y sont au nombre de soixante et treize; parce qu'outre les soixante dix qui gouvernent les paroisses, il y en a deux sous le même toit à Fréjus, à Barjols et à Bargemon.

Ils ont sous leur administration plus de soixante mille communians, ce qui joint aux enfants, se monte à plus de quatre vingts mille âmes [1]. Mais selon la

---

[1] D'après cette manière de compter, il suffit d'ajouter un tiers au nombre des communiants pour avoir la population totale.

grandeur des paroisses, on donne aux vicaires, un, deux et trois secondaires, pour les aider aux soins des âmes.

Il y a environ quatre vingts dix secondaires qui sont entretenus aux dépens de la dîme des lieux : mais en vérité, ce qu'on leur donne est bien peu de chose, et ne sauroit suffire maintenant à leur entretien. Les prêtres des grands diocèses de France seraient dans la dernière surprise d'apprendre que ceux de Provence n'ont que cent cinquante livres pour tout bien.

La plupart des curez du diocèse de Fréjus sont à la congrue, c'est-à-dire, n'ont pour rétribution que trois cents livres par an ; d'autres sont codécimateurs et par conséquent un peu mieux dans leurs affaires.

Il y reste encore quelques prieurs qui font les fonctions curiales ; mais il n'y a plus de paroisse qui soit administrée par des réguliers.

On prêche l'Avent et le Carême dans douze de ces paroisses, et le Carême dans trente quatre : ainsi voilà quarante six églises où le pain de la parole de Dieu est distribué avec abondance. Il y a dans chaque paroisse des petits Bénéfices de l'un et l'autre patronage, dont on conserve les monumens rédigez dans un livre in-folio fait en 1612, pendant la visite générale que fit Barthélemy de Camelin évêque de Fréjus, où tous les fonds des Bénéfices du diocèse grands et petits, pensions, revenus, preds, vignes, terres, maisons, seigneuries, sont décrits avec une grande exactitude, sur le rapport des principaux habitans des lieux. Ce livre est appellé la Pancarte. On le garde soigneusement dans les archive de l'évêché et chacun peut l'aller consulter dans le besoin.

Outre le chapitre de la cathédrale, il y a cinq collégiales dans le diocèse de Fréjus. On a recours au vice-légat d'Avignon pour la Datte et les Bulles des Bénéfices; et si on n'est pas pressé on s'adresse à Rome.

Le patron est saint Léonce martyr vers la fin du V$^{me}$ siècle.

On y récite le Bréviaire romain.

Le Synode y est convoqué la troisième semaine aprez Pâques. Enfin il y a un séminaire pour disposer les ecclésiastiques aux ordres, fondé depuis plus de 80 ans.

Ce diocèse est orné de religieux de presque tous les ordres, Chartreux, Dominicains, Carmes, Augustins, Jésuites, PP. de l'Oratoire, PP. de la Doctrine chrétienne, Cordeliers, Capucins, etc., de l'Abbaye du Toronet de l'ordre de Citeaux, et de huit couvents de religieuses.

On y possède les reliques de sainte Maxime vierge du huitième siècle, sous la règle de saint Benoît. Celles de sainte Rossoline vierge, sous la règle des Chartreux. Celles de saint Ausile martyr et évêque de Fréjus.

Jacques Deuse fait pape au commencement du XIV$^e$ siècle l'a gouverné plus d'onze ans. Cinq ou six cardinaux l'ont illustré; et il a produit plus de trente évêques dont nous avons la connaissance, sans parler de ceux des premiers siècles; puisque l'histoire ecclésiastique rapporte que le monastère de Lérins du diocèse de Fréjus étoit un séminaire d'évêques.

Le même diocèse a porté divers auteurs célèbres : Morery, Pastour, Mourgues, Antelmy, Gaytte, etc., trois grands Maîtres de Malthe, Frère Arnaud de Comps, F. Bertrand de Comps, F. Hélion de Villeneuve. Deux généraux d'ordre, F. Barthélemy Texier, maître général de l'ordre de saint Dominique, et Père Laurent Audifren, général des Carmes déchaussez. Quelques lieutenants généraux des armées du Roi et des Commandeurs de l'ordre du Saint-Esprit. Enfin plusieurs familles distinguées y font leur résidence; les Vintimilles, les Villeneuves, les Castellanes, les Pontevez, etc.

La bulle du pape Pascal II, datée de Latran la 14e année de son pontificat, c'est-à-dire en 1114, en faveur d'Otton abbé de Saint-Victor de Marseille, nous apprend le nombre de prieurez ou cures que ce fameux monastère de Bénédictins avoit dans le diocèse de Fréjus ; les voici :

*Paschalis servus servorum Dei, etc..... in episcopatu Forojuliensi, ecclesiam parrochialem sanctæ Mariæ de Cabaza, sancti Pontii; sancti Petri, cellam sanctæ Mariæ de Luc, sancti Petri de Archs, parrochialem ecclesiam ipsius castri cum capellis suis, ecclesiam sancti Juliani de Aila, cellam sancti Cassiani de Sala Laudimii, sancti Victoris de Mota, sancti Romani de Scanz, sanctæ Mariæ de Palione, sancti Victoris de Rocca Taliada, sancti Salvatoris de Burnis, ecclesiam parrochialem de Celians, ecclesiam sanctæ Mariæ, cellam sanctæ Mariæ de Barjemone, sancti Ausilii, parrochialem ecclesiam de*

*Calars, cellam sancti Torpetis, sancti Pontii, sanctæ Mariæ de Questa, ecclesiam parrochialem de Grimal, sancti Antonini de Intra Castels, monasterium sanctæ Mariæ de Villa Croza, sancti Petri de Salernas, cum parrochiali ecclesia, sancti Domnini de Tortorio, sanctæ Mariæ de Villa Alta, sancti Martini de Rocca Bruna.*

Les moines de Lérins possédoient aussi plusieurs Bénéfices dans ce diocèse, tels que Callian, Empus, Serenon, La Napoule, etc. Les chanoines réguliers de Pignans en avoient encore d'autres, comme Trans, Cougoulin, La Garde, Gonfaron; ainsi il en restoit bien peu aux prêtres séculiers.

Les Bénéfices que les réguliers administroient sont appellez par les canonistes : *Prioratus*. . . . . . . . Les religieux étoient amovibles, obligez d'obéir et de quitter leurs Bénéfices, dez que leurs supérieurs les rappelloient : de là vient que ces bénéfices étoient aussi appellez *Obedientiæ*. Aprez avoir pris leur entretien, et celui de leurs confrères qui travailloient avec eux au salut des âmes, il leur étoit enjoint de convertir le reste de leurs revenus, au profit du monastère d'où ils étoient tirez; ou, s'ils étoient seuls, d'y envoyer tout leur superflû. Cela faisoit que les religieux des paroisses gardoient leurs vœux d'obéissance et de pauvreté. Mais l'ordre monastique s'étant relaché, les prieurez devinrent perpétuels, et les moines qui possédoient les gros revenus, les gardoient tous pour eux et s'en rendirent les maîtres. Il n'y eut plus que quelques chanoines réguliers qui observoient la règle ordinaire.

Enfin les moines abandonnèrent le soin des paroisses, et y mirent des prêtres séculiers qu'on appela vicaires. Ils eurent soin cependant de conserver les principaux revenus de leurs prieurez, et de ne donner à ces prêtres que le moins qu'ils pouvoient pour leur entretien. Les papes ont accordé dans la suite des bénéfices réguliers en commande à des séculiers. Ils en ont aussi sécularisé, et en particulier pour le diocèse de Fréjus, la prévôté de Pignans ayant été sécularisée, tous les bénéfices qui en dépendoient l'ont été de même dans le siècle passé, et l'abbaye de Saint-Victor de Marseille ayant été aussi sécularisée depuis peu les bénéfices qui en dépendoient dans ce diocèse, sont devenus par conséquent séculiers.

Les bénéfices du diocèse de Fréjus sont injustement surchargez de décimes par le Clergé général, sans que le bureau du diocèse qui s'en apperçut dez le commencement ait pu jusqu'ici remédier à ce désordre. Pour mettre tout d'un coup cette injustice dans son jour, je n'ai qu'à faire remarquer que le diocèse d'Aix a cent mille écus de revenu, et que celui de Fréjus n'en a que cinquante mille. Cependant en 1516, qui fut la première année où François I$^{er}$ leva les décimes sur le clergé de France, Fréjus fut taxé quatre mille six cens quatre vingts quatorze livres, et le diocèse d'Aix qui devait être taxé au double, ne le fut que de cinq mille cinq cens quatre vingts huit livres. Quelle disproportion par rapport aux revenus de l'un et l'autre diocèse !

Bien plus dans l'assemblée de Poissy, tenue en 1561,

au lieu de diminuer quelque chose de la somme imposée au diocèse de Fréjus, les évêques l'augmentèrent de la somme annuelle de neuf cens soixante livres onze sols ; c'est-à-dire d'un quint de plus, et diminuèrent la taxe d'Aix de cent vingt huit livres, contre l'ordonnance de nos Rois, qui ont toujours prétendu que les décimes seroient départies et colligées sur chaque diocèse à la forme qu'on avoit accoutumé de les colliger depuis 1516, chacun pour son égard sans aucune augmentation et sur-charge sur un diocèse, à la décharge et diminution d'un autre. Aix, Nimes et Grasse profiterent de nos malheurs, et leur taxe fut diminuée. Cette double sur-charge est d'une extrême conséquence pour les bénéficiers du diocèse de Fréjus, par rapport aux dons gratuits, subsides et autres taxes et emprunts que le clergé général fait de tems en tems pour nos Rois, puisque le clergé de Fréjus supporte d'un million, environ cinq milles livres, au prorata des diocèses. Le bureau de Fréjus a plaidé autrefois sur ce sujet avec le bureau du diocèse de Grasse qui proposa un accommodement bien médiocre qu'on accepta néanmoins. On intenta de même un procez au diocèse d'Aix et à celui de Nimes : mais on est demeuré là.

M. le cardinal de Fleury, notre ancien évêque, étant devenu ministre de Louis XV, voulut en 1727, faire un nouveau département des biens du clergé de France pour remédier aux anciens abus. On demanda aux bénéficiers de chaque diocèse une déclaration exacte des fonds et revenus ecclésiastiques qu'ils possédoient pour taxer chacun selon ses biens; mais les bonnes intentions de Son Eminence furent éludées par les grands et riches diocèses de France qui ne sont guere taxez.

L'évêché de Fréjus vaut plus de trente mille livres de rente, et la somme que ces bénéficiers donnent au Roi chaque année se monte ordinairement à vingt deux ou vingt quatre mille livres.

La foi de J. C. y a été annoncée dez les premiers siècles de l'Eglise, comme je prouverai dans le chapitre suivant.

Au reste on peut diviser ce diocèse en trois régions qui en font comme un amphithéatre. L'une est prez de la mer, où l'on trouve dans chaque paroisse des plaines fertiles en grains, des préries et des vignobles. L'autre est composée de collines qui forment quantité de vallées et des coteaux diversement exposez au soleil : mais tout y est couvert d'oliviers et de vignes. La troisième n'est que montagnes peu fertiles et presque sans arbres : mais on ne laisse pas d'y trouver quelques endroits bons ou agréables avec des villages. Toutes ces régions sont dans un climat tempéré mais plus froid et plus salutaire dans les montagnes et les collines qu'au voisinage de la mer.

Ce diocèse est en Provence. C'était autrefois le pays des Oxibiens dont parlent les anciens auteurs. Il fut dez le commencement du règne des Romains dans la seconde Gaule Narbonnoise sous la métropole d'Arles. Mais par le changement qui survint sous saint Léon et ses successeurs, le diocèse de Fréjus se trouva dans la troisième province Viennoise sous la métropole d'Aix et les divers princes qui ont dominé en Provence depuis la décadence de l'empire romain. Mais depuis la mort de Charles III, comte de Provence, arrivée en 1482, ce prince mourant sans postérité, et ayant fait héritier de ses états Louis XI, le diocèse de Fréjus est passé heureusement avec le reste de la Provence sous la domination des Rois de France.

Il a le diocèse de Grasse ou d'Antibes à l'orient, ceux d'Aix et de Toulon au couchant, ceux de Riez et de Senez au septentrion, enfin cette partie de la mer Méditerranée que les Romains nommoient mer Ligustique, le termine au midy.

# CHAPITRE II.

### DE LA VOIE AURÉLIENNE.

La construction des grands chemins étoit une des choses où la magnificence des Romains, devenus les maîtres de l'univers, éclatoit le plus : ils avoient établi des magistrats pour les entretenir; César Auguste ayant été fait lui même Grand-Voyer, en rectifia les dimensions et en prit un soin tout particulier. Il fit élever pour ce sujet une pierre dorée au milieu de Rome que Dion, liv. LIV. et les auteurs aprez lui, nomment *Milliarium aureum*. De là partoient beaucoup de grands chemins, comme on peut voir par la carte de Peutinger, et ensuite on trouvoit de mille en mille pas géométriques une colomne de marbre ou de pierre du pays, ronde ou plate, de huit pieds de hauteur pour l'ordinaire, posée sur les bords des grands chemins, de sorte que ces colomnes croissoient en nombre à mesure qu'elles s'éloignoient du milliaire doré.

Cette voie dont je vai parler, parce qu'elle traversoit le diocèse de Fréjus dans toute sa longueur, ne commençoit pas au milliaire doré, mais à une des portes de Rome, comme on voit par la carte de Peutinger, et de cette porte elle s'étendoit le long du rivage de la mer de Toscane ou Thirrene sur quatre vingts cinq milles jusques à *Forum Aurelii*. Sigonius, liv. II. *De antiquo jure Italiæ*, c. ult°, dit que ce grand chemin fut dressé par Caïus Aurelius Cotta, l'an 512 de la fondation de Rome. Il ne la poussa pas plus avant, mais la fit toute paver jusqu'à la ville qui portoit son nom. Strabon ajoute que Æmilius Scaurus la prit en cet endroit, et la conduisit par les villes de Pise et de Luni, jusqu'au territoire des Sabatiens ou des Genois, c'est pourquoi elle a eu le nom de *Via Æmilia Scauri*, ce qui n'empêchoit pas qu'elle ne fût toujours appelée voie aurélienne, comme on peut voir par l'Itinéraire d'Antonin et la carte de Peutinger qui lui font passer les monts, la conduisant de Rome par une suite continuelle de villes et de bourgs jusques dans la Gaule Narbonnoise, où ils la terminent à la ville d'Arles.

La longueur de ce chemin de Rome à Arles étoit de sept cens quatre vingts seize milles, selon l'itinéraire d'Antonin qui la décrit ainsi : *Via Aurelia a Roma per Tusciam et Alpes maritimas Arelatem usque, Laurium, Turres, Pyrgos*, etc. On me dispensera de tracer une route si longue; mais omettant l'Italie, je passe à la première ville des Gaules qui est *Cimenelum*, Cimiers, ville absolument détruite aujourd'huy, placée sur une colline à demi lieue de Nice, au delà de la rivière que Pomponius Mela appelle *Paulo*, aujourd'huy Paillon : c'étoit une ville épiscopale, mais son siége a été réuni à celui de Nice. Là, selon l'itinéraire, l'Italie finissoit et la Gaule commençoit. De Cimiers on venoit au fleuve du Var qui en est éloigné de six milles, du Var à Antibes, distant de dix milles. D'Antibes on passoit nécessairement la rivière de Siagne, ou commence le diocèse de Fréjus, pour se rendre à un lieu que la carte et l'itinéraire nomment *ad Horrea*, éloigné de douze milles d'Antibes ; de là on cotoyoit la mer en montant vers Cauroux, dont on traversoit le désert pour descendre à Fréjus. Le quartier s'appelle encore aujourd'huy le pays Aurélien ; mais dans la suite ce chemin fut changé et établi dans les montagnes de l'Estérel à droite : il n'est pas cependant ni plus court ni plus beau que la gauche, surtout si on y avoit fait les réparations infinies qu'on a fait au chemin de l'Estérel.

De Cauroux, laissant la mer à gauche, on venait à Fréjus qui est à dix huit milles du lieu *ad Horrea*. De Fréjus, cette voie conduisait au Puget, du Puget au Muy, du Muy à Vidauban, de Vidauban à *Forum Voconii*. Il est vrai que l'Itinéraire ne fait point mention des trois premiers lieux que je viens de nommer, parce qu'il omet aussi bien que la carte, les villes et les bourgs où l'on ne faisoit que passer et qu'il n'y est parlé que des endroits où l'on s'arrêtoit soit pour le coucher, ce qui s'appelloit *Mansio*, soit pour se rafraichir et changer de chevaux qu'on nommoit *Mutatio*. Mais il reste au Puget, au Muy et à Vidauban des pierres milliaires qui prouvent qu'ils étoient situez sur la voie aurélienne.

L'Itinéraire passe donc d'une volée, de *Forojulii* à *Forum Voconii*, qui est le Luc, ville située à vingt deux milles de Fréjus. Du Luc on va à *Mantavonium* qui est à douze milles. Je suis surpris que des auteurs aient écrit que *Mantavonium* étoit Cabasse, de nos jours, puisqu'il n'y a qu'une lieue du Luc à Cabasse, c'est-à-dire quatre milles romaines. Pour moi, je crois que la voie aurélienne tournoit plutôt vers Pignans au sortir du Luc, que vers Cabasse et que *Mantavonium* étoit quelque bourg du côté de Pignans à douze milles de *Forum Voconii*, d'où les voyageurs se rendoient *ad Turres*, qui est Tourvez de nos jours, à quatorze milles de *Mantavonium*.

La carte de Peutinger que j'ai considérée plusieurs fois, décrit la voie aurélienne de la manière qui suit : *Via Aurelia, Lorium, Bebiana, Alsium, Pyrgos* etc. et longtemps aprez : *Cemenello*, qui est le *Cemenellum* ou Cimiers de l'Itinéraire : *Varum* vi, *Antipoli* x, *ad Horrea* xii, *Forojulii* xxii, *Foro Voconii* xvii, *Matavone* xxii. C'est *Mantavonium* d'Antonin dont j'ai parlé. Mais le moyen, encore une fois, que Cabasse soit le Mantavo, puisque bien loin qu'il y ait vingt deux milles du Luc à Cabasse, il n'y en a réellement que quatre? il faut donc nécessairement que Mantavo ne soit pas Cabasse, quelque faute qu'il se trouve dans l'itinéraire et dans la carte par rapport aux chiffres ; et je suis étonné que les Provenceaux qui ont parlé sur ce sujet soient tombés dans cette erreur, puisqu'il ne leur est pas permis d'ignorer la carte de leur pays.

La voie aurélienne s'étendoit donc dans le diocèse de Fréjus, de l'orient à l'occident, sur la longueur d'environ soixante milles, ce qui fait quinze lieues de Provence et trente lieues françoises, ces dernières n'étant composées que de deux mille pas géométriques, et les premières de quatre mille pas, et pour faire comprendre clairement les mesures, j'ajoute que chaque pas géométrique consistoit en deux pas communs, et que le pas commun étoit de deux pieds et demi : de sorte que la lieue françoise a quatre mille pas communs et celle de Provence en a huit mille.

La voie aurélienne étoit une voie consulaire, un consul en étoit l'auteur; une voie militaire, les troupes romaines la prenoient pour venir dans les Gaules. Il y avoit sur cette route des magasins publics d'armes, de bled, de chairs salées, et d'autres provisions pour les équiper et les nourrir aux dépens de l'empire. Enfin elle étoit un grand chemin, *Via solemnis*, terme qui la distinguoit des chemins de traverse qui ne s'étendoient pas fort loin, et de plus elle étoit entretenue et réparée aux dépens de la République ou des Empereurs.

Tantôt elle étoit pavée, par exemple dans toute l'Italie et dans quelques endroits de Provence où j'en ai vu moi même des vestiges : tantôt semée de gravois comme dans des lieux boueux en tems de pluie, et sur le bord de la mer où le sable délié foule les nerfs de ceux qui marchent à pied; tantôt enfin elle étoit de terre naturelle. Elle étoit ornée, comme les autres voies militaires, de quart en quart de lieue, c'est-à-dire de mille en mille pas géométriques, de colomnes ou pierres milliaires, que les Romains appelloient *Lapides milliares* ou *Cipi lapidei*, ou simplement *Lapides*. Elles ne portoient au commencement que le chiffre de la proximité ou de l'éloignement des lieux, et rarement d'autres inscriptions, mais on y grava dans la suite le nom des Empereurs qui faisoient des réparations, respectivement vers les lieux où elles étoient placées.

On trouve plusieurs de ces pierres milliaires dans le chemin de l'Estérel qui est du terroir de Fréjus. J'en fis transporter deux dans mon jardin il y a quelques années. L'une est ronde, l'autre est plate, je ne parlerai que de la dernière pour éviter l'ennui. Elle fut découverte lorsqu'on agrandissoit le chemin de l'Estérel, en 1743, en faveur de Dom Philippe Infant d'Espagne et gendre de Louis XV, notre Roi bien aimé, lorsqu'il passa en Italie. Le grain de cette pierre, qui avoit été prise sur les lieux, est fin. Les caractères en sont si beaux et si bien marquez, qu'ils semblent n'être gravez que depuis dix ans. Sa figure est plate, elle a six pieds de hauteur, un pied d'épaisseur et vingt deux pouces de largeur. On n'y trouve point de chiffre de distance : mais je juge qu'elle étoit la douzième pierre milliaire de Fréjus à Antibes. Voici ce qu'elle présente :

NERO CLA...
DIVI CLAV...
GERMANICI C...
N. TI. CAESARIS PRO
NEP. DIVI AVG. ABNEP.
CAESAR AVG.
GERMANICVS PONT.
MAX. TRIB. POT. IIII. IMP. IV.
COS. III. P. P. RESTITVIT.

M. Bergier parle d'une semblable pierre milliaire trouvée au Luc, où étoit gravée la généalogie et le tems du règne de Néron. Et on trouva il y a cinq ou six ans dans le terroir de Tourvez, une pareille colomne qui portoit les mêmes caractères que celle de l'Estérel et la même date.

Ces trois inscriptions ne sont pas difficiles à expliquer.

A proprement parler, Néron n'étoit pas fils de l'empereur Claude, mais fils de la femme de Claude nommée Agrippine, fille de Germanicus : de là vient que Néron est appellé petit fils, *Nepos*, de Germanicus, et ensuite arrière neveu ou petit fils de Tibère, *Pronepos*, du chef de Germanicus fils du frère de Tibère nommé Drusus Nero. Enfin il étoit neveu de la petite fille d'Auguste, nommée Agrippine, fille de Julie : ainsi il s'appelle, *Divi Augusti abnepos*.

Néron fut consul, pour la troisième fois, l'an de J. C. 58, avec Valérius Messala, homme très noble et fort estimé, mais pauvre selon sa condition. Cet empereur lui donna une pension de cinq cens sesterces, *quingenis sesterciis*. Il prit le consulat pour la troisième fois, la quatrième année de son empire; mais il ne l'exerça que quatre mois.

Ma pierre milliaire est donc encore curieuse par son antiquité puisqu'elle n'a pas moins de dix sept siècles. Elles nous détrompe de l'erreur où nous avions été avec plusieurs auteurs, que le chemin aurélien avoit été transporté de Cauroux à l'Estérel, du tems de Constantin-le-Grand et ses successeurs, puisque

Néron, plus ancien de trois siècles que cet empereur, a fait faire des réparations sur la voie aurélienne dans les forêts de l'Estérel. Je crois que ce fut Auguste qui fit ce changement, il fut fait grand voyer, comme j'ai dit. L'histoire nous apprend aussi qu'il vint dans la Gaule Narbonnoise par la voie aurélienne : le chemin du lieu *ad Horrea* à Cauroux et de Cauroux à Fréjus ne lui convint pas, il en fit ouvrir un autre par les montagnes de l'Estérel, laissant la mer à gauche. Il demeura quelque tems à Fréjus, dont il trouva le port de son goût, il y fit des réparations et lui donna son nom, *Navale Augusti*.

Il n'y avoit pas moins de sept cens quatre vingt seize colomnes posées sur les bords de la voie aurélienne : de là vient qu'on en découvre de tems en tems dans le diocèse de Fréjus : il y en a cinq dans notre ville, et trois qu'on m'a montré dans le bois de l'Estérel. Il n'y avoit que les colomnes d'Italie qui dépendoient du milliaire doré de la ville de Rome. De là vient que les auteurs disent : *primo* ou *quinto ab urbe lapide.* Mais ils conviennent que ces pierres milliaires n'avoient leur étendue que jusqu'à cent milles de Rome, *usque ad centesimum lapidem*, de sorte que le nombre gravé de là en avant sur ces colomnes, ne dépendoit plus du milliaire doré, mais de quelque municipe ou colonie qui, par un nouvel ordre, en interrompoit le cours, par exemple, les pierres dont je viens de parler étoient pour ainsi dire dattées de Fréjus.

M. de Godeau, dans son histoire ecclésiastique, dit que la foi chrétienne a été annoncée dans les diocèses qui sont à l'entrée des Gaules, par les disciples de saint Polycarpe. M. d'Antelmy croit que les successeurs des apôtres l'ont prêchée dans le diocèse de Fréjus : cela revient au même à peu prez, et je suis de leur sentiment. Cependant, qu'il me soit permis de porter la chose plus loin. En effet, l'apôtre saint Paul dit dans le XVe chapitre de sa lettre aux Romains, v. 24 : *J'espère qu'allant en Espagne je vous verrai dans mon passage, et qu'aprez que j'aurai joui quelque tems de votre présence, vous me fairez conduire dans ce pays là.* *Cum in Hispaniam proficisci cœpero, spero quod præteriens videam vos, et a vobis deducar illuc, si vobis primum ex parte fruitus fuero;* et au v. 28, *per vos proficiscar in Hispaniam.* Plusieurs Pères grecs et latins disent positivement que saint Paul a porté le flambeau de la foi aux Espagnols. Adon de Vienne et l'histoire ecclésiastique, assurent qu'il ordonna Trophime son disciple, évêque d'Arles, et Crescent, évêque de Vienne. Cet apôtre a donc été dans les Gaules, soit en allant en Espagne, soit à son retour. Les fidèles de Rome l'y ont donc conduit, comme il s'en flattoit et le firent apparemment passer par la voie aurélienne qui étoit alors la voie ordinaire qui venoit de Rome jusqu'à Arles, et qui traverse le diocèse de Fréjus dans toute sa longueur, comme j'ai déjà dit. Et comme Fréjus étoit alors une très belle ville et très peuplée, je ne doute pas que ce grand saint n'y ait semé quelques grains de l'Evangile : y a-t-il quelque chose d'improbable dans ce sistème?

*Creditur Paulus ad Hispaniam pervenisse,* dit

Adon, évêque de Vienne, *et Arelate Trophimum, Viennœ Crescentem discipulos suos misisse ad prædicandum.*

Quoique la pièce que j'ajoute soit comme étrangère à mon sujet, son antiquité et sa rareté ne laisseront pas de faire plaisir aux lecteurs. Elle regarde les grands seigneurs qui voyageoient dans l'Empire, et les magistrats des villes qui étoient sur les chemins publics, comme l'étoit Fréjus. Il y avoit des ordres particuliers de l'empereur régnant pour leur faire fournir abondamment tout ce qui leur étoit nécessaire, de la manière qui suit :

Un tel, Empereur, à tous nos officiers qui sont sur les lieux, salut. Savoir faisons que nous avons envoyé Gaïus, homme illustre, pour notre ambassadeur en telle part. A ces causes, nous vous mandons par ces présentes, que vous ayiez à lui livrer et fournir tel nombre de chevaux, ensemble telle quantité de vivres qui lui sont nécessaires, ez lieux propres et convenables. Savoir : tant de chevaux ordinaires et tant de surcroit, tant de pains, tant de muids de vin, tant de muids de bière, tant de livres de lard, tant de livres de chairs, tant de porcs, tant de cochons de lait, tant de moutons, tant d'agneaux, tant d'oisons, tant de phaisans, tant de poulets, tant d'œufs, tant de livres d'huile, tant de livres de saumure, tant de miel, tant de vinaigre, tant de cumin, tant de poivre, tant de coste, tant de gerofle, tant d'aspic, tant de canelle, tant de grains de mastic, tant de dattes, tant de pistaches, tant d'amandes, tant de livres de cire, tant de sel et tant d'herbes; tant de chars de foin, d'avoine et de paille. Ayez soin que toutes ces choses lui soient fournies plainement en lieux convenables, tant en allant qu'en revenant et que tout se fasse sans retard.

*Ille Princeps, omnibus agentibus in loco : Nos Gaïum, illustrem virum, partibus illis, legationis causa direximus, ideo jubemus, in locis convenientibus eidem à vobis evectio simul et humanitas tribuatur, hoc est veredi sive paraveredi tot, panes tot, vini modii tot, cerevisiæ modii tot, lardi libræ tot, carnes tot, porci tot, porcelli tot, verveces tot, agni tot, anseres tot, phasiani tot, pulli tot, ova tot, olei libræ tot, gari libræ tot, mellis tot, aceti tot, cumini tot, piperis tot, costi tot, carophilli tot, spici tot, cinamomi tot, grani mastici tot, datillæ tot, pistaciæ tot, amigdalæ tot, ceræ libræ tot, salis tot, olerum tot, leguminum carra tot, faculæ tot, pabuli equorum carra tot. Hæc omnia tam eundo quam redeundo eidem ministrari in locis solitis et impleri sine mora procurate.*

## CHAPITRE III.

### DU DOYENÉ DE FRÉJUS.

M. le cardinal de Fleury étant évêque de Fréjus divisa son diocèse en neuf doyenez, qui sont : Fréjus, Draguignan, Aups, Barjols, Lorgues, Pignans, Saint-Tropez, Seillans et Bargemon. Il ne donna cependant aucune jurisdiction aux curez de ces lieux, sur les curez voisins de ces villes. Comme il n'y a ni calendes ni conférences établies dans ce diocèse, ce n'est là qu'un titre sans exercice encore aujourd'huy. Il en voulut simplement honorer ces villes qui sont les plus considérables du diocèse. Il leur adressoit ses lettres et ses ordres pour les notifier aux curez d'alentour, qu'il avoit respectivement rangez dans leurs doyenez.

Comme j'ai déjà parlé fort au long de la ville épiscopale de Fréjus dans les livres précédens, il ne me reste qu'à décrire les paroisses de son doyené qui subsistent : à quoi j'ajouterai celles qui ne sont plus et les lieux remarquables qu'il renferme.

## SAINT-RAPHEAU.

Ce village est à un quart de lieue de Fréjus à l'orient sur le bord de la mer. Une tour élevée l'annonce de loin, elle soutient l'église paroissiale du côté du midy. Elles sont, l'une et l'autre, bâties de pierres de taille et paroissent avoir sept ou huit siècles d'antiquité.

L'ange saint Raphaël en est le patron.

Les moines de Lérins, ceux de Saint-Victor et les chevaliers du Temple ont possédé tour à tour la dîme de ce lieu. On y voit les débris d'une grande maison monastique attenant l'église. Cette église fut consacrée le 7 octobre, on ne sait quelle année, ni par quel évêque. Enfin celui de Fréjus a depuis longtemps la dîme de cette paroisse.

Bérenger IV, revenant du concile de Plaisance, en 1095, ayant abordé à l'isle de Lérins, touché de respect pour ce saint lieu et convaincu par les représentations des moines, déclare dans une charte qui se conserve à Lérins, qu'il rend à ces religieux l'église et la dîme de Saint-Rapheau; ce qui marque qu'on la leur avoit ôtée injustement, soit que ce fut quelque évêque qui l'avoit précédé ou les moines de Saint-Victor : *Ego Berengarius Dei gratia Forojuliensis episcopus, de Placentino concilio sub Urbano papa celebrato rediens, atque in ramis Palmarum apud sanctum Honoratum Lyrinensis monasterii loci sanctitati oculis et animo pernotando ac reverentia insistens....... Aldeberto abbati immo sub illo monachis omnibus ibidem Deo commilitantibus, ecclesiam sancti Raphaelis et altare cum omni possessione sua....... salva Forojuliensis ecclesiæ fidelitate, nimia loci veneratione commotus reddo.*

Cependant nous lisons que 70 ans aprez, Bertrand André, évêque de Fréjus, ôta ce bénéfice aux religieux de Lérins et le donna aux religieux de Saint-Victor, comme un évêque qui avoit précédé Bérenger les en avoit aussi privez et en avoit mis d'autres en possession. Enfin on dit par tradition que les Templiers y avoient une demeure. L'évêque de Fréjus jouit néanmoins de la dime et seigneurie de Saint-Rapheau depuis plusieurs siècles.

Cette paroisse a 300 communians, un vicaire à la congrue et deux petits bénéfices, l'un sous le titre de Saint-Jean et l'autre de Saint-Louis.

Placée au bout oriental de la plage de Fréjus et un peu à couvert du levant par une haute colline nommée Saint-Sébastien, elle sert de refuge aux bâtimens qui viennent charger ou décharger des marchandises et des denrées pour le compte de Fréjus et des lieux d'alentour. Il y a plus de 30 ans qu'on y bâtit une redoute sur une éminence pour défendre en cas de besoin les bâtimens qui mouillent au dessous. On trouve auprez de là un bain taillé dans le roc de la mer, et les vestiges d'une maison faite par les Romains pour recevoir ceux qui venoient s'y baigner.

Son terroir est fort vaste vers l'orient, passablement bon et cultivé. Il renferme beaucoup de collines et des montagnes couvertes de pins et d'arbrisseaux.

## AGAY.

Agay fut aliéné de l'évêché de Fréjus par Barthélemy Camelin, au commencement du siècle passé, et vendu comme arrière-fief de Saint-Rapheau, à un officier de la famille de Roux, pour quarante écus de pension annuelle avec réserve de la haute justice.

Cette terre n'a pour habitans que quelques fermiers auxquels le vicaire de Saint-Rapheau administre les sacremens. Elle est située au bord de la mer, où il arrive des bâtimens presque tous les jours, parce qu'elle est ornée d'un vaste et bon port que la nature a formé à couvert de tous les vens par de hautes collines qui le serrent de prez. Ce port a été connu des anciens, ils le nomment, dans leur itinéraire maritime et ailleurs, *Agathon portus*. On voit prez de la maison du seigneur une chapelle et une redoute et quelques canons pour la sureté du port. Le seigneur du lieu a le droit d'ancrage sur les bâtimens qui prennent entrée dans le port.

Cette terre est passée par le mariage de l'héritière de la maison de Roux, dans la maison du sieur Giraud de la Garde de Draguignan.

Les actes du martyre de saint Porcaire, abbé de Lérins, dans le huitième siècle rapportent que les Sarrasins, aprez avoir massacré ce saint et presque tous ses moines, se retirèrent au port d'Agay, emmenant avec eux quatre jeunes religieux, dont ils comptoient faire quatre apostats; mais eux se voyant mal gardez sur le rivage où on les avoit fait descendre, s'enfuirent d'Agay vers le soir, et grimpèrent sur les collines dont les arbres les dérobèrent à la vue de ces pirates. Ce pays ne leur étoit pas inconnu, de sorte qu'après avoir erré quelque tems la nuit, ils rattrapèrent le vieux chemin aurélien, et arrivèrent heureusement le lendemain au monastère d'Arluc, qui étoit sur le bord du fleuve de Siagne, où est aujourd'huy l'hermitage de Saint-Cassien.

M. Baillet se trompe quand il avance, dans la vie de saint Porcaire, que le Reiran se dégorge dans le port d'Agay, puisque ce torrent porte ses eaux du terroir de Fréjus dans le fleuve d'Argens à deux lieues d'Agay, vers le couchant. Il y a néanmoins un autre torrent nommé la rivière d'Agay qui se jette dans le port.

## CAUROUX.

Cauroux est un grand pays désert au delà d'Agay dans le terroir de Saint-Rapheau, marqué par une montagne fort haute, nommée par les Italiens *Caporosso*, par les Latins *mons Capofulvus*, qui se donne en spectacle aux voyageurs par terre et par mer. Plusieurs anachorètes y ont fait leur séjour depuis le V$^e$ siècle jusqu'au nôtre.

Ce désert auroit sans doute été du goût du vénérable solitaire Abraham, qui parlant à ses confrères dans la XXIV$^e$ conférence de Cassien, chap. XII, leur disoit:

« Evitons les demeures où l'on peut vivre agréablement ; préférons, à toutes les richesses du monde, nos sables stériles par leur amertume naturelle, et qui pour ce sujet ne doivent aucun tribut, et ne sont d'aucun domaine. » *Omnem amœnæ habitationis gratiam devitemus, squalentesque naturali amaritudine arenas nullique ob idipsum juri dominioque subjectas cunctis mundi opibus præponamus.* Et dans le ch. II, le même abbé dit : « Nous trouvons toutes nos délices dans l'horreur de ce désert; nous préférons ce lieu sauvage à tout ce qu'il y a d'agrément dans le reste du monde, et nous faisons infiniment plus d'état de ces sables amers et secs que de toutes les terres les plus fertiles et les plus riches. » *His tantum squaloribus delectamur universisque deliciis horrendam solitudinis istius præferimus vastitatem, neque huic arenarum amaritudini quantumvis uberis glebæ divitias comparamus.* Il est vrai qu'il n'y a point de sables dans le désert de Cauroux, si ce n'est au bord de la mer qui le termine à l'orient et au midy, mais tout y est collines, pierrailles, montagnes, précipices, arbrisseaux rudes et piquans, bruyères et pins sauvages; ses environs sont arides, sans plaine, sans route et sans eau; on n'y trouve aucun défrichement, et ceux qui l'ont habité depuis tant de siècles n'ont pu se ménager qu'un peu de jardin.

M. de Tillemont dit dans son histoire ecclésiastique, tom. XII : « Je ne sai si on peut dire que saint Honorat passa quelque tems dans ce qu'on appelle le désert de *Caporosso*, dans une caverne, sur le bord de la mer, à deux ou trois lieues de Fréjus, vers Lérins; la tradition du peuple veut qu'il ait demeuré quelque tems dans cet endroit. On l'appelle encore la Sainte-Baume ou la caverne de saint Honorat, et on l'y honore avec beaucoup de dévotion. »

Cette opinion, que M. de Tillemont avance en hésitant, est certaine chez les Fréjusiens, les religieux de Lérins et les diocèses voisins. Barralis, chronologiste de Lérins, en parle; M. Joseph Antelmy et M. l'évêque de Grasse, son frère, l'assurent dans leurs écrits; et ajoutons de plus que saint Honorat ayant quitté Cauroux pour fonder un monastère dans l'isle voisine, ne laissoit pas de revenir de tems en tems dans son ancienne retraite, qui n'en est éloignée que par un court trajet de mer.

On y montre encore, outre la caverne de saint Honorat, celle où saint Eucher, fidèle imitateur des vertus de ce saint, faisoit sa demeure non loin de la première, mais plus étroite, plus cachée et d'un accès plus difficile. Ce fut dans le séjour de Cauroux que ce saint composa l'éloquent et pieux traité de la louange du désert, que M. de Bolliers, autrefois évêque de Fréjus et abbé de Lérins, fit traduire en françois et imprimer pour la première fois.

Là, saint Eucher, parlant à saint Hilaire du désert en général, désigne souvent celui de Cauroux en particulier : « Cette solitude, dit-il, que la nature a environnée de mille difficultez, est une cité bâtie sur la montagne du désert qui ne sauroit être cachée! Oh que ces demeures inaccessibles et ces forêts sans route sont agréables à ceux qui ne désirent que Dieu! O que ces retraites qui s'étendent si loin, et qui sont si bien gardées par les artifices de la nature ont des charmes pour ceux qui ne cherchent que Jésus-Christ! » *O quam jucundæ sunt sitientibus Deum etiam deviæ illæ saltibus solitudines! O quam amænæ sunt quærentibus Christum deserta illa quæ longe lateque natura excubante projecta sunt!* Il désigne presque l'antre où il se tenoit caché, *intra quoddam conclave naturæ.* Le peuple l'appelle en provençal *lou San-Traoa*, que l'on ne visite qu'avec danger.

Il dépeint encore mieux ce désert dans sa belle lettre à Valérien sur le mépris du monde, écrite de Cauroux comme l'autre : « Nous avons ici, dit-il, une demeure assurée et un repos que rien ne peut troubler. On y trouve une vaste retraite loin des flots de la mer, où règne un aimable silence. » *Hic statio fidissima et quies certa : hic late recessus exclusis fluctibus silet.* Ces particularités ne conviennent ni à *Lero* ni à *Lerina*, qui sont deux petites isles sans antre, sans forêt, sans obstacles, accessibles de toutes parts, et où l'on entend le bruit des flots de la mer à toute heure.

On croit aussi que saint Vincent de Lérins a travaillé son *Commonitoire* ou son traité sur la foi orthodoxe dans le désert de Cauroux. Voici ses paroles qui le marquent : « Le lieu où nous nous sommes retirez nous incite à écrire, car pour éviter le séjour des villes et la foule du monde, nous avons choisi pour demeure une habitation qui en est fort éloignée : et nous habitons même dans la demeure secrète du monastère, afin que, renonçant ainsi à la superbe et à la vanité, appaisant au contraire Dieu par le sacrifice de l'humilité chrétienne, nous puissions non-seulement éviter les naufrages de la vie présente, mais encore les feux éternels dont nous sommes menacés dans les siècles à venir. « *Urbium frequentiam turbasque vitantes, remotioris villæ et in eâ secretum monasterii incolimus habitaculum, ut...... non solum præsentis vitæ naufragia, sed etiam futuri sæculi incendia vitare possimus.* Cette demeure secrète du monastère et cette habitation qui en étoit un peu eloignée, ne peut être que le désert de Cauroux.

Saint Maxime, que le peuple et le clergé de Fréjus avoit élu pour évêque au V<sup>e</sup> siècle, se réfugia dans cette solitude pour ne pas être élevé à cette dignité sacrée. L'histoire suivante en fait foi; c'est saint Fauste de Riez qui la raconte dans le panégyrique qu'il prononça à Riez l'année que ce saint mourut : « La ville, dit-il, voisine du désert situé entre l'isle de Lérins et cette ville, souhaitoit avec ardeur d'avoir Maxime pour évêque. Ce grand homme en eut quelque avis qui l'étonna et qui le fit résoudre de quitter son isle et de s'en aller bien loin. Mais prévenu par les prêtres qui descendirent de l'isle, il profita d'un moment favorable qu'il eut pour se réfugier dans l'épaisseur des forêts. » Cette ville entre Riez et Lérins n'est autre que Fréjus; Fauste distingue clairement l'isle qui est Lérins d'avec le désert qui est celui de Cauroux, à deux lieues de Fréjus. Car, dire qu'il y avoit des forêts épaisses dans l'isle de Lérins, c'est parler contre toute apparence, puisqu'elle n'a que deux milles de circonférence, et qu'elle étoit habitée par un grand nombre de religieux qui avoient des cellules. Mais d'ailleurs Fauste désigne trop clairement un désert et des forêts hors de l'isle, disant que Fréjus étoit voisin du désert de Lérins et non pas de l'isle; car il y a un bras de mer à passer pour aller de Fréjus à l'isle de Lérins. *Ambiebat Maximum proxima eremi civitas, quæ inter locum hunc et insulam ut nostis interjacet.* La suite le prouve encore mieux. Maxime se jeta dans un bateau, car il y en avoit sans doute quelqu'un pour amener les religieux à terre quand cela étoit nécessaire, et se fit conduire au rivage de Cauroux, d'où il se sauva dans les forêts et les montagnes.

Les Fréjusiens arrivez trop tard dans l'isle ne laissèrent pas de poursuivre leur dessein, et vinrent aborder au même rivage. On s'enfonce dans les forêts, on fouille partout, on ne laisse rien à visiter, on grimpe sur les plus hauts rochers, on descend dans les lieux les plus profonds, on ne se lasse point, tout est mis en usage. *Ventilantur universa.* On chercha Maxime trois jours et trois nuits, mais ce fut inutilement. « J'en suis témoin, dit Fauste, il pleuvoit même pendant tout ce tems-là, et l'orage qu'il faisoit concouroit à faire sortir Maxime de sa retraite. Toute l'isle étoit cependant en alarme et frappée du péril où étoit le saint abbé. On auroit bien mieux aimé le voir enlevé par les Fréjusiens, dit Fauste, qu'exposé à périr de faim et d'incommoditez. » *Plus in eum expavescit jam injuriam quam rapinam.* « On le cherchoît, ajoute-t-il avec éloquence et politesse pour son auditoire, on le cherchoît pour ses vertus et ses mérites, et le Seigneur, à cause des vôtres, ne permit pas qu'il fût trouvé. » *Pro suis meritis quæritur, pro vestris non invenitur.*

Enfin c'est dans ce désert qu'une troupe de saints ont cherché Dieu de siècle en siècle jusqu'à nos jours. « Là, selon l'expression de saint Eucher, éloignez du tumulte de la république humaine, ils se trouvoient en quelque manière hors du monde, quoiqu'ils fussent dans le monde : là, séparez de tout, vivant dans le repos et le silence, ils n'avoient ni la volonté ni l'occasion de pécher. » *In mundo positi, quodammodo extrà mundum sunt, alieni ab illo reipublicæ humanæ tumultu sepositi, quieti, silentes, nec magis absunt à voluntate peccandi quam à facultate.*

Ceux qui vont à Cauroux avec un esprit de piété, y respirent encore la dévotion et la tranquillité du cœur et de l'esprit. Les ecclésiastiques, les citoyens de Fréjus, les religieux de Lérins, les villes et bourgs des environs, aiment et révèrent encore ce saint lieu. On y voit les vestiges de quelques cellules à côté de la chapelle, qui n'est autre elle-même qu'une caverne vers le milieu de la plus haute montagne, où on sait par tradition que saint Honorat faisoit sa demeure; l'autel est au fond, on y célèbre la messe, et sans doute que plusieurs saints prêtres solitaires de Lérins y ont offert les sacrez mystères.

Les derniers religieux de Lérins ayant été forcez

d'abandonner cette demeure, dans le dixième siècle, par les incursions des Sarrasins, les hermites prirent leur place. M. Ondedey, évêque de Fréjus, leur fit bâtir une habitation : ils logeoient auparavant dans une grotte.

On trouve à Cauroux une fontaine de fort bonne eau, un petit jardin, une courte promenade et quelques arbres fruitiers.

## VIE DU SERVITEUR DE DIEU

LAURENS BONHOMME, SOLITAIRE PRÈS DE FRÉJUS [1]

Comme la mémoire du juste doit durer toujours, selon l'Ecriture, je vais tâcher de conserver ici celle d'un serviteur de Dieu qui a vécu plus de quarante ans dans le désert de Cauroux près de Fréjus, nommé communément la Sainte-Baume. Je l'ai connu particulièrement. Sa naissance étoit obscure, mais sa vertu fut éclatante : il étoit illitéré, mais Dieu lui donna la science des saints.

Il s'appelloit Laurens de son batême et Bonhomme de sa famille. Je sçai, par le rapport d'un de ses frères, qu'il avoit toujours évité, pendant sa jeunesse, les

---

[1] La vie de Laurens Bonhomme est reproduite ici d'après celle que Girardin fit imprimer à Aix, en 1749; elle est plus complète que celle du manuscrit.

danses, les jeux, les assemblées et les débauches des jeunes gens de son tems; qu'il se confessoit souvent à un saint prêtre, et qu'il aimoit fort la solitude dès son bas âge.

Son père, qui étoit un laboureur de Vidauban, à quatre lieues de Fréjus, lui proposa de le marier, parce qu'il étoit l'aîné de ses enfans; mais Laurens lui dit qu'il vouloit se retirer du monde et qu'il ne pensoit point au mariage. Le père en fut fâché et s'opposa à son dessein, jusqu'à ce que gagné par les remontrances du bon prêtre qui confessoit Laurens, il lui permit de se retirer un an après, où il voudroit; il prit alors l'habit d'hermite, avec la permission du grand vicaire du diocèse, dans la chapelle de Saint-Martin de Taradel et retint son nom de batême.

Avant de se fixer, il fit le projet d'aller visiter les lieux saints de Rome et vint pour ce sujet à Fréjus demander les certificats dont il avoit besoin; mais par un effet de la divine Providence, qui vouloit sans doute nous conserver ce pieux trésor dans le diocèse, le grand vicaire et l'évêque le détournèrent de ce voyage et le pressèrent d'aller faire sa demeure à l'hermitage de Cauroux. Il se soumit avec respect à leurs volontés, faisant un sacrifice de la sienne, et Dieu bénit son obéissance : car sa grâce a toujours paru le conduire et l'enseigner dans cette vaste solitude, qui est un lieu d'horreur.

Il se mit d'abord sous la protection de la Sainte-Vierge, se faisant inscrire à la congrégation des artisans, mariniers et travailleurs que les RR. PP.

Jésuites dirigent à Fréjus avec édification, et ce fut les Jésuites qui l'élevèrent dans la vie spirituelle et formèrent Jésus-Christ dans lui, selon l'expression de saint Paul; il se confessa à eux pendant presque toute sa vie, et il s'approchoit des sacremens tous les dimanches.

M. d'Antelmy, dans sa Dissertation sur saint Eucher, parle de sa piété avec éloge, page 81. *Eremita*, dit-il, *Capofulvi montis homo pius*; il ajoute que frère Laurens allioit la prudence à la piété et la piété à la simplicité chrétienne : *Prudentiam evangelicam, simplicitati consocians*. M. Anselme Léget, qui a été soixante ans curé de Fréjus, écrivant sa mort sur le registre de la paroisse en 1705, le qualifie de bon serviteur de Dieu et irréprochable dans ses mœurs.

M. le cardinal de Fleury étant évêque de Fréjus, avoit de la vénération pour lui et se recommandoit à ses prières : ce qu'il fit un jour que j'étois à sa suite dans une rue; à quoi le serviteur de Dieu répondit : Monseigneur, je ne manquerai pas de prier pour vous, car vous en avez besoin, chargé comme vous êtes du salut de tant d'âmes : ce qui surprit le prélat, qui se mit à sourire et nous dit : Voyez, Messieurs, comme le frère Laurens me fait la morale.

J'atteste de plus à la postérité qu'il aimoit son état, le travail, la prière, la parole de Dieu; qu'il étoit doux, affable, modeste, bienfaisant, charitable, officieux, pénitent. Il passa les dix-huit premières années de sa retraite sans boire du vin. Je trouvai des instrumens de pénitence dans sa chambre après sa mort. Il n'avoit pour lit qu'une paillasse et il ne mangeoit que du pain la plupart du tems et quelquefois des légumes ; mais il ne faisoit pas difficulté de manger de la viande, lorsqu'on l'invitoit, ni de modérer ses mortifications lorsque son confesseur le lui conseilloit.

Il sçavoit l'art de nourrir les abeilles, de recueillir le chanvre et de faire certains ouvrages de menuiserie utiles au public : tout cela lui rapportoit du profit; mais il fut un de ces hommes rares, dont parle saint Ambroise, qui ne veulent que Dieu pour tout bien ; car ayant une fois quatre cens livres, il les donna à l'hôpital; une autre fois les abeilles avoient si bien réussi pendant quelques années, qu'il en eut huit cens livres de profit, dont il fonda avec le même détachement une octave pour les morts, qui subsiste encore dans la cathédrale; ce fut même par un motif de reconnoissance bien édifiant qu'il choisit ce genre de fondation, préférablement à d'autres œuvres de piété qu'on lui inspiroit; car lorsqu'on insista pour sçavoir de lui ce qui l'y déterminoit : Tous les habitans de Fréjus, dit-il, m'ont fait du bien; ils mourront tous et profiteront tous de cette fondation. Je ne parle point en détail des aumônes secrètes qu'il faisoit à des veuves et à des orphelins.

On peut dire, comme parle le psalmiste, qu'il avoit de l'intelligence pour le pauvre et l'indigent, et Dieu l'a sans doute délivré du mauvais jour, qui n'est autre que le jour d'une mauvaise mort. Sa charité s'étendoit même sur les oiseaux qui vivoient dans son désert; il mettoit exprès pour eux, pendant l'été, dans divers creux des rochers, de l'eau, qu'on y trouve bien rarement, afin qu'ils ne mourussent pas de soif; et l'hyver, quand la neige couvroit la terre, il balayoit certains endroits et y mettoit du grain pour leur nourriture, disant que les oiseaux étoient des créatures de Dieu et qu'ils chantoient ses louanges. Mais sa charité et son détachement des choses de la terre parut d'une manière bien plus admirable dans l'avanture que je vais raconter.

Le désert où demeuroit frère Laurens tire son nom d'une haute montagne que les auteurs appellent Cap-Roux, et le vulgaire Cauroux; cette montagne est presque sur le bord de la mer, à deux grandes lieues de Fréjus, dans le domaine de la paroisse de Saint-Rapheau; de sorte que les voleurs choisissoient le tems que cet homme de Dieu employoit pour venir à la ville participer aux saints mystères, et pilloient son hermitage. Un jour il retourna chez lui plutôt qu'à l'ordinaire et surprit deux voleurs qui avoient chargé sur des mulets la plupart des ruches à miel qu'il avoit dans un certain endroit : Mes bonnes gens, leur dit-il avec sa mansuétude ordinaire, je crois que vous avez plus de besoin de ces abeilles que moi, ainsi je vous les donne; mais souvenez-vous que c'est un péché de voler, et que je vous défends de prendre quoi que soit à personne; je veux vous faire un présent, car vous ne sçavez pas quelles sont les meilleures ruches : ce sont celles qui pèsent le plus, parce qu'il y a plus de cire, plus de miel et plus d'abeilles; en voilà quatre à cinq que vous laissez et qui sont justement les plus pesantes; vous pouvez les prendre et vous en aller. Ces voleurs furent si surpris et si déconcertés, qu'ils déchargèrent toutes les ruches et se sauvèrent, après lui avoir demandé vingt fois pardon de leur faute. On voit qu'en cette occasion frère Laurens pratiqua le conseil que Jésus-Christ donne aux parfaits, en saint Luc : Si quelqu'un vous enlève votre bien, ne le redemandez point. Et en saint Mathieu : Si quelqu'un vous prend votre tunique, abandonnez-lui aussi votre manteau.

Ce grand désert nourrit des loups, des sangliers et des cerfs; ces animaux sembloient le respecter et l'aimer, ils ne lui ont jamais nui; les cerfs, quelque timides qu'ils soient, paissoient tranquillement près de sa cellule et alloient boire quelque fois à la fontaine en sa présence. Une laye passant un jour près de lui avec ses marcassins, frère Laurens eut l'adresse d'en prendre un qui suivoit de loin sa mère, et l'apprivoisa si bien, que cet animal le suivoit de Cauroux à Fréjus. L'évêque de ce tems là le lui demanda, et il se fit un plaisir de le lui remettre, et cet animal resta dans la cour de l'évêché : un mois après frère Laurens parloit à quelqu'un sous la fenêtre du palais épiscopal, le marcassin étoit alors par hasard dans la salle, et entendant la voix de son ancien maître, il monta sur un tabouret qui étoit devant la fenêtre, et l'ayant apperçu au-dessous, il se jetta en bas pour l'aller joindre et le caresser : ce fait, que tout Fréjus sçait, est rapporté dans un livre intitulé: *Le bonheur du parfait solitaire.*

Un chanoine voulut un jour le sonder sur la vie spirituelle et lui demanda de quoi il s'occupoit allant et revenant de la Sainte-Baume; il lui répondit : lorsque je sors de la porte de la ville, j'offre mes pas à Dieu; j'en fais cinq cens pour les âmes du purgatoire, cinq cens pour la conversion des pécheurs, autant pour ceux qui me font du bien; autant pour les malades, autant pour la persévérance des bons, etc. Ainsi je ne trouve point le chemin que je fais pénible. Le chanoine qui m'a raconté ce fait en fut surpris, et conclut que frère Laurens avoit l'esprit de Dieu. Sur quoi je ne fais pas difficulté de lui appliquer l'éloge que l'Ecriture donne à Enoch : il marcha avec Dieu, *ambulavit cum Deo*. Je lui ai ouï dire qu'il lui sembloit aller au paradis, quand il retournoit à son désert.

Que l'artifice dont il se servoit pour offrir ses pas à Dieu est une belle leçon! cette économie, toute simple qu'elle paroit, étoit le fruit de sa vigilance chrétienne et de sa prière continuelle. Quelle différence devant Dieu, entre les voyages de tant de gens du monde et les simples pas de notre solitaire!

Il avoit planté de distance en distance des petites croix de bois dans tout le chemin qui conduit à sa solitude, ce qui est une conjecture que frère Laurens y renouvelloit les offrandes de ses pas à Dieu. Il arrivoit quelquefois que la pluye grossissant un torrent qui est au pied de la montagne, notre solitaire passoit la nuit dans quelque ferme de laboureur, ou quelque cabanne de bergers : c'étoit pour eux une fête solemnelle; l'odeur de sa sainteté répandoit une joye pure dans toute la famille; il étoit pour ainsi dire, le pasteur de tous ces gens là; il faisoit le catéchisme à leurs petits enfans, et répétoit aux autres le prône qu'il avoit entendu : car frère Laurens assistoit tantôt à la messe paroissiale et au prône, et tantôt à la congrégation des artisans et aux pieux exercices qu'on y fait.

Un bénéficier de la cathédrale, qui alloit souvent à Cauroux par dévotion, a plusieurs fois raconté ce qui suit. J'allois tout seul un jour à la Sainte-Baume; je trouvai la porte de l'hermitage fermée, et ayant plusieurs fois appellé le frère Laurens, il me répondit d'une voix mourante qu'il ne pouvoit se lever pour me l'ouvrir, parce qu'il étoit fort malade. Je fus obligé d'enfoncer la porte et je le secourus le mieux qu'il me fut possible. Quand il fut jour, j'aurois souhaité dire la messe, mais je n'avois point de serveur; il comprit ma peine, et me dit qu'il se lèveroit et que Dieu lui feroit la grâce de monter jusqu'à la chapelle; je le vis qu'il se levoit tout chancellant; il me pria de monter le premier, m'assurant qu'il alloit me suivre. Ceux qui connoissent ce désert sçavent que la chapelle est placée au milieu de la montagne, que le chemin est rude, étroit et quelquefois dangereux, et qu'on n'y aborde que par un endroit; j'étois monté lentement, afin qu'il pût me joindre, je ne l'apperçus aucunement dans le chemin, de sorte que je fus tout étonné de le trouver dans la chapelle, où il avoit déjà préparé toutes choses pour célébrer. J'en fus si surpris, que je dis la messe avec un saint tremblement; et j'ai toujours cru que les paroles du pseaume 90 s'étoient accomplies en sa personne : Les anges vous porteront entre leurs mains, de peur que vous ne heurtiez votre pied contre les pierres.

Un sçavant avocat de Fréjus alloit se délasser de tems en tems dans la solitude avec le serviteur de Dieu ; et toutes les fois qu'il revenoit de son pieux voyage, il disoit avec admiration à sa famille et ailleurs, qu'il y avoit quelque chose d'extraordinaire dans le frère Laurens. Voici pourquoi : cet avocat ayant accoutumé de lire le nouveau Testament en latin le portoit à Canroux, où, pour passer saintement le tems, il appelloit le frère Laurens lorsqu'il en vouloit faire la lecture ; ce fut d'abord pour l'éprouver ; mais lui ayant demandé s'il comprenoit l'évangile qu'il venoit de lire, le serviteur de Dieu répondit qu'oui ; l'avocat le somma de le lui expliquer, ce que le frère Laurens, quoiqu'illittéré, fit sur le champ.

Un prêtre espagnol, célèbre docteur de Salamanque, archidiacre de Ciudad-Rodriguez, quoique riche, alloit par dévotion à pied visiter les lieux saints de Rome, en l'année 1703. Ce prêtre aborda au séminaire de Fréjus, où les directeurs le reçurent avec charité : là s'étant fait connoître, on l'annonça à M. le cardinal de Fleury, alors évêque de Fréjus, qui dit que ce docteur ne lui étoit pas inconnu, et qu'il avoit lu de ses ouvrages ; ce digne prélat lui fit mille honnêtetés et le recommanda aux directeurs qui le lui présentèrent ; il se reposa au séminaire tout le tems qu'il souhaita ; et comme il voulut poursuivre son voyage, les directeurs chargèrent le frère Laurens, qui se trouva par hasard à Fréjus, de le conduire jusqu'à Cannes, afin que le chemin lui fût moins pesant, et qu'il fût à couvert de toute insulte dans le funeste bois de l'Estérel. Le serviteur de Dieu obéit et retourna dans sa solitude par l'ancien chemin aurélien, le long des côtes de la mer. Mais étant revenu au séminaire le samedi d'après, le supérieur le fit appeller pour s'informer des circonstances de son voyage avec le docteur, à quoi frère Laurens répondit : notre voyage a été le plus gracieux du monde ; nous avons parlé ensemble tout le long du chemin, et ce saint prêtre m'a dit mille belles choses. Mais les compreniez-vous, lui dit le supérieur? Sans doute, répliqua le frère Laurens, je n'ai rien perdu de ce qu'il disoit. Sur quoi les directeurs se regardant les uns les autres, conclurent que ce serviteur de Dieu avoit le don que saint Paul appelle l'intelligence des langues : car le docteur ne parloit que latin ou espagnol et frère Laurens ne sçavoit que le provençal.

Un grand-vicaire de notre diocèse, plein de piété, m'a assuré que frère Laurens avoit eu une révélation de sa mort prochaine. Il vit la nuit en songe sur le mont d'Escale, vis-à-vis de la grotte où il dormoit, un berger en cheveux blancs, semblable à l'Ancien des jours dont parle le prophète Daniel, tout habillé de blanc, entouré de brebis blanches ; il l'entendit qui lui disoit à haute voix : Laurens, viens, Laurens, viens ; sur quoi il s'éveilla plein de consolation, ainsi qu'il le lui raconta. Je crois que ce fut en conséquence de cette vision, que ce serviteur de Dieu me prédit positivement sa mort.

Voici ce qui se passa entre lui et moi : un samedi du mois d'octobre arrivant de son désert, il me trouva dans la cour du séminaire, dont j'étois économe ; il me salue et me prie de lui dire l'évangile du lendemain ; je le faisois lorsqu'il m'interrompit, disant qu'il sçavoit le reste ; et tout de suite il me dit : je mourrai bientôt ; j'ai préparé des planches pour mon cercueil, quatre chemises que je veux qu'on donne à quatre pauvres hommes qui me porteront en terre ; j'ai préparé des cierges et ma cuculle. Je le regardois fixement lorsqu'il me tenoit ce discours, et je lui répliquai : d'où vient que vous me dites cela ? est-ce que vous vous trouvez mal ? Mais sans me répondre, il prit sa besace, et branlant la tête, comme s'il m'eut dit qu'il sçavoit bien ce qu'il disoit, il monta à sa chambre.

Sa prédiction ne tarda que deux mois et demi de s'accomplir ; la fièvre le prit dans sa cellule, et il y serait mort sans secours, si Dieu, qui ne détourne jamais ses yeux du juste, n'eût inspiré à un laboureur son plus proche voisin de l'aller voir ne sachant que faire, parce qu'il pleuvoit depuis trois jours : il le trouva demi mort, et l'ayant secouru et ensuite mis sur son cheval, il l'emmena au séminaire, où nous le logions depuis quinze ans. Son mal venoit d'un charbon vénimeux qui se formoit sur sa main droite, dont il mourut après bien des incisions douloureuses et des remèdes inutiles : il demanda bientôt les sacremens, et on le communia même deux fois pendant sa maladie.

Je l'interrogeois un jour sur l'état de sa main ; il la sortit du lit et me montrant un crucifix qui étoit vis-à-vis de lui, il me dit avec joye : ma main est crucifiée avec celle de Jésus-Christ ; paroles qui sont de saint Paul, *Christo confixus sum cruci* : car quoiqu'il ne sçût point lire, il avoit néanmoins retenu dans sa mémoire plusieurs endroits de l'Ecriture qu'il avoit ouï dire.

Deux jeunes ecclésiastiques s'étant dérobés de la récréation, montèrent à la chambre du serviteur de Dieu pendant sa maladie, et l'ayant pressé plusieurs fois de leur dire quelques paroles d'édification : mes chers enfans, leur dit-il, j'adore toujours la Sainte Trinité : comme s'il leur eût dit : tout mon bonheur est de m'attacher à Dieu.

Ayant été le voir de grand matin le dernier jour de l'an, je le trouvai sans force, tendant à l'agonie; et comme je vis qu'il remuoit les lèvres et parloit tout bas, j'eus la curiosité de sçavoir ce qu'il disoit; je baissai mon oreille sur sa bouche et je l'entendis qui disoit : Mon Dieu ! ayez pitié de moi, parce que je suis seul et pauvre : ce qui est tiré du pseaume 24, et ensuite il dit : Mon Dieu ! je vous aime de tout mon cœur.

Enfin il mourut paisiblement sur les six heures du soir, le 31 décembre, âgé de soixante cinq ans, finissant l'année temporelle 1704, et allant, ainsi que nous le croyons, commencer dans le ciel les années éternelles qu'il n'avoit jamais perdu de vue.

J'appellai deux diacres pour l'habiller avec décence, nous fumes tous surpris de voir la fraîcheur et l'éclat de ses jambes, sans aucune enflure; nous regardâmes cela comme une récompense de tant de pas qu'il avoit fait en esprit de pénitence et de prière, et comme une marque de sainteté. Je le fis descendre dans la chapelle du séminaire, où la communauté s'étant assemblée, nous dîmes l'office des morts, et quelques ecclésiastiques y passèrent la nuit en prières.

Mais pour éviter le trouble que le peuple nous auroit causé le lendemain dans le séminaire, je fis transporter ce corps à la pointe du jour dans la chapelle de Saint-Joseph. Cette nouvelle s'étant répandue, le monde y accourut en foule; les uns disoient : nous ne venons pas prier Dieu pour lui, mais nous recommander à ses prières; les autres, et des prêtres même, disoient : si frère Laurens n'est pas un saint, nous sommes bien à plaindre.

Chacun coupoit à l'envi quelques petits morceaux de son habit, on avoit beau s'y opposer; on faisoit toucher à ce corps des mouchoirs et des chapellets; presque tous versoient des larmes de dévotion et de tendresse, une sainte joye étoit répandue sur tous les visages, parce que tous espéroient d'avoir en lui un intercesseur auprès de Dieu : j'ai été témoin de toutes ces choses.

Un travailleur de ses amis, bon chrétien, m'a dit quarante ans après, au lit de la mort, qu'ayant eu deux petits outils qui avoient appartenu au frère Laurens, et s'en étant servi avec confiance comme des reliques, toutes sortes de biens (ce sont ses termes) avoient abondé dans sa maison depuis lors selon son état, et qu'il croyoit que frère Laurens étoit un saint. Je connois une personne qui depuis sa mort conserve son chapellet avec vénération, et d'autres qui gardent soigneusement des morceaux de son habit.

Le chapitre et les ecclésiastiques du grand et du petit

séminaire assistèrent à son enterrement, ce qui fit un clergé de cent personnes; l'inhumation se fit le premier jour de l'an 1705 à une heure après midi; les magistrats y vinrent avec les marques de leur dignité, les confrères pénitens et ceux de la congrégation de la Sainte Vierge accoururent en corps, quoique personne ne fût invité au convoi. Bien plus; comme la cérémonie des funérailles commençoit, on vit une affluence comme miraculeuse d'étrangers qui arrivoient des villages d'alentour, ayant appris la mort du serviteur de Dieu.

Le grand-vicaire et les directeurs du séminaire convinrent que le Seigneur avoit voulu manifester par tous ces signes la sainteté de ce pauvre hermite, et disoient les larmes aux yeux en ma présence : les illitterés ravissent le ciel, et nous périrons peut-être avec notre science! *surgunt indocti et rapiunt cœlum, et nos cum doctrinis nostris*, etc., comme il est rapporté dans les confessions de saint Augustin.

On le porta, par le grand circuit de la ville, de la chapelle de Saint-Joseph au chœur de la cathédrale; on dit les vêpres des morts, et ensuite on le reconduisit au cimetière où il avoit élu sa sépulture. Comme les séculiers, par un zèle amer, se disputoient à grand bruit l'honneur de le mettre dans la fosse, quelques ecclésiastiques prirent hardiment ce corps et l'y descendirent. Sa tête est à deux pieds de la croix du cimetière et ses pieds sont vers le mur de la chapelle de Saint-Joseph.

Tous ceux qui l'ont connu sont persuadés que

son âme est dans les mains de Dieu, et qu'il fait pour nous ce que Onias faisoit pour la ville de Jérusalem, c'est-à-dire qu'il prie beaucoup le Seigneur pour notre cité, où il a été chéri et respecté de tout le monde pendant sa vie; j'ai lieu d'attribuer à son intercession les avantages qui sont arrivés à cette ville depuis sa mort, tant pour le spirituel que pour le temporel.

C'est un miroir pour tous les états : il nous a laissé avec ses cendres l'exemple de ses vertus.

Les jeunes gens peuvent apprendre de lui à fuir le jeu, le vin, les danses, les cabarets, les mauvaises compagnies et à fréquenter les sacremens de Pénitence et d'Eucharistie, comme il a fait durant sa jeunesse; les justes doivent demander à Dieu le don de persévérance, que le Seigneur lui accorda pendant plus de quarante ans dans un désert très-pénible; les pécheurs doivent se souvenir qu'ils sont obligés de faire pénitence, sous peine de périr éternellement, pensée qui a porté frère Laurens à pratiquer cette vertu toute sa vie; les riches doivent l'imiter dans son détachement des biens de ce monde et dans sa libéralité envers les pauvres, à qui il donnoit avec tant de charité l'argent qu'il avoit gagné à la sueur de son front; les pauvres ont en lui un modèle de patience, de douceur et de travail; les sçavants apprendront à estimer la science du salut, qui l'a rendu beaucoup plus respectable que s'il avoit eu toutes les connoissances humaines; enfin les ecclésiastiques même pourront imiter l'amour de la prière, de la mortification et de la retraite et les autres vertus qui ont éclaté dans le vénérable frère Laurens [1].

Je finis ce chapitre par les paroles de saint Eucher, autrefois solitaire de Cauroux, et ensuite archevêque de Lyon, qui, parlant à son peuple des martyrs de la légion thébaine, et du lieu où ils avoient souffert le martyre, disoit : « Avec quel respect ne devons-nous pas regarder le sacré lieu d'Agaune, où tant de milliers de martyrs ont été mis à mort pour la cause de Jésus-Christ. *Quantâ excolendus est reverentiâ sacer ille Agaunensium locus, in quo tot pro Christo martyrum millia, ferro cæsa reperiuntur.* Qu'il me soit permis de dire la même chose du désert de Cauroux. Quelle vénération ne devons-nous pas avoir pour cette sainte solitude, où tant de serviteurs de Dieu se sont crucifiés avec Jésus-Christ et sont devenus martyrs de la pénitence chrétienne ! » [2]

---

[1] Voici l'acte de décès auquel Girardin a fait allusion ci-dessus :

*L'an mil sept cent cinq, et le premier du mois de janvier, muny des sacremens est décédé dans le séminaire de cette ville frère Laurens Bonhomme, âgé d'environ soixante trois ans, hermite depuis quarante un an de l'hermitage de la Sainte-Baume de Cap Roux ; bon serviteur de Dieu et irréprochable dans ses mœurs, du lieu de Vidauban, et a esté ensevely dans le cimetière, ayant esté accompagné des Messieurs du clergé, moy vicaire soussigné présent.*
Signé : LÉGET, vicaire, FUNEL, ORDAN, BRUN.

[2] Girardin fit imprimer à Aix, en 1752, la vie édifiante d'un autre solitaire sous ce titre : *Vie du serviteur de Dieu François Mets, né au Bar, hermite du Cap-Roux.*

La communauté de Saint-Rapheau est engagée par vœu d'aller en procession visiter tous les ans la chapelle de Cauroux le premier jour de mai. Un particulier a même fait une fondation pour ce sujet. Cauroux est de la paroisse de Saint-Rapheau.

### ISLES DE LÉRINS.

Les anciens auteurs font mention de deux isles de la Méditerranée, prez des Alpes maritimes, et donnent à la plus grande le nom de *Lero*, et à l'autre celui de *Lerina*. *Lero* est appelée aujourd'huy l'isle de Sainte-Marguerite. On devroit plutôt l'appeler l'isle de Saint-Eucher, puisque ce saint y a fait certainement sa demeure pendant plusieurs années, ce qui n'est point vrai de sainte Marguerite. Mais *Lerina* est justement appelée l'isle Saint-Honorat, puisqu'il est sûr que ce grand homme y fonda un monastère célèbre dans l'histoire ecclésiastique. Moréry appelle ces deux isles Lérins, mais on entend communément par ce nom l'isle de Saint-Honorat, et non pas celle de Sainte-Marguerite. Ainsi l'entendent et l'écrivent M. de Tillemont, M. de Fleury, M. Baillet, etc.

Je dois parler de ces deux isles parce qu'elles étoient du diocèse de Fréjus, espérant d'expliquer dans la suite comment et en quel siècle elles ont passé sous la juridiction de l'évêque de Grasse.

## SAINTE-MARGUERITE.

Cette isle située à l'orient de Cauroux en est éloignée de neuf ou dix milles : mais elle n'est qu'à trois milles de la paroisse de Cannes, qu'elle a au septentrion. Son terrain est rude, inégal, pierreux, stérile. J'y ai vu une très-belle terrasse sur le bord de la mer d'où la perspective est admirable, quelques petits jardins très-propres, une place fort vaste avec des allées de mûriers et plusieurs bâtimens et casernes. Cette isle est fortifiée selon les règles de l'art : les Espagnols s'en étant saisis en 1536, en avoient commencé les fortifications : en 1746 elle a été prise par les Anglois, qui ne l'ont gardée que peu de tems, ayant été rendue à la première attaque des troupes de France. Elle est gardée par des invalides. On en a fait une paroisse qui a un curé, outre l'aumônier que le Roi y entretient. Sa Majesté y fait garder des prisonniers d'Etat, et l'on y enferme aussi des enfans de famille dyscoles et libertins et autres qui manquent de conduite, lorsque les personnes à qui ils appartiennent en ont permission de la Cour.

Cette isle a huit ou dix milles de circuit, elle est de figure oblongue, irrégulière, ayant une pointe fort étendue vers l'orient, où l'on trouve quelques arbres, le reste est nud. Elle n'est séparée de Saint-Honorat, qui est à l'occident, que par un mille de mer.

Elle étoit sans doute remplie des religieux dans les

jours heureux où vivoient saint Honorat et les premiers abbez qui lui ont succédé. Saint Eucher, touché de l'exemple de saint Honorat, ne pouvant d'abord embrasser sa règle, parce qu'il étoit marié et qu'il avoit deux garçons et deux filles, se retira dans *Lero* pour l'imiter en quelque manière et profiter de ses discours et de ses exemples. Nous aurons lieu dans la suite d'écrire tout ce qui regarde saint Eucher.

### SAINT-HONORAT.

Je viens à Lérins et au fondateur de ce monastère. Cette isle est beaucoup plus petite que l'isle du bienheureux Eucher; elle n'a que deux milles de circuit : son terrain est tout uni, tout labourable, tout fertile : elle est à cinq milles de la ville de Cannes, et par conséquent plus avancée dans la mer au midy que l'autre isle. Le Roi y tient un corps de garde, depuis que les religieux furent accusez d'avoir appelé les Espagnols, et s'être livrez à eux lorsqu'ils surprirent l'isle de Sainte-Marguerite en 1536. Elle est plus voisine du désert de Cauroux que *Lero*, à cinq milles de Théoule, et à neuf ou dix milles de la montagne de Cauroux.

Tous les auteurs ne conviennent pas que l'isle de Saint-Honorat soit la *Planasia* des anciens, où Auguste relégua son petit-fils Agrippa, quoique Strabon, liv. IV, Géogr., dise clairement : *Post Sthæcades Planasia et Lero*. Ptolémée dit qu'il y a une autre isle

*Planasia*, le long de la côte orientale de Gênes, liv. III, ch. 1. Géogr. Dion, liv. LV, dit qu'on peut entendre la Corse, d'autres la Sicile : Tacite rapporte qu'Auguste y vint voir Agrippa selon le bruit public, *rumor incessans*.

Saint Honorat étoit distingué par sa naissance ; la suprême dignité du consulat avoit été dans sa famille, il naquit dans l'une ou l'autre Gaule Narbonnoise, c'est-à-dire en Provence ou en Languedoc. Désabusé des erreurs du paganisme et des frivoles espérances du siècle, il se fit baptiser à l'âge de dix-huit ou vingt ans, et vécut ensuite dans la modestie et les règles de la piété chrétienne, mais pour se dérober à la corruption du monde et des jeunes gens de son pays, il entreprit un voyage en Orient, âgé d'environ vingt-cinq ans.

Il se mit sous la conduite d'un serviteur de Dieu beaucoup plus âgé que lui, qui voulut bien l'accompagner dans ce voyage : mais son frère Venance, qui en étoit aussi, étant mort dans le Péloponèse, il revint sur ses pas et s'arrêta quelque tems en Italie : mais le Saint-Esprit le remena dans les Gaules avec Caprais ; là, connu par sa réputation, on lui faisoit des avances de tous côtés pour l'attirer : mais touché du mérite de saint Léonce, évêque de Fréjus, il s'arrêta dans son diocèse pour se retirer dans une solitude. Saint Léonce lui assigna Cauroux, où il demeura quelque tems avec Caprais et sa petite troupe : mais trouvant ce lieu peu conforme au dessein qu'il avoit de fonder un monastère, il jeta les yeux sur Lérins, et choisit la plus petite de ces deux isles pour son projet : mais il ne fit rien sans le conseil de Léonce et de Caprais.

La seule difficulté que Léonce, dont cette isle dépendoit, y trouva, fut la multitude de serpens vénimeux qui s'en étoient emparez depuis longtems : mais la foi vive d'Honorat rassura le saint évêque Léonce et lui rappela la promesse que Jésus-Christ a faite en plusieurs endroits à ceux qui croiroient en lui : ils chasseront les serpens, *serpentes tollent*.

En effet les serpens respectèrent Honorat et lui cédèrent la place, il y fit donc entrer après lui les compagnons de sa piété alors peu en nombre, mais tous gens choisis. Ce que saint Eucher dit qu'Honorat chassa de cette isle un dragon, cela doit s'entendre spirituellement du démon : *Expulso per eum dracone ejus habitatore ut nullus deinceps nocendi aditus pateat*. Au contraire ce que saint Hilaire rapporte que l'isle de Lérins étoit inaccessible à cause des animaux vénimeux dont elle fourmilloit, doit s'entendre à la lettre comme je l'ai déjà dit, *Vacantem insulam ob nimietatem squaloris et venenatorum animalium metu*.

Cette isle de serpens devint bientôt après une isle de saints : ce séjour inhabité fut la demeure d'un grand peuple : en un mot, Lérins, inconnu, odieux et diffamé, fut annoncé et devint respectable dans toute la chrétienté. On accouroit de toutes parts à Honorat, dit saint Hilaire, on y venoit presque de tous les pays et de toutes les nations. On voyoit dans cette isle des hommes nez parmi les peuples les plus barbares : quiconque vouloit se donner à Jésus-Christ alloit trouver Honorat, qui recevoit le monde avec une affabilité, une politesse et une charité singulière. Il invitoit même tous ceux qu'il pouvoit à venir se joindre à lui pour ne plus aimer que Jésus-Christ et les recevoit tous avec toute la tendresse possible.

Je souhaiterois pouvoir transcrire ici l'oraison funèbre de saint Honorat faite et prononcée par saint Hilaire, son disciple et son successeur dans l'épiscopat, en présence des fidèles d'Arles : mais cela n'est point de mon ressort. Il me suffit de dire que les savans assurent que ce discours surpasse peut-être en esprit et en éloquence toutes les pièces que nous avons de cette nature dans l'antiquité ecclésiastique. Cette pièce est agréable, douce et pleine d'une piété ardente, car ce saint y apprend admirablement ce qu'il faut faire pour devenir saint.

Cassien dit que saint Honorat brilloit comme un astre par la splendeur admirable d'une vertu si parfaite, que ceux qu'il instruisoit par sa doctrine avoient peine de l'imiter. Fauste l'appelle un homme angélique. Saint Eucher le qualifie de docteur des églises, maître des évêques, père des isles, et témoigne dans plusieurs écrits la haute idée qu'il avoit de lui. Il le loue aussi de sa douceur et des agrémens qu'il répandoit dans ses lettres : car en ayant un jour reçu une des plus pieuses et des plus spirituelles, écrite sur des tablettes enduites de cire, il lui répondit entre autres choses : « Vous avez rendu à la cire son miel et sa douceur » : *Cum ab eremo litteras in tabulis ut assolet cerâ illitis in proximâ ab ipso degens insulâ suscepisset, mel, inquit, suis ceris reddidisti.* Saint Paulin appelle le monastère de Lérins la sainte et très-chaste congrégation de son frère Honorat, cet homme si louable et si illustre en Jésus-Christ.

Fauste, devenu évêque, l'appelle une isle dans laquelle une congrégation combattoit la concupiscence. Il dit, dans un autre endroit, que cette isle étoit un autel sur lequel plusieurs saintes âmes, par un bonheur digne d'envie, ont mérité de consommer leur sacrifice, et d'être reçues au ciel comme des holocaustes et des parfums d'agréable odeur. Ravennius d'Arles écrivant à Fauste lui-même, troisième abbé de Lérins, dit que cette isle l'a fait croître comme une bonne mère et l'a élevé par le secours de Dieu à la grâce qu'il possédoit; car il avoit été religieux de Lérins.

Saint Eucher ne peut se lasser de louer l'isle de Lérins : « Pour moi, dit-il, je dois respecter tous les déserts qui servent de retraites à tant de saints : mais il est vrai que j'honore particulièrement ma chère isle de Lérins, *Lerinum meum*; on y reçoit à bras ouverts tous ceux que la tempête du monde orageux y jette et qui veulent s'y retirer : c'est là que les personnes brûlées par les ardeurs du siècle trouvent un doux et agréable couvert. Là, se rafraîchissant sous l'ombre du Seigneur, ils commencent à respirer avec liberté! O bon Jésus! quelles troupes et quelles assemblées de saints n'y ai-je pas vues? quel parfum de sainteté, quelle odeur de vie n'y sent-on pas? L'homme intérieur se rend là visible dans toute la conduite de l'homme extérieur. La charité les unit ensemble très-étroitement, l'humilité les soumet tous les uns aux autres; la piété les rend mutuellement tendres et compatissans ; l'espérance les soutient dans une fermeté inébranlable ; la modestie règle et mesure toutes leurs démarches. Leur obéissance est prompte, leur silence est inviolable, la paix et la sérénité est peinte sur leurs visages, enfin il suffit de jeter les yeux sur eux pour croire voir une troupe d'anges dans un repos et une tranquillité parfaite. Ils n'ont point de désir, point d'ambition, si ce n'est de posséder celui vers qui ils soupirent avec toute l'ardeur de leur amour. Ils cherchent la vie bienheureuse, et en mènent une très-heureuse, de sorte qu'ils la possèdent déjà tandis qu'ils la cherchent encore. »

Ennode, évêque de Pavie, faisant parler saint Antoine d'Illyrie, lorsqu'il se retira à Lérins, lui met ces paroles dans la bouche : « Allons nous joindre à cette armée de saints, cherchons avec une vive ardeur ces saintes troupes de l'isle de Lérins : mon adversaire m'a attaqué et m'a battu lorsque j'étois seul ; il me redoutera lorsqu'il me verra au milieu d'un si grand nombre de ses ennemis accoutumez à cette guerre. Ils veillent et sont toujours sur leurs gardes ; quand il parait, ils le percent de mille coups et l'obligent aussitôt à se retirer. Le nombre des victoires qu'ils ont remportées sur lui égale le nombre des combats qu'il leur a livrez. La nouvelle de sa présence ne jette point la terreur parmi eux, et ils ne prennent point l'alarme quand on les anime à soutenir ses attaques. Un exercice journalier les rend plus expérimentez et plus vaillans. »

La coutume de se retirer dans les isles s'étoit introduite

parmi les chrétiens fervens du tems de saint Ambroise, et ce grand homme en parle avec éloge au III^e Livre de l'Hexaméron, c. v. Ce qui y est dit convient parfaitement à Lérins. « Ceux, dit-il, qui veulent se dérober aux attraits des plaisirs déréglez du siècle cherchent à se cacher au monde en se retirant dans ces isles pour y vivre dans une exacte tempérance : elles leur donnent moyen d'observer une parfaite continence en évitant ainsi les dangers de cette vie. La mer est donc pour eux comme un voile, et un azile secret de leurs vertus ; ils y trouvent une retraite où tout y est grave et sérieux. C'est pour eux un port assuré, ils y goûtent toute la paix qui est au monde, ils n'y voient point les excez du siècle. Les fidèles et les personnes consacrées à Dieu y sentent toujours une nouvelle ardeur pour la piété. Un merveilleux concert du bruit des eaux et du chant des pseaumes les anime, pendant que ces isles doucement battues des flots font un agréable murmure. Les chœurs de ces saints solitaires retentissent par de saints cantiques. »

C'est dans ce sens qu'Ennode appelle l'isle de Lérins la nourricière des saints, *Sanctorum nutricem*; et que saint Sidoine Apollinaire loue l'assiduité et la ferveur des prières que Fauste avoit apprises dans l'académie de la congrégation de Lérins et dans le sénat des pères qui habitoient les cellules de cette isle, et il ajoute une expression qui a été imitée par Ennode et par Césaire d'Arles : que quoique cette isle fut toute plaine et unie, elle avoit néanmoins poussé jusqu'au ciel plusieurs hautes montagnes, c'est-à-dire qu'elle avoit déjà servi de leur tems à la sanctification de plusieurs grands saints.

Il est à propos d'en caractériser ici les principaux en peu de mots; quoique j'aie déjà parlé d'eux ailleurs, je trouve toujours de nouvelles choses à rapporter.

### Saint Caprais.

Caprais, dit saint Hilaire, menoit la vie d'un ange; saint Honorat l'appelloit son père, et, quoiqu'il fût son abbé, il se servit toujours de ses conseils, et faisoit humblement la volonté de cet homme angélique qui avoit été son guide et peut-être son apôtre à l'égard du salut. Saint Hilaire, ayant su la maladie dont saint Caprais mourut, vint promptement d'Arles le voir à Lérins, et se tenant à ses pieds, quoiqu'il fût archevêque, et Caprais simple laïque, il le prioit avec une humilité profonde et avec de grandes instances de se souvenir de lui devant Dieu. Saint Eucher l'appelle un homme vénérable par sa gravité et égal aux saints des tems passés. Il survécut plus d'un an à saint Honorat. Sidoine Apollinaire témoigne que la vie de ce saint vieillard avoit toujours été admirable : *Quæ vita Caprasi sancta senis.*

### Saint Eucher.

Eucher étoit un gentilhomme de Provence, seigneur de Théole et de Mandelieu, au rivage de la mer où est l'isle de Lérins. Émulateur de la vertu d'Honorat, dit saint Hilaire, il vint établir sa demeure à *Lero : Eucherius virtutis ejus œmulus in proximâ ab ipso degens insulâ*. Il lui donna ses enfans à élever, et il réussit à en faire des saints. Dieu l'ayant ensuite dégagé des liens du mariage, Véran et Salonne, ses deux fils, ayant embrassé l'institut de Lérins, il se mit aussi sous la conduite de saint Honorat : mais ce dernier ayant été fait archevêque d'Arles, Eucher, touché du désir d'une plus grande perfection, quitta Lérins et vint s'enfermer dans un antre à Cauroux dont il fit murer l'entrée, ne laissant qu'une petite fenêtre par où quelqu'un lui donnoit de tems en tems les alimens nécessaires. Ce fut de là que les Lyonnois vinrent l'enlever pour le mettre sur le siége pontifical de leur église. Il est appelé le père des reclus ; il survécut plus de vingt ans à saint Honorat, et fut dix-huit ans archevêque de Lyon.

Il a fait connaître son éloquence à la postérité dans ses traités *De laude Eremi* et *De contemptu mundi*. Il nous a aussi laissé plusieurs homélies pleines d'une piété éloquente.

### Saint Vincent.

Vincent, qu'on croit avoir été préfet des Gaules, se retira des premiers à Lérins. Honorat, son abbé, sûr de sa vertu et de sa doctrine lui ordonna de se laisser imposer les mains par saint Léonce. Il obéit, et composa bientôt un excellent traité contre les hérétiques, dans lequel il donne des règles infaillibles et des principes convaincans pour distinguer l'erreur de la vérité, et les sectes des hérétiques d'avec l'Eglise catholique : mais son humilité lui fit cacher son nom, et il le publia sous le titre de *Mémoire du Pèlerin contre les hérétiques*. Il est reconnu pour saint dans les martyrologes. J'ai lu cet ouvrage, et je l'ai trouvé, comme disent les critiques même, plein de fidélité, d'éloquence et de netteté.

Il avoit un frère nommé Loup, marié avec Piméniole, laquelle vécut dans la continence avec son époux, et ce fut de son consentement que Loup vint à Lérins, d'où étant retourné un an aprez à Macon pour vendre ses biens, et en donner le prix aux pauvres, il fut enlevé par les fidèles de Troie en Champagne et fait évêque de cette ville, malgré toute sa résistance. Le pape, dans la suite, l'envoya avec saint Germain en Angleterre pour combattre les Pélagiens : ce qui est une preuve de son savoir et de sa piété.

### *Saint Hilaire.*

Hilaire fut attiré à Dieu par saint Honorat son parent, qui étant sorti cette unique fois de son isle pour un dessein si grand eut le bonheur d'y réussir, car Hilaire résista beaucoup et ne pouvoit se détacher du monde. Il vint enfin à Lérins, où ayant vécu avec beaucoup de vertu, il fut élu successeur de saint Honorat dans l'église d'Arles. Il y fit l'oraison funèbre de son père en Jésus-Christ, discours qui sera dans tous les siècles un monument de l'éloquence, de l'esprit et de la piété d'Hilaire.

Il eut un démêlé avec saint Léon, pape, qui, pour le mortifier, ôta plusieurs prérogatives au siége d'Arles.

Hilaire étoit homme de condition, docte, éloquent, évêque de la métropole des deux Gaules Narbonnoises, il auroit pu faire un parti et donner du chagrin à ce pape : mais sa piété ne le lui permit pas. Il souffrit constamment d'être humilié, et s'adonna beaucoup plus que jamais à la prière. Aprez sa mort, tous les évêques dépendant du siége d'Arles écrivirent en corps à saint Léon pour le prier de rendre à cette église ses anciens priviléges.

Il nous reste beaucoup d'homélies de saint Hilaire.

### Saint Maxime.

Maxime ne fut pas des moindres disciples de saint Honorat, qui, sur le point de quitter Lérins pour aller gouverner le diocèse d'Arles, le fit abbé de Lérins. Il gouverna sept ans cette barque, ainsi que s'exprime Fauste. Pendant cet intervalle il fut recherché par les Fréjusiens qui souhaitoient l'avoir pour évêque : mais il éluda leurs poursuites, comme j'ai déjà raconté. Il fut surpris quelques années après dans son isle et enlevé pour l'évêché de Riez, laissant Fauste pour son successeur à Lérins.

Ce même Fauste, qui lui succéda au siége de Riez, fit son oraison funèbre. Dynamius Patrice de Marseille a fait aussi la vie de saint Maxime, où l'on peut voir ses vertus, ses miracles et ses grandes actions. Grégoire de Tours parle aussi de ses miracles.

## Saint Fauste.

Fauste étoit un Anglois fort adonné à la philosophie : il vint de l'isle de la Grande-Bretagne pour se sanctifier à la petite isle de Lérins, attiré par la réputation de ce monastère et de son abbé. Peut-être que dans sa jeunesse il avoit sucé l'hérésie de Pélage, qui étoit Anglois comme lui. Mais cet hérétique ayant été condamné, ses partisans ne renoncèrent qu'en partie à ses erreurs, et devinrent semi-pélagiens. Fauste a donné toute sa vie des marques qu'il étoit de ce nombre : car les savans, qui ont parfaitement examiné les choses, estiment que la doctrine des demi-pélagiens ne pénétra point à Lérins pendant la vie de saint Honorat; car il se disoit souvent à lui-même et aux autres : Qu'avez-vous que vous n'ayiez reçu? Rien n'est plus fort que cette parole contre les pélagiens et les branches qui en sont sorties. Ce fut uniquement sous Fauste que cette doctrine s'y introduisit.

Baronius dit que Fauste mourut sans réputation à cause du demi-pélagianisme, *decessit inglorius*. On trouve cette fausse doctrine dans la plupart de ses ouvrages. L'oraison funèbre qu'il composa à la louange de saint Maxime sent l'anglois; elle est obscure, quelquefois guindée, quoiqu'elle ait de beaux endroits. Mais dans la seconde édition de ses ouvrages, Baronius a rétracté tout ce qu'il avoit dit de déshonorant contre lui, et a même fait l'apologie de Fauste. Aprez quoi il ajoute : *Maneant igitur Fausto sua jura, nec ex nostris scriptis sentiat præjudicium*. Cet annaliste avoit suivi Molanus, qui osa l'ôter le premier du catalogue des saints. Bertel, historien de Riez, fait aussi l'apologie de Fauste; et il est encore appelé saint dans notre église de Fréjus, comme dans celle de Riez. Saint Sidoine Appollinaire nous a laissés dans ses vers des preuves de la sainteté de Fauste, dans l'*Eucharisticon* ou remercîment qu'il fait à cet évêque, en cent cinquante vers, de toutes les honnêtetez qu'il avoit reçues de lui lorsqu'il fut à Riez.

Fauste prêchoit continuellement; il visitoit les prisonniers, il avoit soin de leur nourriture, comme aussi de celle des malades et des étrangers; il n'avoit aucun rebut pour les corps morts et les portoit lui-même à la sépulture. Il venoit de tems en tems respirer l'air de piété qui régnoit dans son ancienne abbaye, il y servoit ses disciples. Il dormoit très-peu; à peine mangeoit-il quelque chose de cuit : il ne buvoit point de vin, et il mêloit tous les jours le jeûne à la prière et au chant des pseaumes. Il mourut fort âgé.

### *Saint Salvien.*

Salvien vint augmenter le nombre des grands hommes de Lérins. Saint Eucher le pria d'instruire ses deux fils qui devinrent saints et savans sous un si bon maître.

Son éloquence, son savoir, son zèle, sa piété, ses ouvrages sont connus de tout le monde. Il est appelé le Jérémie de son siècle dont il déploroit la corruption.

### Saint Valérien.

Valérien, que saint Eucher convertit à Jésus-Christ, par son écrit sur le mépris qu'on doit faire du monde, vint se mettre sous la conduite de saint Honorat, d'où il fut tiré pour être évêque de Cimiers. C'étoit un gentilhomme plein d'esprit qui s'acquit beaucoup de réputation par sa piété et sa science. Il nous reste plusieurs homélies de sa façon élégantes et pieuses, qui furent déférées à Rome au commencement du siècle passé, sous prétexte de semi-pélagianisme, parce qu'il avoit été élevé à Lérins, mais on n'y trouva rien qu'on pût raisonnablement condamner.

### Saints Véran et Salone.

Véran et Salone, fils de saint Eucher, instruits par les discours et les exemples de leur père, de saint Honorat et de Salvien furent deux lumières de l'Eglise dans le V<sup>e</sup> siècle. Véran fut évêque de Vence et Salone de Vienne en Dauphiné, à ce que plusieurs croient.

Ne puis-je donc pas dire que le V<sup>e</sup> siècle fut le siècle d'or pour le diocèse de Fréjus, où tant de grands hommes s'étoient rassemblez et menoient une vie angélique; tant de grands hommes illustres par leur naissance, par leurs doctes ouvrages pleins d'élégance et d'onction; tant de grands hommes qui répandirent dans tout l'univers le nom et la réputation de leur chère isle, avec la bonne odeur de leur vie : tant de grands hommes que les peuples des provinces les plus éloignées venoient prier instamment d'accepter l'épiscopat, et de les conduire à Dieu; tant de grands hommes qui soutenoient si dignement le choix qu'on avoit fait d'eux, et dont les martyrologes publient la sainteté tous les ans.

J'ai déjà parlé de saint Honorat, de saint Hilaire, de saint Maxime, de saint Fauste, de saint Véran et de saint Salone, de saint Loup, de saint Valérien, et des siéges qu'ils ont remplis : l'histoire nous a encore conservé les noms de saint Ausile, évêque de Fréjus, de saint Appollinaire, évêque de Valence, de saint Arnoul de Metz, de saint Ravennius, de saint Césaire et saint Virgile d'Arles, saint Siffred de Carpentras, saint Agricol d'Avignon, saint Thomas de Tarantaise et de plusieurs autres. Mais combien n'y en a-t-il pas dont on ne sait plus les noms, ni les vertus, ni les siéges qu'ils ont occupez? Combien n'y en a-t-il pas eu parmi ces saints religieux qui sont parvenus à la plus haute sainteté sans avoir été évêques; et cela longtems encore après la mort de saint Honorat : car cent ans après lui saint Césaire fait encore un éloge admirable de la vertu des religieux de Lérins, dont il étoit témoin, leur faisant une exhortation de piété dans l'isle même.

« Nous bénissons le Seigneur, dit-il, de la bonté avec laquelle il élève toujours à un plus haut degré de gloire le saint institut et la vie admirable que l'on mène dans ce lieu, et multiplie continuellement le nombre de ceux qui l'embrassent. O heureuse isle! heureuse retraite, où la gloire de Notre Seigneur fait tous les jours de si saints et de si admirables progrez, et où la malice du démon souffre de si grandes et de si irréparables pertes! heureuse isle et très-heureuse isle de Lérins, qui, quoique petite et toute unie, élève au ciel une infinité de montagnes. C'est elle qui forme d'excellents moines, et qui les envoie pour évêques dans toutes les provinces! Ils y entrent enfans et en sortent pères. On les lui envoie tout petits et elle les rend grands ; de soldats foibles et sans expérience, elle en fait des rois. Elle fait ordinairement monter au plus haut degré de vertu ceux qu'elle reçoit chez elle, les élevant à Jésus-Christ sur les ailes de sa charité et de son humilité. »

La règle de saint Honorat tenoit de celle de saint Pacôme, et joignoit la vie des cénobites avec celle des anachorètes, ils formoient une communauté, ils se rassembloient pour les prières solemnelles, pour entendre les discours de piété et pour d'autres exercices : mais du reste ils vivoient en leur particulier dans leurs cellules, comme les chartreux et les camaldules de nos jours. Ils n'avoient ni dortoirs, ni cuisine; ils apprêtoient eux-mêmes ce qu'on leur donnoit à manger. Ils étoient très-pénitens dans leur nourriture. Il est rapporté dans la vie de saint Césaire, qu'étant moine de Lérins, il ne mangeoit que quelques herbes et de la bouillie, qu'il faisoit cuire le dimanche pour toute la semaine, et qu'étant chargé de distribuer aux religieux les alimens nécessaires, il refusoit avec fermeté d'en donner plus que la règle ne permettoit à certains religieux qui l'en sollicitoient.

Le gouvernement du monastère étoit partagé entre l'évêque diocésain et l'abbé. L'évêque avoit les clercs sous sa dépendance et l'abbé les laïques, c'est-à-dire les religieux qui n'étoient point dans la cléricature. Saint Léonce notre évêque l'avoit ainsi réglé de concert avec son ami saint Honorat, et ce sage règlement fut confirmé par un décret du IIIe concile d'Arles aprez leur décez.

Ce saint laissa ainsi la conduite particulière des laïques qui étoient en très-grand nombre à l'abbé Honorat, ne doutant point qu'il ne le déchargeât très-bien du compte que son ministère l'obligeoit de rendre à Dieu. Il se contentoit qu'ils prissent de lui le saint-chrême et de les confirmer s'ils étoient néophites. Les ministres de l'autel ne recevoient les ordres que de ses mains, ou si c'étoit par d'autres, c'étoit avec sa permission. Les clercs qui venoient d'ailleurs à Lérins n'étoient admis que par son ordre à la communion et à l'exercice de leurs fonctions.

Il semble qu'il observoit de n'ordonner aucun laïque qu'à la prière de l'abbé, et rien n'étoit plus raisonnable à l'égard de ceux qui devoient servir dans le monastère; cette conduite si prudente a même été citée dans divers conciles, et a paru digne de servir de règle. « Elle ne peut avoir en effet que des heureuses suites, dit M. de Tillemont, pourvu que tous les supérieurs des monastères soient des Honorats : mais comme cela n'est pas toujours, quelques-uns ont cru pouvoir se plaindre que l'exemple de saint Léonce avoit donné occasion de trop affoiblir l'autorité des évêques sur les monastères. »

Ces saintes lois durèrent deux siècles à Lérins et le rendirent florissant : mais enfin le tems qui use tout, jusqu'à la piété et à la discipline, affoiblit l'une et l'autre dans cette isle sous un abbé qui s'appeloit Étienne. Sans doute que saint Grégoire-le-Grand, élu pape en 590, lui avoit fait des reproches sur sa négligence ; mais dez qu'il eut appris sa mort, et que Bonon qui étoit un très-saint religieux, avoit été élu abbé de ce monastère, il lui écrivit une lettre que nous avons, l'exhortant à gouverner son abbaye avec toute la vigilance possible. Il marque ensuite les vices qui s'étoient glissez parmi ces moines, et le charge de les corriger. Ces vices étoient la gourmandise, la superbe, l'avarice, les discours inutiles, et même l'impureté. *Eos ergò qui tibi commissi sunt, à gulâ, à superbiâ, ab avaritiâ, à vaniloquio et ab omni immunditiâ, Redemptoris nostri suffragante gratiâ, prohibere, ac tui studii sit per omnia custodire.* Liv. IX, Epist. 8.

Mais quelque soin qu'eut pris saint Bonon d'arracher l'ivraye de son isle, la règle ne fut guère observée aprez qu'il fut mort, de sorte qu'un autre pape envoya saint Aigulphe à Lérins pour réformer de nouveau ces mauvais religieux. Ce saint avoit embrassé la règle de saint Benoît dans le monastère de Fleury-sur-Loire, et vint la proposer aux moines de Lérins, qui avoient suivi jusqu'alors celle de saint Honorat. Plusieurs s'y soumirent avec joie ; mais les mauvais moines le massacrèrent, pour l'observance monastique qu'il vouloit leur faire garder étroitement.

Cent ans aprez saint Porcaire ayant sous lui de très-saints religieux fut aussi martyrisé avec eux par des pirates en haine de la foi.

On croit que ce désastre ayant répandu partout la terreur, fut cause que cette isle demeura inhabitée pendant deux siècles. Car on ne trouve plus rien qui regarde cette abbaye depuis le milieu du VIII$^e$ siècle jusqu'au milieu du X$^e$. Quelques religieux vinrent alors repeupler l'isle, et firent bâtir une tour sur le rocher qui subsiste encore assés grande et assés forte pour loger cent religieux commodément et en sûreté. Le pape Léon VIII les mit sous la conduite de Maurice, abbé de Mont-Major-lez-Arles.

Ces religieux ne s'accommodant pas du gouvernement de Maurice prièrent Benoît VII de les mettre sous celui de saint Mayeul, abbé de Cluny. Le pape lui écrivit, et ce saint les conduisit jusqu'à sa mort. Saint Odilon, qui lui succéda dans l'une et l'autre abbaye, se déchargea de Lérins, établissant un Amalric, abbé.

Pascal II les exempta de toute juridiction même épiscopale : mais pour leur malheur, devenus alors maîtres d'eux-mêmes, ils n'en devinrent que pires. Innocent III en fut informé. Le desordre étoit extrême, soit pour le spirituel, soit pour le temporel. Sur quoi ce pape écrivit, à la fin du XII$^e$ siècle, à Humbert d'Aiguières, archevêque d'Arles, de se transporter à Lérins, le revêtant de toute son autorité, pour corriger ces moines et rétablir leurs affaires : à quoi il réussit.

Mais comme le dérèglement avoit pénétré de nouveau dans ce monastère, Urbain V le soumit à celui de Saint-Victor de Marseille, où la règle de saint Benoît florissoit : mais les Lérinois ne pouvant souffrir cette union remuèrent ciel et terre pour la rompre en 1366. Ils y réussirent, malheureusement pour eux, car la règle ne fut pas mieux observée.

Augustin de Grimaldy, évêque de Grasse, abbé commendataire de Lérins, porta les religieux de cette abbaye à s'unir à la congrégation du Mont-Cassin, en 1515, pour y introduire la réforme, mais elle ne fut pas de durée, de sorte que le relâchement étant grand parmi ces religieux, M. Charles Léonce d'Antelmy, aujourd'huy évêque de Grasse et abbé de Lérins, a fait casser cette union, et il travaille beaucoup pour rendre à ce monastère son ancienne régularité.

Il me reste à débrouiller comment et en quel tems l'isle de Lérins est passée sous la juridiction de l'évêque d'Antibes. Je crois 1° que depuis le différent qui s'éleva entre Fauste de Lérins et Théodore, évêque de Fréjus, qui l'excommunia avec ses religieux, l'union ne fut pas fort étroite entre eux, et que les mauvais moines gardèrent toujours une dent de lait contre Théodore pour ainsi parler. Les évêques et les abbez qui leur succédèrent se tinrent toujours sur le qui-vive, pour ne laisser rien perdre des droits respectifs à eux adjugez par le concile d'Arles. Nous voyons néanmoins par beaucoup de chartes de Lérins postérieures à ce scandale, comme dit la lettre circulaire du concile, que les évêques de Fréjus ont toujours fait du bien à ce monastère jusqu'à la fin du onzième siècle, où Bérenger, revenant du concile de Plaisance, et ayant touché à l'isle de Saint-Honorat, remit les religieux en possession des revenus de Saint-Rapheau.

Paschal II peu aprez les exempta de toute jurisdiction même épiscopale : de sorte que ce qui restoit d'autorité à l'évêque de Fréjus lui fut ôtée, et l'abbaye fut regardée comme n'étant d'aucun diocèse.

Ces moines indépendans eurent néanmoins besoin de cultiver l'amitié de quelque évêque qui voulût les ordonner, car l'exemption que Paschal leur avoit accordée révolta sans doute plusieurs évêques zélez pour l'ancienne discipline et ennemis de la nouveauté, de sorte qu'ils étoient souvent embarrassez, et on ne vouloit avoir rien à faire avec eux. L'évêque d'Antibes (car le siége de cette ville ne fut transféré à Grasse que vers l'an 1244), cet évêque, dis-je, étoit à leur portée, puisque Lérins n'est qu'à deux lieues d'Antibes et il est à cinq lieues de Fréjus ; ces moines s'estimoient heureux d'avoir secoué le joug de leur ancien évêque, et quelque besoin qu'ils en eussent, ils ne voulurent plus y revenir, ils s'adressèrent donc à l'évêque d'Antibes, qui les reçut à bras ouverts, et se donnèrent à lui avec leur isle. Les évêques de Fréjus ne s'y sont jamais opposez, trop contens de ne plus répondre devant Dieu de ces moines indisciplinez, si différens dans ces derniers siècles de ceux qui vivoient sous les Honorat, les Maxime et les Césaire.

Mais en quoi depuis lors a donc consisté la jurisdiction de l'évêque de Grasse sur eux? Je ne le vois pas. Ce n'a pas été sur leur temporel, ce n'a pas été sur les habitans de l'isle puisqu'il n'y a que les moines, ce n'a pas été non plus sur le spirituel : ils ne recevoient la correction que de leur abbé particulier, ou de leur abbé général, ou de leur abbé commendataire : ils recevoient les ordres *à quocumque* avec la simple permission de de leur abbé : ils confessoient même les étrangers qui venoient en dévotion dans leur isle, sans être approuvez par l'évêque de Grasse.

Quels différens ne s'est-il pas élevé depuis quelques années entre M. d'Antelmy et eux! Il les a terrassez, diffamez, anéantis. Ils en ont mal parlé à leur tour, ils lui ont donné bien de la tablature; et malgré les arrêts qu'il a eus contre eux, ils lui disputent encore le terrain pied à pied et ne veulent point abandonner leur monastère.

Examinons à présent l'opinion de ceux qui disent que saint Léonce n'a eu la jurisdiction de l'isle de Lérins que parce qu'il étoit en même tems évêque d'Antibes et de Fréjus avant la division des diocèses.

1° M. De Godeau, évêque de Grasse, si savant et si versé dans l'histoire ecclésiastique, ne dit rien là-dessus dans ses ouvrages. Il étoit néanmoins successeur des évêques d'Antibes, et il dit même positivement qu'on n'a aucune connoissance de ces évêques jusqu'à Aggrœcius. Saint Léonce est néanmoins très-connu dans l'histoire ecclésiastique, et personne ne l'a jamais nommé évêque de Fréjus et d'Antibes, dont le siége est aussi ancien que celui de Fréjus, et fondé par les disciples de saint Polycarpe, venus de Grèce selon le même auteur;

2° Les églises d'Antibes et de Grasse n'ont conservé aucune mémoire de ce saint; cela n'est-il pas surprenant? Au contraire notre église l'a toujours regardé comme son pasteur, et quoiqu'il lui eut été très-honorable de conduire saintement deux diocèses, son office, ni aucun autre écrit n'en disent rien;

3° Personne ne nous dispute saint Léonce;

4° Saint Léon, pape, écrivant à Théodore, évêque de Fréjus, successeur immédiat de saint Léonce, le qualifie simplement d'évêque de Fréjus, et ne met pas: *Theodoro episcopo Forojuliensi et Antipolitano;*

5° Le père Denis de Sainte-Marthe, dans sa nouvelle édition de la Gaule chrétienne, croit qu'il y a eu des évêques à Antibes avant saint Léonce, et pendant qu'il vivoit. Il penche vers l'opinion de ceux qui disent que saint Armentaire étoit évêque d'Antibes en même tems que saint Léonce étoit évêque de Fréjus. Saint Armentaire a du moins signé la lettre des évêques des Gaules en 451, adressée au pape saint Léon pour les priviléges de l'église d'Arles, avec Théodore de Fréjus, pourquoi ne peut-il pas avoir été contemporain de saint Léonce mort en 433? Le supplément des conciles des Gaules fait saint Armentaire évêque d'Antibes.

Dire que saint Léonce étoit évêque de Fréjus et d'Antibes avant la division des diocèses, c'est une faute contre la chronologie; car la division des diocèses des Gaules a été faite avant le tems de saint Léonce. Ils sont si petits, si voisins et si anciens, que si cette division n'avoit pas été faite dez que les empereurs furent chrétiens, il y auroit eu souvent du trouble et des différens parmi les évêques et leurs troupeaux respectifs; ce qui n'est pas arrivé. Il est vrai que la division des diocèses de plusieurs provinces de l'Orient a été postérieure à saint Léonce.

Cependant on fait une objection tirée des paroles de Fauste de Riez parlant de saint Maxime : *Ambiebant illum*, dit-il, *diversæ patriæ sed vel maxime proxima eremo civitas quæ territorii ac finium suorum incolam velut proprium amplectebatur indigenam : ambiebat illum proxima eremo civitas quæ inter locum hunc et insulam, ut nostis, interjacet.*

Je trouve ces paroles obscures, et il me semble que Fauste parle dans ces deux phrases de Fréjus seul, puisque Lérins, où vivoit saint Maxime, étoit de son territoire et aux limites de son diocèse, et que Fréjus est aussi cette ville voisine du désert de Lérins qui se trouve entre Riez et cette isle. M. de Tillemont croit qu'il y a faute, et que l'orateur devoit dire : *Ambiebat, inquam, illum proxima eremo civitas*, etc. Enfin il réfute fortement M. Antelmy là-dessus.

D'ailleurs, dire que saint Léonce étoit évêque d'Antibes, parce qu'il avoit juridiction sur l'isle de Lérins qui dépend aujourd'huy de l'évêque de Grasse, ce n'est pas une conséquence bien juste. Lérins étoit un rien, une bicoque, pour ainsi parler, c'étoit une isle inhabitée, dont on avoit horreur à cause des serpens qui s'en étoient emparez depuis quelques siècles. Quel évêque pouvoit se soucier de l'avoir dans son diocèse? Je crois même qu'elle n'étoit d'aucun diocèse, et qu'elle fut peut-être du premier qui la fit habiter; ce fut saint

Léonce. L'évêque d'Antibes ne la réclama point. Elle n'est passée sous sa juridiction que dans le XIIe siècle de la manière que j'ai déjà dit. Peut-être aussi que *Lero* étoit du diocèse d'Antibes, et que Lérins qui est vers Fréjus étoit de son diocèse, et que ces isles faisoient les limites de l'un et l'autre diocèse, et que saint Léonce sans être évêque d'Antibes avoit Lérins sous sa juridiction.

## LA NAPOULE.

La Napoule est appelée dans les anciens actes *Avenio*, *Avenionetum*, *castrum Avennicum*. Il est parlé de ce village dans la donation que fit au monastère de Lérins un prince Antibois, nommé Gruéta, qui y prit l'habit de saint Benoît en 1030. Voici comme il parle : *Ego Guillelmus..... dono mecum Domino Deo et sanctæ Mariæ vel sancto Honorato ac Lirinensi loco seu abbati vel monachis ibidem Deo servientibus, totam illam quartam partem quam ex Avinionensis castri territorio mihi bello adquisivi in nomine sancti Maioli, quæ videlicet pars Mandanslocus appellatur.*

Il est aussi rapporté dans le grand cartulaire de Saint-Victor que Gancelme, évêque de Fréjus, donna l'église ou la dîme de Saint-Martin de *Malaveila* dans la vallée d'*Avenionet* en 1030 aux religieux de ce monastère et d'autres biens aussi en 1044, dans le même lieu. *Ego Gancelmus Dei gratiâ Fregulensis ecclesiæ episcopus, cellas quæ sunt in comitatu Fregulensi in loco qui dicitur Avenione ad sanctam Mariam cum consensu meorum clericorum sive etiam fidelium laicorum dono Deo et sancto Victori martyri* [1].

La maison de Villeneuve ayant acquis Avénionet à la fin du XIIIe siècle, lui donna son nom en grec *Neapolis*, de sorte qu'à présent ce lieu s'appelle encore par corruption La Naple, La Napoule. M. de Mougrand, colonel du régiment des garde-côtes, chevalier de Saint-Louis, ancien officier très-méritant, très-gracieux et poli, en est aujourd'huy seigneur. Il a fait de grandes réparations dans cette terre, surtout au château où il est très-bien logé. Ce château est bâti sur le rocher au bord de la mer. Le village est presque tout détruit. L'air n'y est pas bon, exposé comme il est au vent du levant qui est mauvais sur nos côtes.

Il n'y a que cent cinquante paroissiens et un vicaire qui les administre. M. de Montgrand a fait bâtir une église neuve. Elle porte le titre de Notre-Dame qui en est la patronne.

Les religieux de Lérins en ont la dîme : les Victorins y avoient part autrefois : mais ils n'y ont plus rien, ayant fait échange de leurs droits avec eux pour d'autres biens.

Le terroir de la Napoule est bon en bleds. On a ouvert un grand chemin au milieu des champs depuis

---

[1] Cette charte n'est pas mentionnée dans le cartulaire de Saint-Victor. Édition Guérard.

quelques années, qu'on a bordé de mûriers qui font un bel effet.

Raimond Béranger, comte de Provence, avoit donné *Avénionet*, La Napoule, aux religieux de Lérins en 1224, qui la rendirent soixante ans aprez aux Villeneuve. M. Solomé, dans son nouveau catalogue latin des évêques de Riez, parlant d'Alméradus, xxiie évêque, dit que saint Mayeul étoit natif de Valensole. Mais M. d'Antelmy soupçonne que ce saint est né dans la terre d'*Avénionet : Forsan ex agro isto Avennico oriundus.* De unico Eucherio, page 104. D'autres disent qu'il étoit d'Avignon. La ressemblance du nom latin qu'ont La Napoule et Avignon peut avoir donné lieu à ces opinions.

Cette partie de terre nommée *Mandoluocus* subsiste encore et porte le même nom, Mandelieu; elle appartient au chapitre de Grasse. Elle est à une extrémité du terroir de la paroisse de La Napoule vers Siagne. C'est un hameau qui s'augmente peu à peu. On y dit la messe tous les dimanches et fêtes de l'année pour la commodité des habitans; mais ils vont recevoir les sacremens à La Napoule, et le vicaire de ce lieu les leur administre quand ils sont malades. Les moines de Lérins sont prieurs de Mandelieu.

De plus on a lieu de croire que saint Eucher, qui étoit un seigneur provençal, avoit la terre d'*Avénionet* ou de La Napoule; car il est rapporté dans les anciens actes de sa vie qu'ayant quitté l'isle de *Lero*, Sainte-Marguerite, où il avoit demeuré plusieurs années pour mettre une barrière entre lui et le monde, il se retira avec son épouse Galla et ses deux filles Tullia et Consortia, à Thèle; on y lit ensuite que Tullia y mourut, et qu'elle y fut ensevelie, parce que Thèle appartenoit à son père, *terræ mandata est in agro paterno qui dicitur Thele.* Ce lieu s'appelle encore aujourd'huy Théoule. Il est connu par tous les gens de mer sous le nom de cap de Théoule. Il y a dans cet endroit un golfe où mouillent les bâtimens, on y voit un grand corps de logis qu'un seigneur de la Napoule avoit fait bâtir, des collines couvertes de pins l'environnent de toutes parts. Il paroît par les mêmes actes que Mandelieu, au septentrion de Théoule, appartenoit aussi à saint Eucher; car il est certain que, saint Eucher étant mort, et ses deux fils, Salonius et Véran, étant évêques, les biens de la famille passèrent à leur sœur Consortia, qui fit bâtir un hôpital à Mandelieu sous le titre de Saint-Etienne. *Cum igitur defunctis genitoribus suis sancta Consortia in suâ potestate esse cœpisset, construxit ecclesiam in agro suo qui vocatur Matonicus in honorem sancti Stephani proto martyris et xenodochium ibi de rebus suis.*

Il me reste une difficulté à débrouiller qui regarde La Napoule. On trouve dans la carte de Peutinger un lieu placé entre Antibes et Fréjus nommé *Ad Horrea*: il me semble qu'on doit le placer dans le terroir d'*Avinionet* ou La Napoule qui est entre ces deux villes sur la voie aurélienne, parce qu'il n'y a certainement que xii milles d'Antibes à la Napoule et xvii de La Napoule à Fréjus, soit qu'on passât par l'ancien chemin qui monte à Cauroux, ou par le nouveau qui vient à l'Estérel. C'est faute d'avoir été sur les lieux que plusieurs écrivains ont été embarrassez sur ce point. J'ai considéré les choses, et j'ai vu d'une part que la distance de ces lieux est la même que celle qui est marquée dans la carte de Peutinger, et de l'autre que les Romains n'ont pu placer leurs magasins que dans cet endroit.

## BAGNOLS.

Pierre de Camelin fit échange de la partie de juridiction qu'il avoit à Montauroux avec M. Lombard de Gourdon qui avoit une portion de celle de Bagnols : ainsi l'évêque de Fréjus est en entier seigneur de Bagnols, qui a huit cens communians, un curé et deux secondaires.

L'église, qui a été rebâtie au commencement de ce siècle, est propre et vaste. Elle a pour patron saint Antonin, martyr sous Dioclétien.

Ce bourg est bâti sur une éminence avec une très-belle fontaine : son terroir touche à celui de Fréjus, et porte des oliviers, des vignes et des châtaigniers en quelques endroits. Ses collines sont toutes couvertes de pins : il est au nord et à deux lieues de Fréjus.

## LE MUY.

Jean-Baptiste de Félix, seigneur de la Renarde et

comte de Grignan, possède la terre du Muy, dont il porte le nom. Il y a bâti un beau château sur les ruines de l'ancien, qui fut brûlé par l'armée du duc de Savoie en 1707. Mais étant sous-gouverneur de Monseigneur le Dauphin fils de Louis XV, et Madame son épouse, sous-gouvernante des enfans de France, il fait sa résidence à la cour.

Il y a cinq cens communians au Muy, un vicaire, deux secondaires, une église d'une seule nef assés grande, fort élevée, et dont la voûte est d'une structure particulière. Elle a été consacrée, comme il paroît par les croix peintes sur les murs d'espace en espace, sous le titre de Notre-Dame de la Laure, mais on ne sait par qui, ni quel jour, ni quelle année. On y voit des lettres en dedans et en dehors. La dîme est à M. l'évêque de Fréjus. On trouve en entrant, prez de la porte qui est latérale, un tombeau en forme de caisse élevée de trois pieds sur terre, avec cette inscription à l'entour : *Nobilis Joannes de Ponteves dominus de Modio qui obiit anno 1528.*

La célèbre tour dont parlent les historiens de Provence est à l'entrée de ce lieu. Ce fut là que quelques partisans de François I*er*, s'étant enfermez, tirèrent sur un officier de Charles-Quint qui étoit entré dans la province, croyant que c'étoit l'empereur, et le tuèrent. On leur promit la vie à condition qu'ils se rendroient à ce prince; mais s'étant rendus, il les fit tous pendre. La communauté du Muy fait faire encore de nos jours un service solemnel tous les ans, le lendemain de l'Ascension, pour ceux qui furent ainsi exécutez. On sonnoit les cloches toute la nuit qui précédoit ce service : mais M. de Fleury défendit ce carillon.

Argens coule au midy et la rivière de Martubié au septentrion; elle vient se jeter dans ce fleuve au pied de ce village.

Il y avoit autrefois une célèbre fonderie pour des bombes et des canons de fer : mais elle est changée aujourd'huy en fonderie de cuivre. On y a établi depuis quelques années deux scies d'eau sur Martubié. La moitié de son terroir est arrosable et fort bon.

### SAINT—CASSIEN.

Le bénéfice de Saint-Cassien de *Sala Laudimii*, dont il est parlé dans la bulle de Paschal II subsiste encore dans le terroir du Muy.

Le seigneur de ce lieu prend aussi la qualité de seigneur de Marsans et de la Roquette dont je vai parler.

### MARSANS.

Marsans n'est plus; il étoit situé près du Muy, du côté d'*Endelos*. Il en est parlé dans une carte de Saint-Victor, de l'année 1058, où le seigneur de Marsans donna une partie de sa propriété à ce monastère. *Do-*

*namus aliquid de hereditate nostra, in comitatu Forojuliense, in territorio castri quod vocatur Marsendis, videlicet super fluvium aquæ Indolæ localem aptum ad faciendum molendinum, cum omni ripa et cum omni aqua......, Domino Deo omnipotenti sanctoque Victori gloriosissimo martyri ejusque monasterio.*

Cette seigneurie est depuis plusieurs siècles de la terre et de la paroisse du Muy.

### LA ROQUETTE.

La Roquette est une autre paroisse déserte unie au Muy au-delà d'Argens. Il y avoit dans ce terroir une ancienne chapelle nommée Notre-Dame de la Roque, à cause d'une montagne fort haute qui est tout auprez, où l'on avoit établi des Trinitaires, vers l'an 1650. Mais M. le comte du Muy, Jean-Baptiste de Félix, leur ayant procuré un établissement à Aix, ils lui cédèrent l'église, la maison et le bien qu'ils avoient dans ce lieu et se retirèrent vers l'an 1730.

### SAINT—LÉONCE.

On trouve aussi à un quart de lieue du Muy, sur le bord d'Argens, les débris d'une église, d'un clocher, et de plusieurs maisons, où le curé du Muy possède une terre de quatre charges en semence, de l'ancien domaine, franche de dîme et de taille. Ce lieu s'appelle Saint-Léonce. L'église apparemment étoit consacrée à ce saint évêque de Fréjus : mais, chose extraordinaire! c'est la seule que je sache dans le diocèse sous le titre de ce saint, si on excepte Fréjus [1].

### LE PUGET.

Le Puget, dont M. l'évêque de Fréjus a la seigneurie, est à une demi-lieue de cette ville, au couchant. Le chanoine sacristain de la cathédrale y a sa prébende, qui est des meilleures. Le vicaire a en entier la dime du vin et dix charges de bled que le prieur lui donne.

Il n'y a qu'un secondaire et trois cens communians. Le patron est saint Jacques-le-Majeur. L'église paroissiale fut rebâtie en 1577, de simple maçonnerie; elle est assez propre et bien entretenue.

Il n'y a qu'un petit bénéfice, sous le titre de Saint-Jean, de patronage laïque, dont la chapelle est champêtre.

L'évêque de Fréjus ne tire du Puget que dix écus de pension féodale : mais il a dans ce terroir la terre de l'Iscle, une des plus belles de la Provence, toute plaine, toute labourable, entourée du fleuve d'Argens

---

[1] Dans le cartulaire de l'abbaye de Lérins il est fait mention plusieurs fois d'une église érigée en l'honneur de saint Léonce à Callian.

et du canal qu'on tire de ce fleuve pour les moulins du Puget et de Fréjus.

Ce village est très-ancien sur le chemin de France en Italie qui se nommoit autrefois la voie aurélienne. Les curieux y pourront voir une pierre milliaire qui sert de base au bénitier de l'église paroissiale. On y lit distinctement ces mots gravez en grands caractères :

CAESAR
AVGVSTVS IMP X
TRIBVNICIA
POTESTATE XI

Cette inscription est faite dix-sept ans avant la naissance de Jésus-Christ, qui correspond à l'onzième année de la dignité de tribun dont Auguste étoit revêtu.

M. Bergier et M. Bouche, qui rapportent cette inscription, ajoutent à la première ligne ces deux mots : DIVI FILIVS, qui n'y ont jamais été, et mettent aussi XI pour X à la seconde ligne. On voit par ces mots qu'Auguste fit faire des réparations sur la voie aurélienne quelques années avant la naissance de Jésus-Christ. Cette voie sortant de Fréjus étoit beaucoup plus éloignée des *Palus* qu'elle n'est aujourd'huy. Elle conduisoit à ce vieux pont romain nommé d'*Artifex* qu'on voit dans les préries au bout et vis à vis des *Palus*, et de là on alloit droit au Puget. La Province a fait faire un nouveau chemin le long du canal en 1737, élevé et soutenu par des murs, parce que les eaux des *Palus* rendoient le chemin ancien impraticable dez qu'il pleuvoit.

### ROQUEBRUNE.

Roquebrune a douze cens communians, un vicaire et quatre secondaires. Son église est une belle nef de maçonnerie, haute, large, voûtée, bâtie sur le rocher, achevée en 1535, consacrée par Léon des Ursins sous le titre de Saint-Pierre et Saint-Paul.

Quant à la dîme, deux célèbres abbayes la partagent entre elles. Celle de Montmajor d'Arles perçoit les fruits de la partie du terroir qui est avec la ville au-delà du fleuve d'Argens, vers le midy, et celle de Saint-Victor de Marseille retire la dîme du terroir qui est au-delà d'Argens vers le nord. La première portion est affermée plus de trois mille livres et la seconde deux mille. L'abbaye du Toronet y a aussi sept cens livres de rente : et la commanderie de Comps, de l'ordre de Malthe y a des terres et des revenus qui rendent deux mille livres sans aucune charge.

Le vicaire étoit autrefois prieur : mais en 1479, Jean Rosa, prieur-curé, mécontent du seigneur et des habitans de Roquebrune, se transporta au monastère de Montmajor-lez-Arles, et y résigna son bénéfice aux abbé et moines de cette abbaye. Sixte IV le simplifia et le rendit régulier par une bulle d'union à la même abbaye, *in formâ gratiosâ*, qui fut confirmée par un arrêt du grand conseil en 1694. Le vicaire et l'abbaye étant en procez, Barthélemy Camelin, sur la requête du vicaire, le mit à la congrue en 1622 par sa sentence de visite.

Martin Aufrédy fonda, il y a trois siècles, un bénéfice à Roquebrune sous le titre de la Madeleine, dans l'église paroissiale, dont le possesseur est obligé de célébrer trois messes par semaine, et retire quatre cens livres de revenus des fonds affectez à ce bénéfice, dont le patronage étoit familier, mais il est devenu héréditaire dans la maison de Gueibier, par un arrêt de la cour donné depuis quelques années. La même maison possède le patronage du bénéfice de Saint-Blaise, qui rend deux cens livres, à la charge de trois messes par semaine à l'autel de ce saint dans l'église paroissiale.

Il y a de plus une chapelle champêtre dans le terroir de Roquebrune à laquelle est attaché un revenu de cent livres, sous le titre de Notre-Dame des Sales à la charge d'une messe les dimanches et fêtes, pendant trois mois de l'été.

On trouve à Lérins une charte de l'an 1094 qui porte que Bérenger, évêque de Fréjus, avoit donné l'église et la dîme de Notre-Dame de Roquebrune à ce monastère. *Ego Berengarius Forojuliensis episcopus licet indignus, prospiciens totum mundum urgeri diversis augustiis et tribulationibus...... canonicorum meorum consilio ductus..... trado, dono, tribuo, et concedo ecclesiam parrochialem santæ Mariæ de Rocabruna, cum omnibus ad se pertinentibus, decimis, primitiis et oblationibus abbati Adelberto Lirinensi et omnibus successoribus suis, atque cunctis monachis presentibus et futuris ibidem Deo famulantibus,* etc.....

Il y a apparence que les religieux de Saint-Victor

avoient déjà la dime de Palaison, en déçà d'Argens, lorsque cet évêque fit cette donation : car il s'éleva entre cette abbaye et celle de Lérins des contestations touchant la dime de Roquebrune qui furent terminées en 1120 par un autre Bérenger, évêque de Fréjus, qui en donna avis au pape Calixte II.

Roquebrune fut assiégée pendant les guerres de la religion, au XVI<sup>e</sup> siècle, par Bernard de la Valette commandant pour le Roi en Provence et général de l'armée : mais il fut tué par capitaine Barjac d'un coup d'arquebuse tandis qu'il faisoit pointer un canon assés prez des murs, et le siége fut levé.

Le terroir de Roquebrune est très-vaste en plaines et collines qui rapportent beaucoup de bled. M. l'évêque de Fréjus est cosseigneur de ce lieu avec les abbez de Montmajor, du Toronet, de Saint-Victor, et le commandeur de Comps ; il y a aussi plusieurs cosseigneurs séculiers entre lesquels M. de Badier, et M. d'Espitalier, seigneur des Tourres, ont plus de jurisdiction que nul autre.

Le peuple de Roquebrune parle provençal d'une manière moins rude et plus agréable qu'en nulle autre part.

### PALAISON.

Palaison est un terroir encadastré avec celui de Roquebrune, et se trouve situé au nord au-delà du fleuve d'Argens. Il est parlé de ce lieu dans les archives de

Lérins et de l'église de Fréjus. L'évêque en est cosseigneur : mais les religieux de Saint-Victor en ont la principale portion, beaucoup de terres, la dîme, et le château qui a une ancienne chapelle où les Victorins sont obligez de faire célébrer la messe de la Saint-Jean à la Saint-Luc.

**VILLEPEY.**

On voit les ruines de ce village sur une éminence qui s'appelle encore *Ville-Vieille*; son terroir est assés considérable en plaines, étangs et collines. Il n'y a plus que quelques fermiers pour habitans. Ceux qui déguerpirent il y a quelques siècles firent encadastrer les biens qu'ils y avoient, les uns à Fréjus, les autres à Roquebrune, d'autres persistèrent à faire un corps de communauté qui paye encore la taille en particulier et se sert d'un sindic pour les affaires.

Cette terre a plusieurs cosseigneurs : M. de Boade, M. de Callas, M. Brunel, M. de Fréjus. Elle est située au-delà d'Argens qui la sépare du terroir de Fréjus, entre Roquebrune et le Revest, et aboutit à la mer.

Le patron de l'église étoit saint Michel, ainsi que nous l'apprenons par la bulle d'Innocent III de l'an 1204, et de Calixte II, de l'an 1123, confirmant au monastère de Montmajor les biens qu'il possédoit alors : *Ecclesiam sancti Michaelis de Villapiscis*. Cette abbaye jouit encore de la dîme de ce lieu, où il ne reste qu'une pauvre chapelle sous le titre de Saint-Aigulphe, bâtie sur deux grandes caves qui paraissent de la façon des Romains à l'extrémité du terroir, vers la mer, où les moines de Montmajor font célébrer la messe, les dimanches d'une croix à l'autre.

J'ai lu une charte de Charles II, roi de Sicile et comte de Provence, qui porte qu'à la considération du vénérable père Jacques, évêque de Fréjus, il lui accorde, en fief et à ses sucesseurs de sa pure libéralité, la portion de Villepey et du Revest qui appartenoit au chevalier Guilleaume *de Arcis : Intuitu venerabilis patris Jacobi Forojuliensis episcopi..... eidem episcopo ac suis in dictis episcopatu et ecclesia Forojuliensi successoribus canonice intrantibus, partem pertinentem olim Guillelmo de Arcis militi in castris de Revest et Villapiscis in feudum concedimus de liberalitate merà, anno 1309*. C'étoit Jacques d'Ossa qui, d'évêque de Fréjus, devint pape, et depuis lors les évêques de Fréjus se qualifient de seigneurs de Villepey et du Revest.

L'ancien lit du fleuve d'Argens allant se jeter dans la mer, passoit dans le terroir de Villepey. Ainsi le P. de Sainte-Marthe se trompe quand il dit, parlant de ce fleuve, qu'il y avoit autrefois à son embouchure un port très-commode. Le port de Fréjus étoit bien loin de là ; car Argens rouloit ses eaux dans la mer au bout occidental de notre plage, comme il fait encore aujourd'huy ; quoique nos ancêtres aient changé et rapproché de la ville le lit de ce fleuve : mais le port étoit à trois ou quatre milles de là au bout oriental de la plage ; et on n'entroit pas de la rivière dans le port ; il falloit aller d'un bout de la plage à l'autre chercher le canal qui étoit assés long entre deux terres et qui a communication même aujourd'huy avec la mer pour entrer dans le port situé au pied de la ville : *Urbem et regionem aluit fluvius Argenteus, vulgò* Argins et Argens, *ad cujus ostium erat olim percommodus maris portus.* Ce qu'il ajoute n'est pas exact : *At vero arenæ hujus fluvii ab anno circiter 400 ita portum obstruxerunt ut mare tribus vel quatuor passuum millibus ab urbe recessisse videatur.* La mer a toujours été éloignée de quelques milles du port; c'est l'entrée du canal que les sables ont presque bouchée; mais non pas l'entrée du port. Avec un peu de soin, jamais les sables ne l'auroient embarrassé. Il seroit aisé de recreuser ce canal jusqu'au port, et de nettoyer le port même qui est devenu étang.

Enfin le vicaire de Roquebrune administre les sacremens dans la terre de Villepey, et inhume ceux qui y meurent dans son église paroissiale, quoique Fréjus soit plus prez.

### LE REVEST.

Son église est perchée sur une montagne. Saint Pierre en est le titulaire. On y compte cent communians, répandus dans le terroir qui n'est que montagnes et collines.

La jurisdiction appartient à plusieurs seigneurs :

M. le Président de Tourves, M. de Camelin de Fréjus, M. Jaubert de Roquebrune en ont les principales portions.

Ce terroir a six lieues de circuit. L'air y est froid, l'eau bonne, les vens violens. Les maisons sont presque toutes couvertes de liége et de feuilles de pins. On y recueille du bled, du laitage, du miel.

Le chapitre de Lorgues en a la dîme affermée présentement onze cens livres, nomme à la cure et paye la congrue au vicaire.

Les Sarrasins du Fraxinet, qui n'en est pas loin, y avoient un fort, qui fut ruiné lorsque ces infidèles furent exterminez. Ils avoient détruit le village; les habitans le rebâtirent de terre, et il a même été abandonné dans la suite. Ce lieu est à l'occident et à deux lieues de Fréjus.

### L'ESTÉREL.

L'Estérel est un arrière-fief que le chapitre de Fréjus vendit en 1653 au sieur Antoine Laugier à perpétuité, lui cédant la moyenne et basse justice, le logis, les prez et le terroir qui sont nobles et francs de taille, sous le cens annuel et perpétuel de 50 écus, se réservant la haute justice avec les droits de lods et de retention en cas de vente ou d'aliénation.

Cette seigneurie est à deux grandes lieues de Fréjus dont les vicaires y administrent les sacremens. Le chapitre en a la dime. On y placé des chevaux de poste. Il est dans des montagnes sur le grand chemin d'Italie, mais ce chemin est vaste, sûr et bien entretenu. Il n'y a pour habitans que le seigneur et le fermier du logis. On y trouve une fontaine de très-bonne eau et un vin excellent.

La paroisse de Fréjus et la seigneurie de l'Estérel finissent au premier pont qu'on trouve en descendant vers Cannes.

# CHAPITRE IV.

## DOYENÉ DE SAINT-TROPEZ.

### SAINT-TROPEZ.

La ville de Saint-Tropez passe pour moderne, mais elle est ancienne; car elle a été pillée plusieurs fois et même détruite par les Sarrasins d'Afrique et du Fraxinet. Quelques auteurs croient qu'elle est *Heraclea Cacabaria* dont parlent les itinéraires maritimes; ce n'est pas mon opinion. Elle étoit située autrefois plus loin de la mer.

Il conste par des actes publics que ce lieu étant presque abandonné fut rebâti au milieu du XV$^e$ siècle. On y lit que Jean de Cossa, baron de Grimaud, ayant investi, du terroir de Saint-Tropez inhabité, un noble Gênois appelé Raphaël de Pornari, celui-ci fit venir soixante familles de la rivière de Gênes qui, ayant transigé avec lui en 1479, s'établirent pour toujours à Saint-Tropez et le repeuplèrent.

Cette ville est placée vers le milieu d'un golfe appelé par les anciens *Sinus Sambracitanus*, du nom d'une haute colline qu'on voit à la gorge de ce golfe vers le septentrion nommée alors *Sambracium* et aujourd'huy Issambre.

Saint-Tropez est au côté méridional du golfe, qui s'appelle depuis plusieurs siècles golfe de Grimaud et de Saint-Tropez : aussi cette ville a pour armoiries un navire qui est comme un emblème pour animer ses habitans au commerce de la mer. En effet, ils s'en occupent presque tous, et sont devenus par là, les uns fort commodes, les autres fort riches. On y trouve d'excellens matelots. Les bourgeois ont presque tous commandé des bâtimens et sont bons marins. Ils voyagent et commercent dans toutes les mers. Ils ont un port qui n'est pas vaste mais qui est sûr. Il est garni d'un môle au septentrion et d'un quay de maçonnerie au midy et à l'orient, entouré de maisons bien bâties qui font un bel effet. On y voit toujours quantité de bâtimens qui y mouillent. Il en sort et il en entre chaque jour. Ce fut là que les Anglois brûlèrent, en 1742, contre le droit des gens, cinq ou six galères des Espagnols qui pouvoient se défendre et ne le firent point.

Des collines mettent ce port à couvert du Levant ou vent d'Est, dangereux pour les bâtimens, dans notre mer Ligustique. D'autres collines qui régnent au midy et les maisons de la ville le défendent du *Lébeccio* ou vent du Sud-ouest, encore plus à craindre. Mais il est exposé au vent du Nord-ouest ou Mistral en notre langue, et en latin *Circius*, le plus violent de tous. Sénèque en fait mention au liv. v de ses questions naturelles. *Galliam infestat Circius, cui œdificia quassanti tamen incolæ gratias agunt tanquam salubritatem cœli sui debeant. Divus certe Augustus templum illi cum in Gallia moraretur et vovit et fecit.* Il souffle un vent terrible dans la Gaule nommé Circius, qui ébranle les maisons, et à qui néanmoins les Gaulois rendent grâces, parce qu'il leur est salutaire. Auguste étant dans la Gaule voua et bâtit un temple à ce vent.

Le Roi y a une citadelle bâtie sur le rocher au sommet d'une colline à l'orient. Elle est murée de toutes parts, entourée de fossez et garnie de canons. M. le duc de Villars en est gouverneur. M. Borrély, officier plein de politesse, y commande depuis longtems. La garnison est composée de soixante et dix soldats sous un capitaine et trois lieutenans. Cette citadelle fut bâtie sous le règne d'Henry III. Les troupes du duc de Guise la prirent en 1596 sur celles du duc d'Epernon; et en 1652 le duc de Mercœur y étant venu en personne, Ardenty, qui y commandoit, la rendit à ce prince aprez quelque résistance, et ce fut alors que la cour fit le marquis de Castellane-Grimaud, lieutenant du Roi de la ville et citadelle de Saint-Tropez.

La paroisse est desservie par un prieur-curé et trois secondaires. Le bénéfice est en commande et relève de l'abbaye de Saint-Victor, dont les religieux y furent établis vers l'an 1056 par les vicomtes de Marseille qui leur donnèrent certains droits et plusieurs terres pour leur entretien. Il y a dix-huit cens communians à Saint-Tropez. Leur église est bien entretenue, mais elle est trop petite pour tant de peuple. Elle fut bâtie en 1540. On y prêche l'avent et le carême. l'octave des morts et celle du Saint-Sacrement. Le patron est le martyr saint Tropez.

Il y a une congrégation des prêtres du diocèse qui se sont unis en 1727 au nombre de cent pour célébrer trois fois chacun le très-saint sacrifice de la messe pour ceux d'entre eux qui passent de ce monde à l'autre, à l'exemple de ces prêtres du VIII<sup>e</sup> siècle, auxquels, selon Baronius, se joignirent des évêques pour le même dessein. Le prieur de Saint-Tropez en est le chef, conserve le registre où sont les statuts et les noms des agrégez, et a soin d'annoncer leur mort par des lettres circulaires dez qu'il en est averti.

Le martyrologe romain annonce, le 3 des calendes de may, le martyre de saint Tropez, c'est-à-dire à la fin d'avril, et ajoute que sa fête n'est célébrée que le 16 des calendes de juin, c'est-à-dire le 17 de may, à cause de la translation de ses reliques. Saint Tropez étoit un officier considérable de la maison de l'empereur Néron. Il souffrit la mort pour la foi à Pise, en Toscane, où il y a une abbaye sous son nom, fondée, selon les apparences, au lieu même de son martyre. Il y a aussi à Gênes une paroisse sous le titre de Saint Tropez. Il fut connu de l'apôtre saint Paul : *Magnus in officiis Neronis primum fuit, unusque ex his de quibus Paulus apostolus ab urbe Româ ad Philippenses scribit : salutant vos omnes sancti, maxime qui de domo Cæsaris sunt.*

L'évêque Pierre *de Natalibus*, liv. v, c. 8, *De sanctis in mense maio occurentibus*, dit que le corps de saint Tropez fut exposé sur mer dans une vieille barque, et la légende de son office, imprimée sous Benoît de Clermont, en 1678, avance que cette barque aborda, sous la conduite des anges, aux côtes de Fréjus, vers le golfe Sambracien : *Ductoribus angelis in oram Forojuliensem ad partes scilicet Sambracitani sinus advehitur*. M. Joseph Antelmy, qui étoit prieur de Saint-Tropez à la fin du siècle passé, étoit persuadé que les reliques de ce saint étoient cachées dans l'ancienne église paroissiale; il y fit fouiller, mais en vain. Cette église étant tombée, les Capucins qui la possédèrent les y firent chercher aussi inutilement. En effet, elles sont en Espagne, s'il en faut croire Pierre *de Natalibus*, qui a écrit la vie de saint Tropez, il y a deux cens cinquante ans. Voici ses termes : *Cujus corpus in naviculâ cariosâ cum cane et gallo in mare exponitur, ut vel à bestiis roderetur, vel in mare mergeretur, angelo tamen duce navicula ad Hispaniam devenit, et à senatrice christianâ, Celerina nomine, quæ regni dimidium obtinebat, in somnis divinitus admonita, corpus sancti Torpetis reperitur in portu qui dicitur Sinos, et intra littus honorifice sepelitur, XVI cal. junii, ubi postmodum ecclesia desuper suo nomine fabricatur*. Liv. v, c. 8, *de SS. in mense maii*.

Bouche croit que Julius Agricola, natif de Fréjus, et déjà illustre à Rome du tems de Néron, pouvoit avoir logé Tropez dans sa maison comme son compatriote, et lui avoit ensuite procuré un employ dans le palais de Néron. Il croit que saint Tropez étoit provençal, et que son corps repose dans la ville qui porte son nom dans notre diocèse. Il remarque que le mot *Sinos* est mis pour *Sinus Sambracitanus*, et que la Provence peut être appelée Espagne, qui est l'Hespérie des anciens, parce qu'elle est au couchant, nommé Vesper et Hesper, comme l'Espagne à l'égard de la Grèce et de l'Italie.

La ville de Saint-Tropez est des terres adjacentes, arrière-fief de Grimaud. M. de Suffren, conseiller au Parlement en a la seigneurie. Il y a un siége d'amirauté, un grenier à sel, un monastère de Capucins depuis 1617, composé de dix religieux auxquels la ville donna l'ancienne église paroissiale où étoient autrefois établis les Victorins, réservant au prieur les droits d'y faire les fonctions. On y voit aussi deux belles et grandes chapelles de pénitens desservies par deux prêtres qui ne sont point attachez à la paroisse, un hôtel-Dieu considérable, assés bien renté, auquel est attaché un bénéfice de deux cens livres de revenu, fondé par M. Hyblé, bénéficier de la cathédrale de Fréjus, natif de Saint-Tropez, pour y faire célébrer tous les jours la messe en faveur des malades. Le collateur de ce bénéfice est laïque.

M. Clément, prêtre chanoine des Accoules, à Marseille, né à Saint-Tropez, fonda aussi, il y a bien des années, un autre bénéfice pour faire dire la messe tous les jours à l'aube dans l'église paroissiale pour l'utilité du peuple. La communauté nomme à ce poste, qui est fixe et non amovible. Ce lieu est depuis longtems fertile en ecclésiastiques instruits et pieux.

Le terroir de Saint-Tropez est petit, mais bien cultivé, presque tout planté de vignes, et fertile en bon vin, qu'on transporte de tous côtés. La pêche des thons y est abondante, et on y prend d'excellentes huîtres.

Les paroisses du doyené de Saint-Tropez sont : Ramatuelle, Gassin, Cougoulin, Grimaud et le Plan-de-la-Tour, La Garde, La Mourre, Sainte-Maxime que je vai décrire avec ses dépendances.

### RAMATUELLE.

Pline l'ancien, parlant des côtes de la Gaule Narbonnoise, nomme, aprez la Ciotat, la région des Camatullicains, dont peut-être Ramatuelle étoit alors le lieu le plus considérable ; du moins il en retient visiblement le nom: *Citharista portus, regio Camatullicorum, dein Suelteri*. Il est fait mention de Ramatuelle dans l'onzième siècle par un acte : *In comitatu Forojuliensi, in territorio vel castro quod vocitant Ramatuela*.

Ce village est placé sur le penchant d'une colline, au midy, d'où l'on découvre une vaste étendue de mer, qui n'en est éloignée que de deux milles. Il est muré et n'a que deux portes, avec quatre tours placées aux quatre coins du lieu. C'étoit une espèce de forteresse contre les Sarrasins qui, venant d'Afrique chaque année, et se débarquant, ravageoient toute la côte. Les vens qui viennent de la mer en été régulièrement chaque jour le rendent frais; et de hautes collines le mettent à couvert des rigueurs du nord en hiver. Son terroir est fort étendu du côté de la mer.

L'église de la paroisse est dédiée sous le titre de Notre-Dame. Saint André est le patron du lieu, qui a une chapelle champêtre dotée d'un petit bénéfice. Il renferme quatre cens communians, un vicaire à la congrue et deux secondaires. L'archidiacre de Fréjus y est prébendé.

Le seigneur de la paroisse est M. François d'Audibert.

La demoiselle Courtez a fondé, au commencement de ce siècle, un bénéfice sous le titre de Notre-Dame-de Bon-Suffrage dans la chapelle des pénitens blancs de Ramatuelle, dont le revenu consiste en fonds de terre situez dans la paroisse de Gassin. Il y a aussi le bénéfice de Notre-Dame-du-Pin, qui est de peu de conséquence.

TRANSACTION ENTRE LE SIEUR ÉVÊQUE DE FRÉJUS ET LE SIEUR ARCHIDIACRE DES JURISDICTIONS DE FAVAS, BARGEMON ET L'ÉTANG DE FRÉJUS, POUR LA DÎME DE RAMATUELLE.

*In nomine Domini. Amen. Anno incarnationis ejusdem millesimo trecentesimo tertio, die secunda mensis januarii, Reverendo in Christo Patre D. Jacobo Dei gratiâ Forojuliensi episcopo et venerabi-*

*libus viris D. Bertrando de Morzellis præposito, Arnaldo de Viâ archidiacono, Jacobo de Viâ præcentore, Audiberto d'Esclapons, Rostagno Malisanguinis et Ricardo de Vidalbano canonicis Forojuliensis ecclesiæ, in capellâ sancti Andreæ domus episcopalis Forojulii facientibus capitulum generale, præfati Domini episcopus et archidiaconus, de consensu et voluntate capituli supradicti, providentes et meditantes quod jurisdictio pertinens ad personatum archidiaconatus Forojuliensis ecclesiæ in castris de Fabario et Bargemone dicto personatui est modicum fructuosa, et multis de causis probabilibus timeat amissiones et occupationes jurisdictionis prædictæ, spereturque probabiliter quod jura prædicta per D. episcopum qui nunc est et episcopos qui erunt pro tempore providentiam, defensari melius poterunt et suscipere incrementa, idcircò D. episcopus et capitulum generale volentes periculis præfatis occurere et dicto archidiaconatui Forojuliensis ecclesiæ providere, viris venerabilibus dominis Audiberto Esclapone prædicto præsenti et Alphanto Refudy dictæ ecclesiæ canonico licet absenti commiserunt ut possint exuere, separare in jurisdictione jura omnia et res ac bona omnia realia et personalia, corporalia et incorporalia, et directa, quocumque nomine censeantur seu nuncupentur pertinentia in dictis castris de Bargemone et de Fabario et eorum territorio ad archidiaconatum prædictum, et omne jus etiam pertinens dicto archidiaconatui in stagno Forojulii, et jura, res et bona prædicta mensæ episcopali prædictæ applicare, incorporare, admittere et unire.*

*Item quod possint dicto archidiaconatui, prout eis visum fuerit opportunum, de bonis ad dictam mensam episcopalem pertinentibus eximendo et reparando à dictâ mensâ, bona et jura et eadem uniendo, annectendo et incorporando dicto archidiaconatui prout eis visum fuerit expedire, promittens eorum quilibet per se et successores suos approbare, ratificare et irrevocabiliter observare quidquid super prædictis fuerit ab ipsis ordinatum.*

*Postque eodem anno quo supra, die decimo dicti mensis januarii, prædicti domini Audibertus et Alphantus, habitâ consideratione providâ, et deliberatione diligenti, unà cum capitulo memorato, Dominis episcopo et capitulo memoratis præsentibus et instantibus, jurisdictionem, jura et bona omnia prædicta in dictis castris de Barjamone et Fabario et eorum territoriis ac in stagnum Forojulii prædicto archidiaconatui pertinentia, a dicto archidiaconatu prædictâ auctoritate exemerunt et separaverunt, et ipsam jurisdictionem res et bona prædicta eximita et separata à dicto archidiaconatu mensæ dicti D. episcopi applicaverunt, annexarunt, incorporaverunt ac etiam unierunt.*

*Postque incontinenti omnia quæ pertinebant ad dictam mensam episcopalem in castris et territorio de Ramatuella, sive constent in proprietatibus, censibus, servitiis, pensionibus, tasquis et aliis quibuscunque, auctoritate prædictâ eximuerunt et separa-*

*verunt et dicto archidiaconatui applicaverunt, annexarunt, incorporaverunt, ac etiam unierunt, et omnia prædicta D. episcopus, archidiaconus, et capitulum ananimiter approbaverunt, omologaverunt, ratificarunt et confirmarunt.*

*Actum Forojulii in dictâ capellâ, præsentibus testibus vocatis D. Petro Andreâ de Massiliâ præsbytero, magistro Jacobo Gaufridy de Barcilone phisico, sociis dicti Domini episcopi, et me Guillelmo Varrheillas notario publico a serenissimo principe D. nostro Carolo II Dei gratiâ rege Jerusalem comitique comitatuum Provinciæ et Forcalquerii in dictis comitatibus constituto.*

## HISTOIRE D'ARNAUD ET DE JACQUES DE VIA.

Cet acte me donne lieu d'écrire ici l'histoire d'Arnaud de Via, alors archidiacre de Fréjus, et de Jacques de Via, précenteur ou capiscol de la même église.

Ces deux messieurs étoient frères et neveux de Jacques d'Euse, évêque de Fréjus, par leur mère qui étoit sœur de ce prélat. Il eut occasion de les placer dans notre chapitre, où ils restèrent aprez que leur oncle eut été transféré au siége d'Avignon. Mais dez qu'il fut créé pape, le chapitre d'Avignon élut à sa place, avec sa permission, Jacques de Via, son neveu, capiscol de Fréjus, et peu aprez ce pape le fit cardinal à la première promotion au mois de décembre 1316, la première année de son pontificat, et lui donna le titre des saints Jean et Paul; de sorte que Jacques de Via passa du capiscolat de Fréjus à la pourpre romaine. Il étoit aîné de l'archidiacre, c'est pourquoi le pape l'éleva au cardinalat préférablement à son cadet; mais Jacques de Via mourut tristement six mois aprez sa promotion. Les historiens de ce tems-là rapportent sa mort et l'attribuent aux opérations magiques d'un évêque de Cahors, nommé Hugues Géraldy, qui avoit été référendaire de Clément V, prédécesseur de Jean XXII. Ce pape l'ayant fait saisir et traduire à Avignon, lui fit faire son procez, et ayant été convaincu, il fut dégradé juridiquement, livré au bras séculier, écorché tout vif, traîné par les rues et brûlé dans un champ hors de la ville.

Voici les auteurs qui rapportent ce fait extraordinaire. *Bernardus Guidonis episcopus Lodovensis, in vitâ Joannis XXII,* dit de ce pape : *Deposuit à pontificali ordine et dignitate episcopum Caturcensem, Hugonem Geraldy, ablatis ab eo omnibus pontificalibus insigniis, videlicet annulo, atque mitrâ et cappâ cum romanâ camisiâ et birreto, sicque relictus primo in simplici habitu clericali fuit adjudicatus perpetuo carceri 4 die mensis maii apud Avenionem an. Domini 1317; postmodum fuit in formâ à jure traditâ actualiter degradatus per cardinalem episcopum Tusculanum, sicque fuit traditus curiæ seculari, per cujus judicium fuit tractus publice, et in aliquâ sui parte corporis excoriatus, et demum combustus in mense julio subsequenti, quia scilicet in mortem summi Pontificis fuerat machinatus.*

*In chronicis monasterii Grandimontensis annis*

*1317, mense maii, refertur : Fuit Avenioni depositus Hugo Geraldy episcopus Caturcensis, et eodem anno, die revelationnis sancti Stephani confessoris, idem Hugo episcopus propter potiones quas Domino Papæ paraverat, et imagines cereas cum quibus Jacobum de Via, nepotem Papæ, cardinalem occiderat, fuit degradatus et traditus curiæ seculari ac tractus Avenioni per villam, vivus excoriatus, et in pallo levatus vivus comburitur.*

Cet évêque malheureux est pourtant appelé un grand homme dans les actes des évêques d'Auxerre, page 150, où l'auteur, parlant de Pierre de Mortemar, dit : *Fuerat antiquus socius specialis illius magni viri quem fecit Joannes Papa XXII excoriari, videlicet episcopi Caturcensis.*

Philippe V, Roi de France, écrivit une lettre de consolation à Jean XXII sur la mort de son neveu Jacques de Via, selon Odoric Raynaud, et lui recommanda son autre neveu Arnaud de Via, le priant instamment de l'élever au cardinalat: *Rex Francorum Arnaldum de Via Joanni Papæ commandavit, additis flagrantissimis precibus ut eum in numerum Cardinalium referret, an. 1316.*

En effet, peu de tems aprez la mort de Jacques de Via, Jean XXII fit cardinal, du titre de saint Eustache, son autre neveu Arnaud de Via, archidiacre de Fréjus, en 1317. Ce cardinal fut fort estimé ; il étoit très-libéral, et fit diverses fondations ; il fonda entre autres choses le chapitre de Villeneuve prez d'Avignon, où il est enterré. Il mourut en 1335 ; ainsi il ne survécut qu'un an au Pape son oncle, mort en 1334.

## GASSIN.

On découvre de loin ce village perché comme un nid sur le sommet d'une haute colline peu fertile. Il est presque ruiné, et n'a pas plus de cent cinquante communians; mais plus de deux cens forains des villages d'alentour y travaillent presque toute l'année pour essarter, semer et recueillir : car le terroir est fort vaste, entrecoupé de collines et de petites vallées qui, étant défrichées, rapportent du bon grain.

Le capiscol de la cathédrale y a sa prébende. Le marquis de Grimaud en a la seigneurie. L'église est dédiée sous le titre de l'Assomption de la Sainte Vierge; elle est voûtée et d'une grandeur considérable. Le vicaire a deux secondaires sous lui. Saint Laurent est le patron du lieu et a une chapelle dans le terroir où, le jour de sa fête, on va célébrer solemnellement la messe.

## CAVALAIRE.

Le port de Cavalaire, qui, selon mon sentiment, est l'*Heraclea Cacabaria* des anciens, est dans cette paroisse. La ressemblance du nom de *Cacabaria* à celui de Cavalaire, et la position que lui donnent les auteurs en sont des preuves. Il y avoit autrefois sur ce port une forteresse, mais elle fut démolie en 1646, sur la remontrance que firent les communautez assemblées à la Valette, en 1644, qu'elle étoit inutile et dispendieuse à la province. Il n'y a plus qu'un logis pour le fermier et quelques bastides, une chapelle dotée où l'on célèbre ordinairement la messe. Ce port est exposé au dangereux vent du *Lebeccio* ou sud-ouest.

### BERTAUD.

Bertaud, dont on voit le château dans le fond du golfe de Saint-Tropez, est de la paroisse de Gassin, arrière-fief de Grimaud. Les seigneurs de Bertaud étoient cosseigneurs de Gassin : mais le marquis de Grimaud, vendant cette terre au sieur Antibe de Saint-Tropez, ôta ce titre, et n'accorda de juridiction au seigneur de Bertaud que dans son quartier.

### COUGOULIN.

Cougoulin bâti sur le penchant d'une colline, à demi lieue de la mer, a plus de cinq cens communians, un prieuré dépendant de la prévôté de Pignans que la noble maison de Jarentes possède depuis longtems, un vicaire et deux secondaires. L'église qui n'est bâtie que depuis deux siècles, a été consacrée sous le titre de la Transfiguration de Jésus-Christ. On en fait la célébrité le 3 août. Elle est propre, et la sacristie est bien entretenue en linge et en ornemens. Le tableau de la Transfiguration, qui est au maître-autel, est fort estimé des connoisseurs. Le clocher a trois bonnes cloches.

La seigneurie appartient pour un quart à l'ordre de Malthe, qui y possède une maison hors de la porte du septentrion, quelques terres et une dîme qui font un membre de la commanderie de Beaulieu. La famille de Cuers a les trois quarts restans de la juridiction, de sorte que de quatre en quatre ans le commandeur y met des officiers de justice dont le pouvoir finit avec l'année. Le terroir est assés bon, mais il est resserré par ceux de La Molle, de Grimaud et des Garcinières.

Saint-Sauveur et saint Jacques sont les titulaires du prieuré de Cougoulin, qui étoit autrefois d'un gros revenu : mais aujourd'huy il ne reste quelquefois rien au prieur aprez qu'il a payé les charges de ce bénéfice qui sont prodigieuses. Car, outre qu'il donne deux cens écus pour le vicaire et les deux secondaires, il paye trente écus pour le prédicateur, vingt écus à la sacristie, vingt écus aux pauvres, cent livres pour le petit service, quatorze charges de bled au chapitre de Fréjus et dix-neuf au camérier de Pignans, enfin ses décimes et autres taxes se montèrent, il y a dix ans, à deux cens livres.

On trouve à un quart de lieue de ce village, vers le nord, une chapelle voûtée, grande et bien bâtie, dédiée à saint Maur, abbé, où les fidèles d'alentour viennent en foule aux fêtes de la Pentecôte implorer son intercession pour être guéris des sciatiques et des douleurs des bras et des jambes.

Le nommé Lambert fonda, dans le siècle passé, un bénéfice de cinquante écus dans la chapelle de Saint-Roch, où les pénitens blancs de Cougoulin s'assemblent, pour l'entretien d'un prêtre qu'il a obligé d'y célébrer trois ou quatre messes par semaine. Mais on ne l'y dit plus que les dimanches et fêtes, parce que le revenu est réduit à cent livres. Ce bénéfice est de patronage laïque.

La chapelle champêtre de Notre-Dame des Salles a la dîme d'un quartier du terroir, et fait un petit bénéfice dépendant de la prévôté de Pignans. Il y en a un autre dans l'église paroissiale, sous le titre de Saint-Antoine, de peu de revenu, et deux autres encore moindres, à la nomination de M. l'évêque de Fréjus.

M. Jacques de Cuers, seigneur de Cougoulin, fameux officier de mer et chef d'escadre des vaisseaux du Roi, y est inhumé dans le tombeau de sa famille avec M. Magdelon de Cuers, son fils, seigneur du même lieu, aprez lui capitaine de vaisseau du Roi, chevalier de Saint-Louis, l'un des plus polis et des plus généreux officiers de marine de son tems.

## LA MOLLE.

Pontius, évêque de Marseille, étoit cosseigneur de La Molle en 1008, et donna sa portion au monastère de Saint-Victor : *Sed et in comitatu Forojuliensi id* est *in Fraxeneto, in villa quam vocant Ad Molam, in appenditiis et in territorio ejus omnem partem meum.... dono.... in ditione almi martyris Victoris.* La bulle de Grégoire VII, en 1084, parle de cette terre, qui appartient à présent à M. de Suffren. Elle est d'un petit revenu, ne consistant qu'en des collines, autrefois couvertes de pins, mais presque dépeuplées aujourd'huy par les horribles incendies qu'on y fait de tems en tems. Elle est sans habitans, si ce n'est que deux ou trois fermiers y font leur résidence pour labourer le peu de plaine qu'il y a. Quelques paysans y possèdent des acates ou portions de biens ; ils défrichent tantôt un endroit, tantôt l'autre sous de cens. Ils y demeurent en été et font un corps de communauté.

C'étoit autrefois une paroisse, dont l'église qui subsiste encore est dédiée à sainte Madeleine. Sur une colline, où l'on voit les restes d'un petit village, il y a au-dessus, un château seigneurial et une chapelle domestique où l'on célèbre la messe. On trouve dans cette terre une carrière de beau marbre noir, dont les Chartreux de La Verne avoient commencé de faire un cloître qu'ils ont discontinué. Ils sont obligez de célébrer la messe les dimanches et les fêtes d'une croix à l'autre dans la chapelle de Sainte-Madeleine, et d'administrer les sacremens aux acatans ou paysans qui y tombent malades, parce qu'ils sont prieurs de La Molle.

Le pape Eugène IV, par sa bulle donnée à Florence en 1442, unit ce prieuré à la chartreuse de La Verne, à cause de sa pauvreté. Le pape Nicolas, en 1453, confirma cette donation. Réné, comte de Provence, l'approuva par ses lettres patentes données à Marseille en 1480. La bulle d'union fut fulminée, et les Chartreux en prirent possession ; possession qui leur fut contestée par un chanoine de Fréjus ; de sorte que le procez ayant duré longtems, les Chartreux n'en jouirent paisiblement que vingt ans aprez, le chanoine s'étant départi, et les Chartreux ayant obtenu une nouvelle bulle d'union et repris possession en 1498. Ce bénéfice ne vaut guère plus de 400 livres et a plusieurs charges.

Outre la dime, les Chartreux ont quelques droits dans la terre de La Molle contre lesquels plusieurs seigneurs de cette terre se sont soulevez de tems en tems : mais les religieux ont obtenu des arrêts aux parlement de Paris et Bordeaux qui ont débouté leurs adversaires de toutes leurs prétentions, et les ont établis pour toujours dans leurs droits.

## LA VERNE.

La Verne est une terre presque toute de collines et de montagnes attenant à La Molle, où fut fondé, sur les limites du diocèse de Fréjus et de Toulon, un monastère de Chartreux en 1170 à l'honneur de Notre-Dame, par Frédol d'Anduse, évêque de Fréjus et Pierre Eynardy, évêque de Toulon, conjointement avec les chapitres de ces deux villes.

En voici l'acte, par rapport à Fréjus :

*Ego Fredolus Forojuliensis episcopus, et Hugo ejusdem ecclesiæ præpositus unà cum canonicis Forojuliensis ecclesiæ, quidquid infra scriptos terminos cultum vel incultum, sive sint decimæ, vel aliud continetur, Deo et fratribus de Vernâ jure perpetuo donamus, concedimus et laudamus.*

*B. de Sellans subscripsit, Fredulus subscripsit, Maximinus subscripsit, Dominicus subscripsit, Guiraldus subscripsit, Guirardus subscripsit, Valentinus subscripsit, Fredolus episcopus Forojuliensis.*

L'acte de l'église de Toulon est conçu dans les mêmes termes et signé par cinq chanoines et l'évêque Pierre Eynardy, aprez quoi on lit : *In nomine Domini incipiunt termini domûs Vernæ.....* J'omets cette énumération qui est composée d'un latin de plusieurs noms extraordinaires, comme *Collem de Grataloup, Collem de Petcuel, Collem de Broi*, etc.

On trouve dans les archives de cette maison que ces pieux évêques fondateurs se trouvèrent à la tête de leurs chapitres accompagnez de la noblesse du voisinage à l'arrivée des premiers chartreux que le général avoit envoyez de la Grande-Chartreuse. Leur donation fut confirmée par une bulle du pape Innocent III, l'an 1206.

L'étendue du terrain que possède la maison de La Verne est de six ou sept lieues, mais c'est un pays tout escarpé, montueux, qui n'est bon qu'à nourrir des chèvres. Elle perçoit la dîme à plein dans tout le terroir de la partie que Fréjus a donnée; mais elle paye la dîme des bastides qui sont dans la partie du diocèse de Toulon, parce que Fréjus ne se réserva point ce droit, et que Toulon le retint. Quelques seigneurs voisins donnèrent ensuite à ce monastère, par un sentiment de piété, des portions de terre et de juridiction qu'ils avoient dans La Verne. La prieure de La Celle, qui possédoit la dîme de Couloubrières, céda les droits qu'elle pouvoit avoir sur les terres de La Verne en 1193 à ces saints religieux.

On trouve encore des actes qui font foi que Fouques, Guilleaume et Bertrand V ont confirmé la donation faite aux Chartreux par Frédol leur prédécesseur.

Voici l'acte de Guilleaume :

*Willelmus Dei gratiâ Forojuliensis episcopus dilectis filiis suis priori et fratribus de Vernâ æternam in Domino salutem. Pastoralis officii cura nos admonet ut viros religiosos et maxime illos qui sæculum relinquentes soli Deo creatori nostro in arce contemplationis deserviunt, beneficiis et privilegiis nostris sic muniamus ut libere et quiete viam perfectionis quam inceperunt valeant obtinere. Eapropter dilectissimi filii, prior et fratres de Vernâ, vestris justis postulationibus annuentes cum consilio et voluntate dilectorum fratrum nostrorum præpositi et canonicorum Forojuliensium donationem illam territorii domus de Vernâ quam prædecessor noster F. bonæ memoriæ cum consensu et voluntate ejusdem capituli, prædictæ domui et fratribus ibidem Deo servientibus, donavit atque concessit, nos amore Dei et intuitu pietatis et misericordiæ quam Salvator nos-*

*ter omni sacrificio docuit esse meliorem, domui ipsi et fratribus præsentibus et futuris, insuper et omnes decimas infra territorium illud, vobis plenâ auctoritate confirmamus atque laudamus.....*

*Ego R. præpositus Forojuliensis laudo et confirmo. Ego Guillelmus sacrista laudo et confirmo. Ego Gaufridus laudo et confirmo. Ego Bernardus Faber laudo et confirmo. Ego B. de Sellans laudo et confirmo. Ego Berengarius laudo et confirmo. Ego Petrus Stephanus laudo et confirmo. Ego Petrus Arnaldus laudo et confirmo..*

La ratification de Bertrand V est de la même teneur. Il n'y a que les noms des chanoines à changer.

Guilleaume III, évêque de Fréjus exhorta par ses lettres le peuple de son diocèse à faire quelques aumônes pour rétablir l'église de La Verne, qui avoit été brûlée en 1264.

Ces religieux obtinrent de Raimond Bérenger V, comte de Provence, à la prière de son épouse et de sa sœur, en 1223, l'allouement de tout ce qui leur avoit été donné et de ce qu'ils avoient acquis, *mediantibus precibus dominarum sororis et uxoris ipsius*, et il leur adjugea la jurisdiction haute et basse, mère et impère de toute la terre de La Verne, sur quoi ils ont été souvent inquiétez par les seigneurs de La Molle, de Couloubrières, etc.; mais ils ont toujours gagné leurs procez.

Le revenu de cette chartreuse consiste en essarts, chèvres, herbages d'hiver. Elle entretient dix-huit religieux et quinze domestiques. Mais elle tire son principal revenu de Bormette, terre noble, au terroir d'Hyères, diocèse de Toulon, éloignée de quatre lieues de La Verne.

On n'entre que par un endroit dans la maison de La Verne : le reste est isolé; tout n'est que précipices; on a ménagé quelque peu de jardin à droite et à gauche soutenu par des murs et des arcs.

Le cloître est régulier, il y a une fontaine, et les religieux sont assés bien logez. Les environs sont pleins de châtaigniers et de chênes-verts au milieu desquels on trouve une longue promenade sur une montagne d'où l'on découvre la mer.

L'église est peu considérable. M. Danès, évêque de Toulon, mort en odeur de sainteté, y alloit souvent faire des retraites et fut bienfaiteur de ce monastère, qui est un ornement du diocèse de Fréjus. L'évêque Frédol et les chanoines de son tems ont parfaitement placé les biens qu'ils cédèrent à ces dignes religieux, qui, depuis cinq ou six cens ans, ne se sont point relâchez de leur ferveur primitive.

### LES GARCINIÈRES.

Le sieur d'Arman possède cette terre qui n'a qu'un quart de lieue de long et demi-quart de largeur, entre Cougoulin et Gassin, et néanmoins il y avoit autrefois une paroisse dans un si petit espace. L'église subsiste encore sous le titre de Saint-Jacques, avec un cimetière.

Le peu d'habitans qu'il y avoit s'étant réunis avec ceux de Cougoulin, la dime de Saint-Jacques et des terres attachées à son église furent unies au prieuré de Cougoulin. La seigneurie, même temporelle, des Garcinières lui fut donnée. Mais M. de Raguenau, évêque de Marseille, qui fut tué dans son château de Signe, pendant les troubles de la religion, dans le XVI<sup>e</sup> siècle, étant prieur de Cougoulin et des Garcinières, vendit cette seigneurie moyennant la somme de 240 livres de pension annuelle. C'est un arrière-fief de Grimaud et dépend du siége d'appaux de ce lieu avec haute et basse justice.

### GRIMAUD.

Pline et Méla Pomponius placent un lieu qu'ils nomment *Athenopolis*, entre *Regio Camatullicorum*, qui est Ramatuelle et *Forumjulii*, sur le bord de la mer, qui ne peut être que Grimaud, qui changea de nom dans le dixième siècle en faveur de Gibelin de Grimaldis, à qui cette place fut donnée, en récompense de ses exploits contre les Sarrasins. *Citharista, regio Camatullicorum, dein Suelteri, supràque Verucini*, qui étoient des peuples dans les montagnes et les environs du golfe, *in orâ autem Athenopolis Massiliensium, Forumjulii*, etc.

Le roi Réné l'érigea en baronie et Louis XIII en marquisat, l'an 1620, en faveur du sieur d'Esplans. M. de Castellane Saint-Juers, qui est une terre dont il est seigneur dans le diocèse de Riez, est marquis de Grimaud, dont les arrière-fiefs sont La Garde, La Molle, Cougoulin, Gassin, Ramatuelle, Les Garcinières et Saint-Tropez.

Guilleaume I$^{er}$, comte de Provence, ne donna pas seulement Grimaud à Grimaldy, mais encore le golfe Sambracien, qui fut aussi appelé de son nom, le golfe de Grimaud, ne réservant que les droits de l'église et de l'évêque de Fréjus : *Cum itaque Giballinus de Grimaldis vir magni cordis et egregiæ magnificentiæ..... sinum maris Sambracium qui communiter rivus sancti Torpetis appellatur, propriâ virtute ab eisdem Agarenis et Mauris sive Sarracenis abstulerit..... nos Guillelmus comes..... præfato Giballino de Grimaldis præfatum sinum Sambracium..... donamus..... solis ecclesiæ Forojuliensis seu ejus episcopi salvis ac dimissis juribus.*

L'église est ancienne, voûtée de pierres de taille, obscure, peu considérable. Le patron est saint Michel. Le vicaire a trois secondaires et quatre cens communians. Le prieuré en commende est du ressort de Saint-Victor de Marseille, et vaut plus de cinq cens écus de revenu tous les ans.

L'illustre M. François Piquet, consul pour la France et la Hollande à Alep, évêque de Babylone, vicaire apostolique et ambassadeur du Roi de France en Perse, avoit le prieuré de Grimaud, et y faisoit sa résidence ordinaire avant qu'il fut envoyé en Orient, et y bâtit cette grande maison où logent aujourd'huy le vicaire et les prêtres, ne s'y occupant que de la prière et du salut des âmes ¹.

M. d'Antelmy, évêque de Grasse, possède depuis plus de quarante ans ce prieuré. Ce prélat s'est donné de grands mouvemens pour faire unir ce bénéfice au séminaire de Fréjus et y a réussi.

Grimaud est situé sur une colline de rude accez, ornée d'oliviers. Le terroir est fort vaste, en partie montueux, assés fertile dans la plaine, où l'on trouve la belle chapelle de Notre-Dame de la Queste, dotée d'un bénéfice dont il est fait mention dans la bulle de Paschal II, en faveur des Victorins. On y tient une foire le jour de l'Assomption, qui se trouve bien mal placée en un jour de fête si solemnelle, et une autre dans le bourg le jour de l'Ascension, qui est plus fameuse et encore plus mal établie.

### SAINTE-MAXIME.

Le registre *Pergamenorum* de nos comtes ne parle point de cette paroisse; aussi elle est moderne, et faisoit partie de celle de Miramas, qui ne subsiste plus, et n'en est pas fort loin. C'étoit une simple cha-

---

[1] La vie de Mgr Piquet a été imprimée à Paris en 1732. Préparée par les recherches de Charles Léonce Octavien Antelmy, successeur de Mgr Piquet dans le prieuré de Grimaud, cette vie fut rédigée et publiée par Jean Charles Albin, prévôt de l'église cathédrale de Fréjus et neveu germain de Mgr Antelmy qui était alors évêque de Grasse.

pelle sur le bord de la mer, vis-à-vis de Saint-Tropez, où l'on a bâti peu à peu un village, qui s'augmente tous les jours. Cette paroisse renferme quatre-vingts bastides habitées et plus de deux cens communians. Elle a un vicaire et un secondaire.

L'abbé du Toronet y fait exercer la justice pendant huit mois, et les religieux les quatre mois qui restent.

Le terroir est tout en collines qui rapportent du bled. Il y a des vignes et quelques oliviers dans les vallons.

Cette contrée appartenoit autrefois aux Lérinois où, comme on défrichoit les forêts aprez la défaite des Sarrasins, ils furent obligez de bâtir une chapelle qu'ils dédièrent à sainte Maxime, comme l'église de Callian qu'ils desservoient. Les reliques de cette sainte y ont peut-être reposé, mais dire qu'elles y avoient été apportées d'Afrique, et que sainte Maxime étoit Africaine, c'est faire violence aux martyrologes et renverser toutes les traditions qui nous restent sur ce sujet, dont je parlerai au paragraphe de Callian.

### LA GARDE-FREINET.

Ayant parlé au long de ce lieu fameux dans les livres précédens, j'ajouterai seulement que M. de Bargème-Pontevès en est le principal seigneur, et que M. Giraud, seigneur d'Agay, a le reste de la jurisdiction; que ce lieu est situé sur des collines au-dessus desquelles s'élève immédiatement la célèbre montagne où les Maures avoient leur forteresse dite du Fraxinet qui faisoit la terreur de la Provence sous nos premiers comtes.

Son terroir scabreux est fertile en châtaignes excellentes.

L'église est dédiée à saint Clément, pape et martyr, elle est trop petite et bien peu de chose pour neuf cens communians, qui demeurent la plupart à la campagne dans de pauvres maisons. Le prieur, dont le bénéfice dépend de Pignans, régit cette paroisse très-pénible avec deux secondaires. L'air y est très-bon. Le bourg, quoique si élevé, a néanmoins une source d'eau très-abondante, qui fait une des plus belles fontaines de la province.

### SAINT-CLÉMENT.

Le prieur de La Garde est obligé d'aller prendre possession, sous peine de nullité, dans la chapelle de cette ancienne paroisse, qui subsiste à un petit quart de lieue vers le midy, et dont les habitans se sont donnez, il y a bien des siècles, à La Garde. De plus ce prieur y va tous les ans faire l'office solemnel le jour de saint Clément.

On y voit à droite et à gauche quelques vignes, oliviers et châtaigniers, et au loin sur une haute colline la chapelle de Miramas, qu'on embellit tous les jours, et où les peuples voisins vont faire en foule leurs dévotions le jour de la Nativité de la Très-Sainte Vierge.

## LA MOURE.

La cure de cette paroisse vaquoit depuis trois ou quatre siècles, et le prieur de La Garde y administroit les sacremens, lorsqu'un prêtre la demanda en cour de Rome et l'obtint. Cependant le premier paisible possesseur a été M. Clément Daumas, en 1718.

Notre-Dame en est la patronne. Son église n'est presque rien. Si on compte néanmoins les habitans du Plan-de-la-Tour, cette paroisse a huit cens communians.

Le prieuré est affermé 1300 livres; il est de la nomination de M. l'évêque de Fréjus. L'abbé du Toronet y jouit encore d'une tasque.

La Moure ne fait qu'une même communauté avec La Garde et Le Plan-de-la-Tour. Ces trois lieux n'ont qu'un même seigneur, un même terrier, un même cadastre. Elle ne consiste qu'en hameaux et bastides, au milieu desquels on a bâti une chapelle sous le titre de Saint-Martin. Les Maures ou Sarrasins occupoient autrefois tous ces pays, et de là lui est venu le nom de La Moure. On y trouve souvent des tombeaux de ces infidèles.

## LE PLAN-DE-LA-TOUR.

Il y a une église succursale dans ce quartier. Le secondaire de La Moure y fait sa résidence, baptise et enterre; mais les mariages se font à La Moure, dont le vicaire court au secours des habitans du Plan-de-la-Tour, quand il est demandé; ils peuvent même faire leurs pâques à La Moure ou dans leur chapelle, à leur choix.

Les deux extrémitez de ce vaste pays sont peuplées et abondent l'une en vin et l'autre en châtaignes; mais le milieu est inhabité à cause des montagnes qui l'occupent. Ce lieu tire son nom d'une plaine d'un quart de lieue et d'une ancienne tour qu'on y voit. Tout le reste n'est que montagnes et collines.

La dîme est unie au prieuré de Grimaud, qui donne une partie de la rétribution au secondaire, à cause qu'il administre les sacremens aux habitans du quartier de Saint-Pierre de Miramas. On sera obligé d'établir, dans la suite, un vicaire perpétuel pour le peuple du Plan, qui s'est formé depuis moins de deux siècles, et qui s'augmente tous les jours.

Ce terroir est situé entre La Garde, Sainte-Maxime, Grimaud et Le Revest.

### MIRAMAS.

Miramas, dans la succursale du Plan, est un quartier habité, dont il est parlé dans le registre des comtes de Provence. L'ancienne chapelle étoit bâtie sur une colline au septentrion du golfe, sous le titre de Saint-Pierre. On en a fait une nouvelle dont le même saint est patron, mais on l'a placée dans le terroir de Sainte-

Maxime; ce qui ne peut manquer de fournir des sujets de contestation entre le vicaire de La Moure et celui de Sainte-Maxime.

Il est parlé de Miramas dans une permutation de biens faite l'an 1232, entre l'évêque de Fréjus et le chapitre d'une part, l'abbé et les moines de Lérins de l'autre, qui possédoient Sainte-Maxime et Miramas. *Abbas vero et totus conventus dant episcopo et capitulo ecclesiam sancti Lamberti et omnia quæ habent in tenemento Forojuliensi, Pogeti et Palaisoni, Roccabrunæ, Revesti, sanctæ Maximæ et castri de de Miramas.* J'ai lu quelque part qu'on leur donna la dîme de La Napoule pour tous ces petits droits, parce qu'il étoit plus à leur bienséance.

# CHAPITRE V.

## DOYENÉ DE LORGUES.

### LORGUES.

On ne sait pas qui a fondé la ville de Lorgues. Je la trouve nommée en divers actes latins, *Leona*, *Leonica*[1]. Il est dit dans une transaction passée entre Charles II, dit le Boiteux, roi de Sicile et comte de Provence, et l'abbé du Toronet, qui avoit une partie de la jurisdiction de Lorgues, en 1304, que les régales de Lorgues appartiennent *in solidum*, c'est-à-dire en entier, à Sa Majesté; Lorgues est par conséquent ville royale depuis plusieurs siècles; il est aussi chef de viguerie pour quelques lieux.

L'air y est bon. M. Ondedey, évêque de Fréjus, disoit

---

[1] Le cartulaire de Saint-Victor fait lire, en des actes du XI° siècle : *Territorium de Longues*; *Terra de Longues*; *Villa vetera quem nominant Lonicus*; *Longues*, C. f n°˙ 300, 500, 526, 527, 576, 577, 970. Au cartulaire de Lérins, fol. 24, v°, on lit : *Longues*; une main plus récente a ajouté : *Lonnegues*.

agréablement que les médecins mouroient de faim à Lorgues, faute de malades. Son terroir, qui a une lieue d'étendue de tout côté, est plein de vignes et d'oliviers; on y fait d'excellente eau-de-vie. Argens coule à l'extrémité du terroir, vers le midy; Draguignan n'en est qu'à deux lieues.

Honoré de Chieusse, abbé du Toronet en 1643, étoit de Lorgues; le poëte Olivier, célèbre à la cour des comtes de Provence, en étoit aussi. M. de Bargème-Pontevès y fait sa demeure.

Les habitans de cette ville ont depuis longtems une union particulière avec ceux de Toulon. Ils leur donnèrent un témoignage éclatant de leur amitié en 1664 et en 1720. Car dans ces tristes années où la peste affligeoit Toulon, Messieurs de Lorgues leur envoyèrent des députez pour leur offrir tout ce qui dépendoit d'eux. Ils ne s'en tinrent pas à de simples civilitez, mais ils leur envoyèrent des secours réels en bestiaux, grains, eau-de-vie, etc. Une attention si obligeante porta la ville de Toulon à faire écrire dans ses archives par reconnoissance, les bienfaits qu'elle avoit reçus de celle de Lorgues, à députer ensuite son premier consul pour venir la remercier de toutes ses honnêtetez, et à accorder, par une délibération solemnelle, plusieurs priviléges à ceux qui sont natifs de Lorgues, quand ils vont s'établir à Toulon.

Cette communauté s'est aussi distinguée au commencement de ce siècle par son zèle à bâtir une église paroissiale qui est achevée depuis dix ou douze ans, à trois nefs, voûtée, grande et ornée d'un clocher considérable. La Sainte Vierge et saint Martin en sont les titulaires.

Lorgues a trois mille communians. Il est honoré d'un chapitre qui fut fondé en 1421 par Ægidius Juvenis, évêque de Fréjus, sous le pontificat de Martin V. Il est composé d'un doyen, qui seul a jurisdiction et dignité sur tous les membres du chapitre, d'un sacristain chargé du soin des âmes, d'un capiscol, d'un théologal et deux autres chanoines. Ces bénéfices sont tous sacerdotaux. Le doyené est électif et présentatif à M. de Fréjus, qui nomme à tous les autres bénéfices vacans sans résignation. Quatre vingts ans aprez cette fondation, le chapitre établit quatre bénéficiers pour le lutrin. Il y a aussi deux secondaires pour les sacremens et deux enfans de chœur.

M. l'évêque de Fréjus est prieur de Lorgues et retire une moitié de la dîme; le chapitre a l'autre avec le prieuré du Revest et celui de Saint-Blaise. Il n'y a que le doyen et le capiscol qui aient des prébendes fixes, les autres tirent les leurs des bénéfices unis au corps.

M. de Valbelle, évêque de Saint-Omer, avoit été théologal de Lorgues.

Les Trinitaires y furent fondez en 1359 par une dame de la famille de Ragusse qui leur donna sa propre maison. Les Servites furent établis à Saint-Ferréol en 1607; mais ils se sont retirez à Aix depuis quelques années. Les Capucins n'y sont que depuis 1667. Il y a aussi un monastère d'Ursulines et un autres de Bernardines, sous la jurisdiction de l'évêque.

Les paroisses de ce doyené sont : Entrecasteaux, Flayosc, Taradel, Le Toronet.

### ENTRECASTEAUX.

Les habitans de ce lieu demeurent la plupart dans des bastides. Ces maisons de campagne sont au nombre de cent soixante quatre, quoiqu'il y ait un bourg assés considérable bâti sur une éminence au pied de laquelle coule la rivière de Bresc. Le château est bâti à la moderne sur un rocher presque isolé, où l'on trouve une belle terrasse du côté du nord et une agréable prairie au-dessous, du côté du midy. M. Jean-Baptiste de Bruni, président à mortier au parlement d'Aix, en est seigneur.

Un vicaire et deux secondaires desservent cette vaste paroisse, qui renferme dix sept cens communians. La chapelle de Notre-Dame de Bon-Secours est dotée d'un bénéfice de 50 écus de revenu pour l'entretien d'un prêtre obligé d'y célébrer la messe toute l'année. Les PP. Capucins y font la mission de trois en trois ans en vertu d'une fondation qui leur est affectée.

Feu M. de Castellane, évêque de Fréjus, a uni juridiquement le prieuré d'Entrecasteaux, qui est considérable, au séminaire de Fréjus.

On y fait le meilleur vin cuit de la province. Le terroir, presque tout en collines, est bien cultivé et brille par ses vignes et ses oliviers.

## FLAYOSC.

Flayosc a une campagne encore plus belle qu'Entrecasteaux, un château ancien qui a grand air, mais mal placé sur le haut du bourg. La maison de Villeneuve possède cette seigneurie depuis trois ou quatre cens ans.

J'ai lu une transaction passée en 1429 entre Jean, évêque de Fréjus (c'est Jean Bellard) et Antoine de Villeneuve, qui, en échange d'une portion de la juridiction de Flayosc, qui appartenoit à l'évêque et au chapitre de Fréjus, leur cède des droits qu'il avoit à Palaison et à Roquebrune. Ainsi se termina le fâcheux différent qui régnoit depuis longtems entre l'évêque de Fréjus et le seigneur de Flayosc.

L'église paroissiale, bâtie prez du château, est dédiée à saint Laurent. Elle est grande, de pierres de taille, large, élevée et proprement réparée. L'évêque de Fréjus en est prieur. Il y a un vicaire, trois secondaires et quatorze cens communians, et un prieuré de 40 écus de rente, fondé dans la chapelle de Saint-Martin, où s'assemblent les Pénitens.

Ce bourg est à une lieue de Draguignan, assés agréable, placé sur une éminence, avec des fontaines, entouré d'une infinité d'oliviers et d'autres arbres fruitiers.

## TARADEL.

Il ne reste qu'une ancienne tour de ce village, dont les ruines se montrent de toutes parts. Il fut détruit par un comte de Provence pour un différent qu'il eut avec le seigneur de ce lieu.

L'église est prez de la tour, sur une colline, sous le titre de Saint-Martin, assés grande, toute de pierres de taille bien unies. Il n'y a que cent communians, dispersez dans la campagne, un prieur commendataire, dont le bénéfice est à la nomination des PP. Célestins d'Avignon, un vicaire et cinq cosseigneurs, dont le principal est M. de Sainte-Cécile de Draguignan, qui possède lui seul autant de cette terre que les quatre autres, dont les portions sont néanmoins estimées vingt mille livres chacune.

## TORONET.

Cette paroisse a deux lieues et demie de longueur sur une demi-lieue de largeur, entre Carcès, le Cannet et Lorgues, dont elle est séparée par le fleuve d'Argens. Elle est composée de soixante huit fermes ou bastides, où habitent quatre cens communians, sous un vicaire à la congrue qui lui est payée par l'abbé du Toronet. L'église paroissiale est à un quart de lieue de l'abbaye, vers l'orient, elle est entourée de quelques maisons. Le patron est saint Laurent.

Le terroir consiste en vallées et collines que l'on défriche de tous côtés. On y voit quelques forêts de chênes et de pins, et on y chasse aux perdrix et aux sangliers.

Raimond Bérenger II, dit le Vieux, comte de Barcelone, qui ne prenoit que la simple qualité de marquis de Provence, fonda, du vivant de saint Bernard, une abbaye de l'ordre de Cîteaux dans la paroisse de Tourtou, prez d'un ruisseau nommé Florièye, sous le nom de la Sainte Vierge. Les divers voyages que saint Bernard avoit faits en Provence, soit pour venir combattre l'hérésie de Pierre de Bruis, qui s'étoit répandue en Languedoc et en Provence, soit allant à Rome, donnèrent occasion à cet établissement. On appela des religieux de l'abbaye de Mazan, qui est dans le diocèse de Viviers, pour jeter les fondemens de l'abbaye de Florièye, et c'est pour cela qu'elle est appelée, dans le catalogue des maisons de l'ordre de Cîteaux, *Filia Mansiadæ*.

On conserve au Toronet l'acte de fondation, qui parle ainsi :

*In nomine Domini, etc..... Ego Raimundus Dei gratiâ comes Barchinonensis, et Marchio Provinciæ, dono, laudo atque confirmo Domino Deo omnipotenti et ejus genitrici Beatæ Mariæ ipsum locum quò situm est monasterium Sanctæ Mariæ Floreyæ, cum omnibus infra eumdem locum existentibus, vel ad se qualicumque modo pertinentibus, propter re-*

*medium animæ meæ et parentum meorum, ut pius et misericors Deus sit nostris peccatis propitius.....*

Et en finissant, ce prince fait des imprécations contre lui-même et contre ses successeurs qui oseroient infirmer cette donation : *cum Judâ proditore particeps efficiatur in sœcula sœculorum. Amen.*

Elle est datée de l'an 1146. Il y est aussi parlé de Paulin, abbé de Florièye.

Les religieux de cette maison quittèrent cette demeure quarante ans aprez, et vinrent s'établir dans un lieu nommé le Toronet, à quelques lieues de Tourtou, descendant vers le midy. Les abbez commendataires vont néanmoins encore aujourd'huy prendre possession à Florièye, où il reste une chapelle et les débris de plusieurs bâtimens.

Alphonse ou Ildefons I$^{er}$, successeur médiat de Raimond II, alloua et confirma, par un acte daté de l'an 1196, le lieu du Toronet à Pierre, abbé et à ses moines, avec quelques privilèges dont ils jouissent. Charles II, roi de Sicile et comte de Provence, fit ensuite la même faveur à cette maison. Elle est située entre des collines qui la serrent de prez, entourée d'une petite forêt de chênes verts, entre Lorgues, Carcès, le Luc et le Canet. Tous les biens qu'elle possède sont des libéralitez des comtes de Provence; et ce qui fait son principal revenu de nos jours, ce sont les terres du Toronet et de Sainte-Maxime, dont l'abbé retire neuf ou dix mille livres de rente par an, et les religieux sept ou huit mille. L'abbé et les religieux sont seigneurs de ces deux terres en toute justice; mais l'abbé seul nomme aux cures.

L'église est faite en croix. Elle est dédiée à la Très-Sainte Vierge, comme toutes les églises de l'ordre de Citeaux, gothique, mais belle; de pierres de taille, à trois nefs. La voûte des deux nefs latérales n'est qu'un peu plus à demi achevée, c'est-à-dire qu'elle est comme rompue à dessein pour servir de contrefort ou d'arc-boutant à la nef du milieu, ce qu'on ne voit pas dans aucune église du diocèse, et qui est d'un goût particulier. Elle a un maître-autel dans le fond, vers l'orient, et un sanctuaire spacieux, tout incrusté de marbre, avec de très-belles statues. Il y a, entre le sanctuaire et le chœur des religieux, de grands grillages de fer aux côtez, avec des ornemens dorez qui sont superbes. La porte extérieure du chœur est de même nature.

Le cloitre est du goût de l'église, vaste, solidement bâti aussi bien que le chapitre, et digne des princes qui en sont les fondateurs. Il n'y a dans tout le lieu qu'une source, dont les eaux bien ménagées fournissent à tous les besoins du monastère.

L'histoire ecclésiastique parle avec éloge de Fouquet, abbé du Toronet vers la fin du XIIe siècle. Il étoit de Marseille, où il apprit les sciences humaines. Il s'appliqua dans sa jeunesse à faire des poësies galantes, et s'acquit de la réputation entre les poëtes provençaux, comme on lit dans Pétrarque, *Triomf. d'amor*, c. IV, beau, bien fait, gracieux, chantant bien; c'étoit l'Adonis des compagnies de Marseille;

mais s'étant désabusé du monde par la faveur du ciel, il se fit religieux de Cîteaux dans l'abbaye de Grand-Selve, d'où il fut tiré dans la suite pour être abbé du Toronet. Comme il ne s'occupoit dans sa retraite que de l'étude des lettres sacrées et des exercices de piété, il devint encore plus célèbre par sa vertu qu'il ne l'avoit été dans le siècle par ses galanteries.

Les chanoines de Toulouse, indignez de ce que Raimond de Rabasten étoit monté sur le trône de leur église par la voie de la simonie, le déférèrent au pape; et ses légats ayant cassé l'élection de Raimond, on jeta les yeux sur Fouquet, abbé du Toronet, qui fut conduit à Toulouse et en prit possession en 1206. Ce fut lui qui donna à saint Dominique et à ses compagnons, dix ans aprez, la première église qu'ils aient possédée, c'étoit celle de Saint-Romain, dans la ville, où on leur bâtit des cellules pour y étudier et pour y reposer la nuit. Il mena saint Dominique à Rome, et le présenta au pape.

Défenseur intrépide de la foi, comme saint Dominique, il combattit de toutes ses forces les erreurs des Albigeois; et comme Toulouse étoit toute infectée de cette hérésie, Fouquet fut obligé d'en sortir. Comme il étoit encore prez des murs, les Toulousains lui crièrent : Allez, vous n'êtes qu'un évêque des diables. Vous avez raison, leur répliqua-t-il, car je suis votre évêque. Il se retira en France, prêcha la croisade contre les Albigeois, et passa même en Allemagne pour ce sujet. Ayant tenu ce siége vingt-cinq ans, il mourut enfin le jour de Noël, en 1231, et fut enterré à Grand-Selve.

Radulphe, religieux et ensuite abbé du Toronet, fut élu évêque de Sisteron dans le XIIIe siècle. Il gouverna ce diocèse plus de vingt ans avec édification et mourut vers l'an 1240.

On trouve une lettre du pape Innocent VI, en 1361, qui porte : *Dilectis filiis Bertrando, abbati monasterii de Toroneto, diœcesis Forojuliensis*, etc.; et on lit dans les écrits de cette abbaye, qu'Antoine, abbé en 1439, permuta avec Louis, abbé de Lérins, ayant obtenu toutes les permissions requises. On lit encore que Gaucher de Forcalquier, abbé du Toronet en 1475, fut fait évêque de Gap. Enfin François de Rivière, évêque de Volaterre, fut le premier abbé commendataire du Toronet en 1519, c'est-à-dire aprez le concordat.

Cette abbaye étoit remplie d'un grand nombre de religieux, comme il paroît par ses archives et ses bâtimens ; mais ils sont réduits à neuf ou dix, qui vivent régulièrement.

Ceux qui souhaiteront voir le catalogue des abbez, soit réguliers, soit commendataires, de cette abbaye, qui est la seule que nous ayons dans le diocèse, n'ont qu'à le lire dans la *Gallia christiana*, de l'édition du P. Denis de Sainte-Marthe, imprimée à Paris en 1716.

M. Louis Balthazard d'Herbault Phelippeaux, évêque de Riez, abbé du Toronet depuis 1698, a beaucoup contribué à l'ornement de l'église, et fait d'autres biens à cette maison.

On y conserve les reliques du bienheureux Guilleaume, un des premiers religieux de Floriêye.

# CHAPITRE VI.

### DOYENÉ DE SEILLANS.

#### SEILLANS.

L'église de Seillans paroît n'avoir pas plus de trois siècles d'antiquité. Un beau bénitier de marbre qu'on y voit, daté de 1442, sous un prieur de la maison de Vintimille, semble le désigner. Elle est régulière, haute, grande, de pierres de taille : mais la voûte est de maçonnerie et n'a qu'une seule nef tournée à l'occident. Le rétable du maître-autel est très-ancien, mais beau dans son espèce. On y a ajouté depuis peu des décorations considérables à droite et à gauche. La La nef est ornée de six autels, avec simétrie, et tous dorez. Cet édifice est consacré : on en célèbre la dédicace le 21 de septembre. Le patron est saint Laugier ou Léger, *Leodegarius*, martyr, évêque d'Autun, dont on croit avoir quelques reliques : mais la Très-Sainte Vierge est la première patronne. Saint Léger avoit été premier ministre sous la régence de Bathilde, reine de France et mère de Clotaire III. Ebroïn, maire du palais, le fit mourir avec autant d'injustice que de cruauté en 674, aprez lui avoir fait crever les yeux.

Notre-Dame de l'Orme étoit anciennement l'église paroissiale; elle est considérablement éloignée de Seillans vers Fayence, et on y enterre encore aujourd'huy les morts, ce qui est très-pénible pour les prêtres de la paroisse et pour ceux qui les portent ou les accompagnent au tombeau. Le cimetière de la paroisse devroit être placé plus prez de la ville, et il est étonnant qu'on ne l'ait pas fait jusqu'ici. Il y a quatre secondaires pour desservir ce lieu; deux sont fondez et le prieur paye les deux autres.

Le prieuré vaut mille écus. Il dépend de l'abbaye de Saint-Victor de Marseille. C'est pourquoi le prieur fut assigné pour dire s'il s'opposoit à la sécularisation de cette abbaye qui a été faite depuis quelques années en toutes les formes de droit.

Ce lieu est appelé en latin *Civitas Saliensium*. Il est situé dans le fond d'un bassin, au pied d'une haute montagne, à demi couverte d'oliviers et de vignes, qui le défend des rigueurs du nord, ayant à droite et à gauche des collines toutes ornées des mêmes arbres; il n'a ainsi de vue qu'au midy. L'accez en est rude, ses rues sont étroites et glissantes; il faut monter ou descendre à tout moment. Son terroir immense, quoique devenu bon par beaucoup de culture, est néanmoins pierreux, sans plaine, et n'est presque composé que des hauts et des bas. Fayence est à l'orient, à une lieue de Seillans, qui paroît avoir été autrefois entouré de murs, et renferme aujourd'huy prez de dix-huit cens communians.

Il y a plusieurs cosseigneurs. Le principal est M. de Gratian, qui y fait sa résidence.

On y fonda, en 1633, une maison pour les PP. de la Doctrine chrétienne, où ils sont chargez d'enseigner la jeunesse et faire le catéchisme.

Le chapitre de Fréjus y possède en corps une dîme d'un quartier nommé Saint-Pierre de Bontems ou de Betons. C'étoit un petit monastère de la règle de Lérins, dont il est parlé dans les registres des comtes de Provence, situé entre *castrum de Faventiâ* et *castrum de Seillans*.

Il y a dans cette paroisse deux bénéfices, de 50 écus chacun, fondez dans Notre-Dame de l'Orme, l'un par M. Trigance, vicaire de Montauroux, dont M. de Gratian est patron, l'autre par M. de Gautier, écuyer, qui en laissa le patronage à ses héritiers.

On y conserve avec vénération la mémoire de M. Trigance, à cause de son zèle et de sa libéralité pour le bien de ses concitoyens, de même que celle de M. Meiffred, prêtre, qui a laissé un fonds de deux mille livres pour l'entretien d'une maîtresse d'école, et cent livres de rétribution pour un prêtre qui est chargé d'aller dire la messe le dimanche dans la chapelle de Saint-Arnoux, pour la commodité des pauvres habitans de ce quartier du terroir de Seillans, et d'autres biens à l'hôpital.

M. de Godeau, évêque de Vence, a écrit la vie de

M. Honoré Vaille, prêtre de Seillans, qui avoit été aumônier de M. le duc de Chevreuse, et qui, par son humilité, sa charité et sa piété profonde, édifia longtems sa patrie.

Messieurs Jacques et Barthélemy Gaytte, frères et docteurs de Sorbonne, étoient natifs de Seillans. Le premier étoit prévôt de Luçon et fit un grand traité de *Usurâ et fœnore*, où il épuise la matière. Il y en a un exemplaire dans la bibliothèque du séminaire de Fréjus. Le second, aprez avoir été chanoine à Chartres, revint dans le diocèse de Fréjus, à la sollicitation de M. de Fleury, qui le fit son grand vicaire. Il fut ensuite théologal du chapitre de Fréjus. Voilà bien des prêtres excellens sortis de Seillans, et qui apprennent aux autres l'emploi qu'ils doivent faire de leurs revenus, l'amour des sciences, de la piété et de la patrie.

Je ne dois pas oublier de parler de saint Cénis, pour qui on a une dévotion particulière à Seillans. Il n'est ni titulaire ni patron du lieu : mais on y célèbre solemnellement sa fête le second dimanche de may, quoique sa mémoire ne soit annoncée que le 16 de juin dans le martyrologe romain. C'étoit un enfant de trois ou quatre ans, martyrisé à Tarse, en 305, avec sainte Julite sa mère. On le nomme dans d'autres lieux saint Cirgues, saint Cirig, et *Quiricus* en latin. Il y a hors de la ville une chapelle de son nom.

Le doyenné de Seillans contient les paroisses de Bargème, Monts, Escragnole, Fayence et Saint-Paul, Tourrette, Callian, Montauroux, Les Adrets, La Bastide.

### BARGÈME.

Saint Nicolas est le titulaire de l'église de Bargème, qui est très-ancienne, de pierres de taille, et bâtie sur le rocher. On en solemnise la consécration le 14 novembre. Cette paroisse a trois cens communians, un vicaire, un secondaire, deux prieurez, dont l'un est sous le titre de Saint-Laurent et vaut cent cinquante livres de revenu, l'autre, sous le titre de Saint-Pierre, annexé à l'archidiaconé de Fréjus. Ces deux bénéfices ne sont chargez que d'une messe chacun, le jour de leur saint titulaire. Le sieur vicaire jouissoit autrefois de la moitié de la dime; mais la cure est réduite à la congrue depuis 1700. Il jouit néanmoins encore de quelques terres exemptes de toutes charges. Le prieur de Bargème est un chanoine de la cathédrale de Fréjus.

Ce village est situé sur un mont, au midy, muni de remparts. Son terroir est fort vaste, moitié bon, moitié stérile, et l'air y est fort froid. La maison de Pontevès possède depuis plusieurs siècles cette terre, qui lui fut donnée par un comte de Provence, voulant reconnoître les bons services qu'il en avoit reçus : *eo quod bellum gesserit suis sumptibus adversus rebelles statús.*

### MONTS.

Une longue et rude montée rend l'accez de ce lieu très-fâcheux. Il fut bâti par des gens venus de la rivière de Gênes, qui s'y établirent au XII<sup>e</sup> siècle. En effet, quoique les habitans de Monts parlent provençal, ils ont cependant conservé jusqu'à présent le langage de leurs fondateurs, et en usent entre eux.

De l'éminence où Monts est situé on découvre un pays immense jusqu'à la mer de Fréjus. L'air y est très-vif et le mistral effroyable, le terroir en partie bon, mais difficile à entretenir, à cause qu'il faut le soutenir par des murs de pierres sèches qui s'éboulent fort souvent. Les murs forment une espèce d'amphithéâtre, du côté du midy, où croissent des vignes et des arbres fruitiers : mais au septentrion on n'y voit que des montagnes pelées, qui ne rapportent presque rien.

Son église est fort ancienne, de pierres de taille, voûtée et très-solide, assés grande, mais irrégulière. Elle est consacrée. On en fait la célébrité le 9 octobre.

Le maître-autel est sous le titre de l'Assomption. Il est orné de quatre colomnes dont la façon et la dorure sont remarquables.

La dîme de Monts est une partie de la prébende d'un chanoine de Fréjus, qui, jointe à la dîme de Bargème, fait la meilleure prébende du chapitre. Le vicaire est condécimateur; il a deux secondaires et neuf cens communians. Il y a deux bénéfices, l'un sous les titres annexez de Saint-Marcellin et de Saint-Éloi, qui fut uni au séminaire de Fréjus il y a vingt-cinq ou trente ans, l'autre est appelé de Saint-Jean-Baptiste.

La seigneurie de Monts est partie à la maison du Chaffaut d'Aix, et partie à une des branches de la maison de Villeneuve, qui y fait sa demeure. La rivière de Siagne coule au pied, du côté du midy, parmi des rochers, et y forme une belle nappe d'eau. L'aqueduc des Romains, fait pour conduire l'eau à Fréjus, commence à rez de terre, un peu au-dessous de cette nappe d'eau.

Charles-Emmanuel, duc de Savoye, venant en Provence l'an 1590, appelé par le parlement d'Aix, et les Ligueurs, qui refusoient de reconnoitre Henry IV, ayant pris le château de Gréolières, vint à Mouts, dont le château étoit gardé par des troupes; mais il les obligea de se rendre, accordant la vie aux soldats. quant aux habitans, il les prit à discrétion et en fit pendre une vingtaine à un arbre, au milieu de la place, et détruisit le château, dont il paroît encore des restes à l'entrée du bourg.

### ESCRAGNOLE.

Les archives de Lérins font mention de ce lieu sous le titre de *Selangola*, qui étoit un village dont les débris sont sur une colline, au lieu qu'il ne consiste aujourd'huy qu'en hameaux.

On trouve prez de là une chapelle de saint Martin, bâtie sur des vieux murs de pierres de taille. On les croit de la façon des Romains, et on ajoute qu'il y avoit un temple de quelque faux dieu dans cet endroit. M. Henry Camot, vicaire d'Escragnole depuis plus de trente ans, y ayant fait fouiller la terre, y trouva une médaille d'Auguste et une de Tibère. La première étoit d'argent, la deuxième de cuivre, de même qu'une troisième pièce de monnoie où étoit gravée une brebis.

Cette terre étant déserte, quelques habitans de Monts eurent permission, en 1562, de Françoise de Grasse, dame d'Escragnole, de s'y établir à certaines conditions. En 1612 s'étant multipliez, ils demandèrent à l'évêque de Fréjus de fixer l'église paroissiale prez du château, où elle est à présent; et en 1619 on obligea, par arrêt du parlement, le prieur ou vicaire d'y résider.

Saint Pons, saint Martin, la Sainte Vierge sont les patrons des différens hameaux de cette paroisse, qui n'a pas deux cens communians.

M. l'évêque de Fréjus perçoit la dime d'un quartier, le sieur vicaire en retire la plus grande partie, la cure est à la nomination de l'évêque.

Le quartier d'Ansuégne, où sont l'église maitresse, le château seigneurial et la maison curiale, est une des plus belles vallées de toute la montagne. Elle a de belles et bonnes eaux en abondance, un air sain, de vastes préries, de grandes allées de noyers et des peupliers à perte de vue.

Il y a un secondaire établi à la chapelle ou hameau de Saint-Pons, qui n'est point une annexe, mais une église rurale. Les habitans de cet endroit sont obligez, comme les autres, d'aller faire leur communion paschale dans l'église primitive, où le vicaire fait sa demeure, et il est défendu au prêtre de Saint-Pons, par sentence de l'official de Fréjus, du 1er juin 1719, d'y célébrer des mariages et d'y administrer le baptême, hors du cas de nécessité.

Le sieur de Robert acheta cette terre en 1604, et ses descendans la possèdent encore aûjourd'huy. Elle est de la viguerie et du ressort de Grasse. Alexandre de Robert, grand-prévôt de Provence, étoit de cette famille, qui a fourni et fournit encore à présent au Roi plusieurs braves officiers.

### FAYENCE.

L'évêque de Fréjus est seigneur de cette ville, et en retire une pension féodale de 489 livres. Il y met un viguier, un juge et autres officiers nécessaires à rendre la justice. Ce fut Ildefons II, comte de Provence, qui donna la seigneurie de Fayence à l'église de Fréjus, dans le XIIe siècle.

Cette ville est bâtie sur le penchant d'une colline à quatre lieues de Fréjus, vers le nord. Cette situation lui procure une agréable vue sur une vaste campagne en forme de bassin au midy, parfaitement bien cultivée mais peu fertile.

L'ancien château ayant été ruiné pendant les guerres civiles, M. Ondedey, évêque de Fréjus en fit bâtir un nouveau qui, quarante ans aprez, ayant besoin de de grandes réparations, fut démoli avec la permission de la cour, à la requête de M. de Fleury, comme dispendieux et inutile à l'évêque de Fréjus.

Cette ville étoit murée, mais on a bâti sur les murs.

Elle est de la viguerie et du siége de Draguignan. Son terroir, vers le nord, quoique pierreux, est plein de vignes et d'oliviers. Le peuple y est laborieux.

On vient de démolir l'ancienne église, qui étoit gothique, peu ornée et trop petite pour environ deux mille communians. Elle avoit été consacrée en 1401 par Louis de Bolhiac, et garnie d'un chœur carré à plusieurs stalles. La Sainte Vierge, saint Michel et saint Jean en étoient les patrons.

La place pour bâtir une nouvelle église plus ample et plus belle fut tracée avec toutes les solemnitez requises à côté de la ville, vers le midy, en 1738, et ce bâtiment s'avance tous les jours, malgré plusieurs contestations.

La paroisse est desservie par un vicaire et trois secondaires. Elle a deux maîtres d'école payez par la communauté, un Avent, un Carême et un hôtel-Dieu.

Barthélemy de Camelin avoit fondé des Minimes, en 1632, à Notre-Dame du Cyprez, à un quart de lieue de la ville, vers le couchant, où étoit autrefois l'église paroissiale. Les Carmes y avoient aussi une résidence à la chapelle champêtre de Saint-Christophe : mais les uns et les autres ont quitté ces demeures depuis longtems apparemment à cause de la modicité des revenus.

Il y a encore un prieuré de patronage laïque, sous le titre de Saint-Jean l'évangéliste, d'environ vingt-cinq écus de rente en fonds de terre, et une confrérie sous le titre de Notre-Dame de Miséricorde, que M. Pierre de Castellane, évêque de Fréjus, a dotée d'un fonds de mille écus, placez sur le clergé de France, dont le revenu est destiné au soulagement des pauvres de la paroisse. M. Ondedey avoit aussi fait en leur faveur une fondation considérable qui subsiste.

La dîme de Fayence, qui appartient à l'évêque de Fréjus, étoit affermée, en 1737, trois mille sept cens cinquante livres. Il y possède, outre cela, des terres attachées au prieuré qui rendent quatre ou cinq cens livres par an; de sorte que ce prélat retire tous les ans plus de quatre mille livres de Fayence.

J'ai lu dans l'histoire de Provence que les trois états ayant été convoquez au sujet de l'union de cette province à la couronne de France, maître Alazard, médecin y assista, en 1487, pour la ville de Fayence.

Plusieurs auteurs rapportent qu'il y a deux évêques de Fréjus inhumez à Fayence. Je l'ai dit sur leur parole: mais ayant été sur les lieux, leurs tombeaux ne se sont trouvez nulle part, et personne n'a su m'en donner des nouvelles. M. d'Antelmy l'a dit sur la foi de M. de Peyresc, et le P. de Sainte-Marthe l'a imprimé depuis vingt ans dans la nouvelle édition de la *Gallia christiana*.

### SAINT-PAUL.

Un certain prêtre obtint des bulles à Rome, il y a quelques années, pour ériger une cure dans ce lieu. Mais ayant mis en cause M. de Castellane, alors évêque de Fréjus, qui en cette qualité en avoit la dîme, il perdit son procez à Draguignan et l'affaire demeura là.

L'église, qui est toute neuve, a saint Paul pour patron. Elle y est desservie par un prêtre amovible qui y fait sa résidence et administre tous les sacremens, à cause que Fayence en est éloignée d'une lieue allant au nord. Ce prêtre a trois cens communians sous sa conduite, et est appelé au synode comme prêtre d'une succursale.

Il y a depuis longtems une célèbre verrerie à Saint-Paul.

### AVAYE, BORIGAILLES, BEAUREGARD, ROQUE-TAILLADE.

Avaye est possédé par deux seigneurs qui en ont à peu prez la moitié chacun, et toute la justice dans leur portion. Cette terre est divisée en six quartiers. Celui d'Avaye, dont elle porte le nom, est possédé par noble Jean Joseph de Perrot, avec un château où est attaché le droit de passage des bestiaux dans toute la terre.

Le quartier de Borigailles lui appartient aussi; on y voit une grande forêt de vieux chênes.

La portion de Beauregard appartient à une branche de la maison de Villeneuve, qui en porte le nom, et y fait sa demeure. On y trouve un château à quatre tours bâti à mi-côte d'une montagne avec une chapelle voisine, qui est celle de toute la terre d'Avaye, dont le patron est saint Thomas. On y dit la messe tous les dimanches et fêtes de l'année.

La dîme est affermée cinq cens livres ; le prieur paye le prêtre.

C'est dans le quartier de Beauregard que l'on voit ce fameux rocher d'une hauteur considérable, coupé en deux par les Romains, l'espace de quatre vingts pas en longueur et de cinq pas en largeur, pour continuer l'aqueduc des eaux de Siagne à Fréjus, qui commence un quart de lieue au-dessus. Je l'ai vu avec admiration. On l'appelle Roque-Taillade. On remarque un arc vers le milieu, qu'on laissa exprez dez le commencement, de peur que les deux côtez ne vinssent à se joindre en s'éboulant. Il est d'une qualité très-dure, et se trouve situé au bord d'un précipice au bas duquel la rivière de Siagne coule à grand bruit. Il étoit impossible aux entrepreneurs de l'éviter. On employa pour cela non-seulement le fer, mais encore le feu et le vinaigre, à ce que j'en ai pu juger.

L'histoire dit qu'Annibal s'ouvrit ainsi un chemin dans les Alpes, pour descendre en Italie : *Sic ei laborandum fuit ut quibusdam locis per ingentia saxa, igni acetoque putrefacta, sibi aperuerit iter.* Ainsi le rapporte Plutarque, dans la vie de ce grand capitaine. Tite-Live en parle aussi : *Ardentia saxa infusa aceto putrefaciunt ; ita torridam incendio rupem ferro pandunt.* Les coups de marteau paroissent très-distinctement dans les deux côtez de Roque-Taillade, coupée à diverses reprises, et d'une manière à faire juger que ce rocher avoit été amolli de la façon que je viens de dire. Cette ouverture étant faite, on construisit le canal au niveau du reste dans le fonds. Ce canal subsiste encore dans toute la longueur de l'ouvrage, et se montre à l'entrée et à la sortie du rocher.

La terre d'Avaye a trois lieues de circuit, ayant Seillans au couchant, Fayence au midy et Brovès au nord. Il y avoit autrefois une paroisse. Les débris de l'ancienne église et des maisons y paraissent encore. Il n'y a qu'un fermier dans chacun des six quartiers. Ils vont recevoir les sacremens dans les paroisses voisines. Le seul quartier d'Avaye paye l'affouagement, qui n'est que demi-feu pour toute la terre. Elle porte du grain, mais sa plus grande étendue est occupée par des forêts.

### TOURRETTES.

M. le marquis de Trans est seigneur de ce village. Sa famille y a fait sa demeure pendant plusieurs siècles. Il n'a que quatre cens communians, un vicaire et deux secondaires. L'église est propre et bien bâtie. Un chanoine de Fréjus en a la dîme pour une portion de sa prébende.

Le terroir en est bon en côteaux pleins de vignes et d'oliviers, attenant à celui de Fayence qui n'en est qu'à cinq cens pas.

### VALNASQUE.

Valnasque, qualifié de *Castellum* dans les registres

des comtes de Provence, est une seigneurie appartenant au comte de Tourrettes et à son marquisat de Trans.

La tour de Valnasque subsiste encore prez de Callian.

### TANERON.

Taneron est une grande forêt, où l'on trouve une chapelle, sur le bord de Siagne, sous le titre de Saint-Cassien, à laquelle est attaché un bénéfice simple de cinq cens livres dont M. l'évêque de Fréjus est collateur.

Prez de cette chapelle subsiste une tour très-ancienne, où étoit autrefois bâti le château ou *Castrum Tanaroni*, qui a disparu. Cette forêt ou terroir confronte Montauroux, Tournon, La Napoule et Cabris. Le marquis de Cabris en a la seigneurie conjointement avec la communauté de Callian, qui a droit, à l'exclusion de toute autre, d'y faire paître ses bestiaux.

L'histoire de Provence raconte qu'un cadet de la maison de Grasse, qui portoit le titre de Taneron, ayant un corps de troupes, pendant les guerres civiles avec Antoine de Grasse, seigneur de Montauroux, voulut surprendre le château de Gréolières, mais qu'il y fut pris lui-même par les habitans du lieu, qui le livrèrent aux troupes du comte de Carcès. Il fut conduit aux prisons d'Aix, parce qu'il étoit protestant et armé contre son Roi. Il fut condamné à mort par le parlement, en 1574. Son arrêt lui fut prononcé; mais l'exécution ayant été différée au lendemain, la crainte de la mort fit tant d'impression sur son esprit pendant la nuit, que les cheveux de sa tête et les poils de sa barbe devinrent tous blancs. Il eut sa grâce d'Henry III, à condition qu'il serviroit dans ses armées.

### TOURNON.

Le pont qui est au bout de cette terre, sur Siagne, sépare le diocèse de Fréjus d'avec celui de Grasse. Elle touche celle de Montauroux et de Taneron. Mais il n'y a point d'habitans, excepté le fermier. Il y vient des travailleurs des lieux voisins pour essarter et semer. On y voit un château, quelques vignes, arbres et terres labourables; tout le reste n'est que forêts de pins et de vieux chênes.

Il y a aussi une chapelle sous le titre de Notre-Dame, qui a un bénéfice de trois ou quatre cens livres de revenu provenant de la dîme, dont le possesseur est obligé d'y faire célébrer la messe les dimanches et les fêtes. Si les fermiers, ou le seigneur, ou d'autres, avoient besoin de sacremens dans cette terre, on a recours aux prêtres de Montauroux.

M. de Pontevès-Bargème est seigneur de Tournon par sa mère, sortie de la maison de Castellane, qui a possédé la terre de Tournon pendant deux ou trois siècles.

## PIBREISSON.

Pibreisson est appelé, dans les anciens monumens, *Castrum de Podio Brissono* ou *Bersono*. C'est une terre qui a deux lieues de longueur, et renferme une forêt qui rend quatre mille livres de rente à M. le comte de Tourrettes qui en est seigneur.

Il y reste une chapelle sous le titre de Saint-Jacques et Saint-Philippe, et des mazures de plusieurs maisons, qui composoient une paroisse aujourd'huy déserte. Les habitans de Tourrettes y vont en procession le premier jour de may.

Un chanoine de Fréjus a les revenus de cette chapelle dans sa prébende.

## CALLIAN.

Callian étoit une principauté, dans le onzième siècle, d'où dépendoient, selon la tradition, Seillans, Tourrettes, Monts, Bagnols, Montauroux, etc. Hugues étoit prince de Callian en 1038, et avoit épousé Hermengade, fille du comte de Provence. Il est fait mention de ce prince dans la donation que Ganselme, évêque de Fréjus, fit du prieuré de Callian au monastère de Lérins; soit qu'Hugues fût prince de Callian de son chef, ou que le comte eut érigé ce lieu en principauté à cause du mariage de sa fille avec Hugues, ou qu'il l'eut donné en dot à Hermengade.

Fulco Dodo, en 1089, est aussi qualifié prince de Callian dans les archives de Lérins, qui rapportent les bienfaits que ce prince fit à cette abbaye.

Enfin on parle encore aujourd'huy du Callianois, mais son titre de principauté est supprimé depuis un tems immémorial.

La maison de Grasse a possédé ce lieu pendant plusieurs siècles. M. Honoré de Lille a aujourd'huy trois portions de la seigneurie, et M. de Rascas, seigneur du Canet, en a la quatrième.

Callian est situé sur un côteau, d'où la perspective est agréable. Son terroir a deux lieues de longueur. Il est assés fertile, planté de vignes, d'oliviers et autres arbres utiles.

L'église a toujours été sous le titre de l'Assomption de la Sainte Vierge. On la rebâtit en 1686. Elle est fort belle par sa situation, sa grandeur et sa forme. Le maître-autel est magnifique. Cette paroisse a un prieur, un curé et trois secondaires, quatre bénéfices de patronage laïque et douze cens communians.

Maître Jacques Mourgues, célèbre avocat au parlement d'Aix, étoit natif de Callian. Il acheta la plus grande partie de ce lieu des profits qu'il avoit faits dans sa profession. C'est lui qui a fait ce savant commentaire que nous avons sur les coutumes et statuts de Provence, imprimé à Aix en 1642.

Le R. P. Bellissen de la Doctrine Chrétienne naquit aussi à Callian en 1647, et s'étant distingué dans sa congrégation par son savoir, sa prudence et sa piété, il fut envoyé à Rome pour exercer la charge de procureur général. On le confirma vingt ans dans cet emploi, où il acquit beaucoup de réputation. Le cardinal Carpegna fut son protecteur. Le pape Clément XI lui donna la direction du monastère de Notre-Dame-des-Sept-Douleurs, où ce pontife avoit une nièce religieuse. Comme le long séjour qu'il avoit fait à Rome lui avoit donné lieu d'apprendre parfaitement la langue italienne, il composa un ouvrage en italien que j'ai lu, et qui a pour titre : *Istruzione a le monache per la via de la perfezione*, que les examinateurs trouvèrent excellent, et dont ils permirent l'impression à Rome. L'auteur ayant été reçu dans l'académie des sciences de cette capitale, y donna des preuves de son érudition. Il fut ensuite nommé, par le pape Clément XI, pour présider aux conférences des cas de conscience d'un quartier de la ville, où quantité d'ecclésiastiques et de savans avoient coutume de s'assembler. Enfin le même pontife lui fit l'honneur de lui offrir un évêché en Calabre, que le P. Bellissen refusa, et mourut peu aprez à Rome, en 1714, âgé de soixante-sept ans.

Callian fut aussi la patrie de M. Léget, prêtre, premièrement professeur en théologie dans le séminaire de Fréjus, et ensuite supérieur de celui d'Aix, qui refusa la théologale de notre chapitre. Il écrivit un traité des véritables maximes des saints, que j'ai lu, imprimé à Paris en 1699, pour combattre celui de M. de Fénelon, archevêque de Cambrai, et fit un autre ouvrage très-solide et pieux pour l'instruction des confesseurs, qui mérite d'être lu. Il eut avec M. du Luc, archevêque d'Aix, un procez, au sujet du séminaire, qu'il perdit, et mourut obscurément à Paris quelques années aprez, soupçonné de jansénisme.

Le prieuré de Callian fut donné par Ganselme, évêque de Fréjus, aux moines de Lérins vers l'an 1040.

Ce bénéfice est sous le titre de Notre-Dame de Beauvoir, *Bellevidere*, de Saint-Donat, de Saint-Martin et de Saint-Honorat, qui étoient autant de chapelles, ayant des revenus et des dîmes, qui passèrent entre les mains des Lérinois avec le gouvernement de la paroisse.

Dom Réné Casimir de Raousset, dernier prieur-curé de Callian par la nomination de ces religieux, leur demanda la permission, en 1729, de faire simplifier ce prieuré et l'obtint. La communauté de Callian s'opposa à cette nouveauté. Néanmoins, malgré son opposition, M. de Castellane, évêque de Fréjus, simplifia ce bénéfice, à la requête du dit de Raousset, par sentence du 10 février 1730, et la cure du lieu fut donnée le même jour par l'évêque à M. Honoré Parreimon, qui la possède encore.

Dom de Raousset, étant malade, résigna son prieuré en 1733 à M. Joseph Mazan le 4 août, et mourut le 15 : de sorte que dans cet intervalle le sieur Mazan obtint ce bénéfice du vice-légat d'Avignon, *tamquam profiteri volens*, et en prit possession sous cette clause. Mais ayant demandé au pape la dispense de l'obligation de se faire religieux, elle lui fut accordée par une bulle daté du 13 janvier 1734, qui fut annexée au parlement.

Ainsi le prieuré de Callian est passé de nos jours en commende.

## SAINTE MAXIME.

La petite ville de Callian possède les reliques d'une grande sainte, connue dans toute l'Eglise. C'est sainte Maxime, que le martyrologe d'Adon, évèque de Vienne en Dauphiné, dans le IX<sup>e</sup> siècle, annonce le 17 des calendes de juin, en ces termes : *In pago Forojuliensi, qui vocatur Calidianus, sanctæ Maximæ virginis, quæ multis clara virtutibus, in pace quievit.* Usuard, moine de Saint-Germain de Paris, le martyrologe romain et tous les auteurs placent sa fête le 16 de may. Elle est patronne de Callian, qui en célèbre le même jour la mémoire avec grande solemnité. L'ancien bréviaire de Fréjus n'en faisoit l'office que semi-double; mais Benoit de Clermont, évêque de cette ville, ordonna, en 1678, qu'on le fairoit double à l'avenir.

Sainte Maxime remplit parfaitement, par ses vertus, l'étendue du nom qu'elle portoit, et la dévotion des peuples envers elle subsiste encore de nos jours avec édification.

Quelques savans de ce diocèse ont cru que cette sainte étoit née à Callian et qu'elle sortoit de la maison de Grasse, qui la regarde comme son ornement et sa tutélaire. D'autres avancent que cette sainte mourut dans une terre prez de la mer, au golfe de Grimaud, qui a été appelée de son nom, Sainte-Maxime, et que cette terre fut donnée dans la suite au prince Hugues de Callian, pour une partie de la dot d'Hermengade, son épouse, fille du comte de Provence. On ajoute que les reliques de cette sainte furent transportées des rives de la mer à Callian par les seigneurs de la maison de Grasse, pour éviter qu'elles ne fussent profanées par les Sarrasins, qui abordoient tous les ans vers ces côtes. Quoiqu'il en soit de ces opinions, il est sûr que ces reliques furent mises en dépôt dans notre cathédrale; mais on ne sait ni en quel tems, ni pour quelles raisons. Néanmoins elles y ont certainement reposé plus d'un siècle, jusqu'à ce que Louis de Grasse, grand sénéchal et vice-gouverneur de Provence, voulut ravoir ce pieux trésor et vint, en 1517, le demander aux Fréjusiens, avec des troupes armées, à ce qu'on dit, feignant qu'il les amenoit par respect et pour la solemnité de la cérémonie, et le rapporta pompeusement à Callian, pour cette seule raison qu'elle étoit de la maison de Grasse. Ce qui prouve que cette sainte n'a jamais été regardée comme étrangère dans ce pays.

L'auteur du traité posthume de *Unico Eucherio*, imprimé à Paris en 1726, ouvre une opinion contraire, et prétend que sainte Maxime étoit d'Afrique. A quoi je réponds que ni les Callianois, ni les Fréjusiens n'ont jamais été de ce sentiment. Ils ont toujours pensé que cette sainte étoit fille de quelque seigneur de Provence, qu'elle s'étoit retirée au monastère d'Arluc, fondé par saint Aigulphe et conduit par les religieux de Lérins, qu'elle y avoit fini ses jours, et que les saintes filles de ce monastère ayant été obligées dans la suite de quitter ce lieu trop voisin de la mer, et trop exposé aux incursions des pirates, les reliques de sainte Maxime, connue partout par ses miracles, furent transportées d'Arluc à Callian, lieu de sa naissance. C'est le sentiment que j'ai embrassé aprez avoir consulté des prêtres de Callian très-âgez et de bon sens, qui savoient la tradition de leur patrie.

A quoi j'ajoute ce que j'ai remarqué dans les actes de la vie de saint Aigulphe, où il est rapporté qu'à la prière de plusieurs filles de qualité de la province, ce saint, étant abbé de Lérins, fonda un monastère à Arluc, à deux milles du sien, aujourd'huy nommé Saint-Cassien, sur le bord de Siagne, et qu'il fit venir pour ce sujet une sainte fille de Blois nommée Angarisme, et l'établit abbesse vers la fin du septième siècle; et que les filles même de la première condition, touchées de leur exemple, vinrent en foule prier saint Aigulphe de les recevoir dans leur monastère : *Quarum sanctam conversationem nobilium etiam virgines æmulari cupientes, sanctum virum toto cordis affectu deprecaturæ convenerunt, ut eis monasterium, in quo illibatam servare, quam cœlesti sponso devoverant, virginitatem possent, deputaret.* Il y est aussi rapporté que Glauconie, religieuse d'Arluc, étant allée à Lérins avec son abbesse, pour y révérer les reliques de saint Aigulphe et de ses compagnons, qui avoient été apportées depuis peu de l'isle où ces saints avoient été martyrisez, baisant avec piété le bras droit de saint Aigulphe, recouvra la vue qu'elle avoit perdue depuis plusieurs années.

Pour établir l'opinion qu'on avance, que sainte Maxime de Fréjus est la même que sainte Maxime africaine, on soutient : 1° qu'Adon a écrit sans examen que l'une étoit différente de l'autre; 2° que c'est par hazard qu'on a mis en différens jours et mois la mort de ces deux vierges; 3° que Louis de Grasse, qui croyoit, il y a plus de deux cens ans, sainte Maxime sortie de sa famille, étoit un crédule. Enfin on fait venir d'Afrique, je ne sais comment, les ossemens de sainte Maxime au golfe Sambracien, golfe heureux en reliques de saints, puisque celles de saint Tropez martyr y sont venues, sous la conduite des anges, de Pise, et celles de sainte Maxime, ayant fait un trajet de cinq cens lieues de mer, y ont aussi miraculeusement abordé.

Il est aisé de dire qu'Adon, et par conséquent ceux qui l'ont suivi, ont écrit sans examen. Quelle preuve en a-t-on? Est-il croyable que de tant d'auteurs, aucun n'ait examiné la question? Les deux saintes Maximes sont trop bien caractérisées dans leurs écrits pour n'être pas différentes. Celle d'Europe est annoncée le 17 des calendes de juin, qui répond au 16 de may. Celle d'Afrique est placée le 17 des calendes de novembre, c'est-à-dire le 16 d'octobre. Adon écrit que dans un village du diocèse de Fréjus, appelé *Calidianus*, on fait la fête de sainte Maxime vierge, qui, illustre par plusieurs vertus, mourut en paix. Pierre *de Natalibus* dit que dans le bourg de Callian on célèbre la mémoire de sainte Maxime vierge, qui, florissante par le lis de la virginité, et renommée par plusieurs insignes vertus, mourut en paix.

Au contraire, le martyrologe romain, parlant de sainte Maxime d'Afrique, dit qu'elle convertit à la foi saint Martien et saint Saturien avec deux de leurs frères, sous le roi Genséric, arien, qui étoient esclaves d'un certain vandale avec elle, et que ces quatre frères furent martyrisez pendant la persécution des Vandales; ensuite il ajoute que sainte Maxime, aprez avoir souffert beaucoup de travaux pour la foi, ayant échappé miraculeusement à la persécution, devint mère de plusieurs vierges dans un monastère, où elle finit saintement ses jours. *Maxima vero, post multos superatos agones, divinitùs liberata, in monasterio multarum virginum mater sancto fine quievit.* Ces paroles présentent, ce me semble, un caractère différent de celles-ci : *In pago Forojuliensi, qui vocatur Calidianus, sanctæ Maximæ virginis, quæ multis clara virtutibus in pace quievit.* De ces deux Maximes l'une est Africaine, l'autre Européenne, l'une est esclave, l'autre est libre; l'une a beaucoup souffert pour la foi, l'autre a pratiqué de grandes vertus en paix; l'une n'est qualifiée que vierge, l'autre est mère de plusieurs vierges; l'une est révérée dans le mois de may, l'autre dans le mois de novembre. Enfin l'opinion immémoriale de la noble et ancienne maison de Grasse est de quelque poids dans ce sujet, et insinue que sainte Maxime, dont elle se glorifie, n'est pas une Africaine, mais une Provençale.

Voici une autre contestation qu'il est bon d'éclaircir.

Fréjus en France, et Frioli en Italie, se nomment également Forum Julium, en latin. Le martyrologe romain, parlant de sainte Maxime, dit simplement : *Apud Forum Julii sanctæ Maximæ virginis.* Les Friolois, sur ce fondement, croient que cette sainte est de leur ville, ou repose chez eux. Mais on répond que le martyrologe romain, étant postérieur à celui d'Adon, doit être entendu de Fréjus, puisque le bourg de Callian est exprimé clairement dans les termes d'Adon, qui dit : *In pago Forojuliensi qui vocatur Calidianus*, etc.; car, pour nous convaincre que le romain parle de Frioli, il faudroit qu'il y eut en Italie un lieu nommé *Calidianus*, qui ne s'y trouve point. En effet, la carte géographique du diocèse d'Aquilée, où est Frioli, composée par Antoine Magin, ne marque aucun *Calidianus*.

Pierre *de Natalibus*, dans la vie des saints, imprimée à Lyon en 1508, n'ignoroit pas que Callian étoit en Provence, puisqu'il a composé sa vie des saints à Avignon. Il n'en connoissoit sans doute point d'autre dans son pays, lui qui étoit Italien; car il auroit dit: *In Italiâ, in vico Calidiano, sanctæ Maximæ*, etc.

Enfin Ferdinand Ughellus, dans ses antiquitez ecclésiastiques d'Italie, n'apporte aucune raison du sentiment des Friolois, si ce n'est que le martyrologe romain porte ces mots : *Apud Forumjulii sanctæ Maximæ virginis.* Mais encore une fois le martyrologe doit être expliqué par celui d'Adon; d'autant plus que s'il en faut croire M. Joseph d'Antelmy, dans sa lettre au P. Daniel Papebrock, jésuite, les Friolois n'ont aucune relique de sainte Maxime, et n'en font ni mémoire ni fête : *Quibus nec memoria, neque cultus, neque ullæ remanent Maximæ reliquiæ sacræ.*

On voit par des manuscrits, qui sont à Fréjus, que j'ai lus, et qui paroissent être du XII<sup>e</sup> siècle, aussi bien que par des litanies écrites sur du parchemin, que sainte Maxime étoit déjà révérée dez lors dans cette église. J'y ai remarqué que l'on ne nomme, dans ces litanies, que des saintes qui ont vécu avant le X<sup>e</sup> siècle. Aussi sainte Maxime étant annoncée dans le martyrologe d'Adon, qui vivoit au IX<sup>e</sup> siècle, est incontestablement morte avant Adon; et cela rend probable l'opinion que j'ai que sainte Maxime étoit religieuse d'Arluc, ou sous saint Aigulphe, ou peu aprez la mort de ce saint, c'est-à-dire au VIII<sup>e</sup> siècle.

Aprez cette digression, je reviens à nos litanies, où on lit : *Sancta Maria Magdalena, sancta Perpetua, sancta Felicitas, sancta Agatha, sancta Agnes, sancta Lucia, sancta Cœcilia, sancta Scholastica, sancta Maxima, sancta Thecla, sancta Cristina, sancta Margarita, sancta Catharina, sancta Fidis, omnes sanctæ virgines, omnes sanctæ viduæ et continentes.* On y voit sainte Scholastique qui étoit sœur de saint Benoît et suivoit sa règle, avec sainte Maxime; ce qui fait conjecturer que cette dernière étoit bénédictine.

Un ancien calendrier de la célèbre collégiale de Barjols, dans notre diocèse, fait mention de sainte Maxime. Il y a un prieuré de son nom au Canet, à cinq lieues de Fréjus, avec une chapelle assés grande qu'on a abandonnée. Enfin elle est honorée comme patronne au village de Sainte-Maxime, vis-à-vis Saint-Tropez. Nous avons à Fréjus une côte de cette sainte, dans un reliquaire, qu'on expose au côté de l'épître, sur le maître-autel, aux jours solemnels. Elle fut tirée de la châsse lorsque M. de Clermont, évêque de Fréjus, en fit l'ouverture en 1677. C'est la seule qui restoit.

Il conste que de tems immémorial sainte Maxime a été révérée à Callian, à Fréjus et dans son diocèse, et que les reliques qu'on y possède sont véritablement celles de sainte Maxime vierge, que tous les martyrologes annoncent le 17 des calendes de juin.

Les Callianois obtinrent des indulgences de Rome en 1519, c'est-à-dire deux ans aprez que les reliques de sainte Maxime y furent transportées de Fréjus. Dix cardinaux y sont nommez, et le premier est *Nicolaus episcopus Albanensis*. C'est Nicolas de Fiesque, alors même évêque de Fréjus; on s'adressa sans doute à lui pour ce sujet, et la bulle porte que sainte Maxime est honorée dans l'église de Callian.

C'étoit fait pour toujours des reliques de cette illustre vierge pour Callian et pour Fréjus, si Louis de de Grasse ne fut venu les redemander à notre ville par un effet de la Providence divine, puisque Charles V, qui nous enleva notre argenterie d'église et nos précieuses reliques, en 1536, n'auroit pas manqué d'emporter celles-là, ou qu'elles auroient été confondues avec quantité d'autres, qui nous restent de ce désastre dans un coffre de ce tems-là, mais sans nom et sans authentique.

Il manqueroit quelque chose à cette histoire si je ne donnois pas l'énumération des ossemens sacrez de sainte Maxime, que j'ai tirée du procez-verbal fait sous Pierre de Camelin, évêque de Fréjus en 1643, lorsqu'on les transféra d'une châsse moins honorable dans une autre plus décente et plus propre. Cette cérémonie se fit en présence de plusieurs personnes de qualité de l'un et de l'autre sexe, par le prieur de Callian commis à cet effet. Aprez le préambule, cet acte porte : « De même suite nous avons trouvé audit coffre les ossemens de la dite sainte, savoir : les os des deux jambes, les os des deux cuisses, les pointilles des deux bras, tous les os de l'épine, les os des deux épaules, une côte, le crâne de la tête et plusieurs petites pièces des ossemens de la dite tête, desquelles petites pièces brisées, quelqu'un ayant fait le dénombrement, avons trouvé y en avoir deux cens cinquante, sans y comprendre les ossemens ci-dessus exprimez. »

On y trouva aussi une boëte avec son couvercle, au-dessus duquel est peint la fleur de lys, les armes de la ville de Fréjus, les armes des deux chevrons ; ce sont celles du seigneur de Callian de ce tems-là ; et les armes dudit Callian. Il y avoit dans cette boëte un mouchoir de toile blanche, etc. Tout cela est encore soigneusement gardé, à Callian, dans une belle chapelle du côté de l'épître.

## SAINT DONAT.

Lorsqu'on descend de Callian pour aller à Montauroux, on trouve, à trois cens pas, une chapelle dédiée sous le titre de Saint-Donat, fameuse par les guérisons miraculeuses qu'il plait à Dieu d'accorder à ceux qui vont invoquer ce saint. L'ancienne chapelle menaçant ruine a été abattue de nos jours, et on en a rebâti une autre plus grande et plus honorable; je la trouvai assés belle. On y célèbre la fête du saint le 7 août, jour auquel l'église fait la mémoire de saint Donat, martyr, évêque d'Arezzo, en Italie. Les fidèles y viennent alors en foule de toutes parts. Elle est aussi fréquentée tous les vendredis du mois de mars : et ce saint fait éclater le pouvoir qu'il a auprez du Seigneur par la guérison de l'épilepsie ou mal caduc, que le peuple appelle pour ce sujet mal de Saint-Donat.

Il y a un maitre-autel dans cette chapelle, vers le nord, et un autre autel vers le milieu de la nef, au pied duquel s'élève un tombeau à deux pans du marchepied. Le prêtre disant la messe se place entre deux. Le tombeau est fait comme un cercueil en dos d'âne, scellé de plaques de fer, et n'a qu'un pan et demi de hauteur. On croit que les reliques de saint Donat y reposent. Les malades se couchent ou se prosternent quelque tems au bas de ce tombeau, dont un bout regarde le nord, l'autre le midy, et plusieurs sont guéris ou soulagez.

On ne seroit pas reçu à dire sans preuve que ce sont les reliques de saint Donat d'Arezzo, et l'on n'en a point. Comment seroient-elles venues à Callian? personne n'en sait rien et nul ne le soutient. Les Callianois perdroient à coup sûr leur procez contre les Italiens sur ce sujet, comme je leur donne gain de cause contre eux au sujet de sainte Maxime. J'aime mieux croire avec eux que ce sont les reliques de quelque saint religieux de Lérins, nommé Donat, qui gouvernoit la paroisse de Callian, il y a plusieurs siècles, et qui y mourut en odeur de sainteté. Ce saint n'a été canonisé que par la voix du peuple, comme plusieurs autres avant le XII<sup>e</sup> siècle, et n'est honoré que dans ce lieu, où il a plu à Dieu de manifester la gloire de son serviteur par des miracles en faveur de ceux qui sont attaquez de la déplorable maladie dont j'ai parlé.

Il y a une congrégation de cent prêtres, sous le titre de congrégation de Callian, établie l'an 1678, qui s'engagent réciproquement à célébrer, au décez de chacun d'entre eux, trois messes pour le repos de leur âme, coutume qui continue encore aujourd'huy parmi nous avec édification. Elle est moins nombreuse que celle de Saint-Tropez.

### MONTAUROUX.

Six cens communians composent cette paroisse, qui a M. l'évêque de Fréjus pour prieur, un vicaire et deux secondaires, saint Barthélemy pour patron, dont la fête donne lieu à une foire. L'église n'est bâtie que depuis la fin du siècle passé, d'une manière propre, régulière et convenable au bourg.

Pierre de Camelin échangea la portion de la seigneurie dont il jouissoit en qualité d'évêque de Fréjus, pour une partie de celle de Bagnols, que possédoit Charles Lombard de Gourdon en 1642. On lit dans l'acte d'échange ces paroles de la part du prélat : « Attendu que les habitans de Montauroux, mes justiciables, me font sans cesse des procez injustement, j'ai changé cette terre pour Bagnols. » Aujourd'huy l'ardeur religieuse est éteinte dans les descendans de ceux qui vivoient alors à Montauroux.

Messieurs Luc et Louis d'Aquin avoient demandé la cassation de cet échange au grand conseil; mais il fut confirmé, parce que l'église de Fréjus n'y étoit pas lézée. On dit que ces évêques ne prétoient que leurs noms.

Le seigneur de ce village est M. Charles de Lombard, conseiller au parlement de Provence, qui porte le titre de marquis de Montauroux : cette terre ayant été érigée en marquisat par Louis XIV, à la requête d'un autre Charles de Lombard, doyen du parlement d'Aix, qui en avoit acquis la seigneurie avec bien des peines.

Montauroux est ancien, bâti sur le sommet d'une colline, tout plain et uni, en quarré, au conspet de Callian vers le levant. Quoique sans murs, il seroit dangereux de l'attaquer s'il étoit gardé par des troupes. Les guerres civiles l'ont néanmoins désolé deux ou trois fois dans le XVI siècle. Il fut investi en 1590 par le duc d'Epernon, qui y perdit beaucoup de monde; mais les troupes de la ligne, qui gardoient ce poste, ayant capitulé de concert avec les habitans, furent trompées par le duc qui, violant sa parole, fit pendre presque tous les soldats ligueurs, et quelques principaux habitans.

L'air de Montauroux est bon pour la santé. Son terroir a trois lieues de longueur et une de largeur. Il touche à celui de Fréjus par les Adrets, et renferme plusieurs forêts et collines où se nourrissent des sangliers et des cerfs. Il y a un quartier d'une lieue d'étendue tout planté de vignes et d'oliviers. Le gibier de toute espèce y est commun. Le fleuve de Siagne et une rivière nommée Biansson ou Beausson, qui coulent dans le terroir, y fournissent des truites et autres poissons aux habitans. L'aqueduc des Romains pour Fréjus s'y montre de toutes parts. Enfin il y a une compascuité de bestiaux entre Callian et Montauroux.

Il y a une terre noble prez de ce lieu nommée la Colle, séparée de juridiction d'avec celle de Montauroux. Elle a un château situé sur le grand chemin, une chapelle et un bénéfice fondé depuis cinquante ans, sous le titre de Notre-Dame, dont le patronage appartient au seigneur. Le prêtre qui en est pourvu est obligé d'y célébrer la messe tous les dimanches et fêtes de l'année.

## LES ADRETS.

Cette paroisse étant dans le terroir de Montauroux, a le même seigneur temporel et le même prieur. La chapelle a pour patron saint Marc et deux cens habitans, dispersez en quatre-vingts bastides situées les unes dans des vallons et d'autres sur des collines. Il n'y avoit eu jusqu'ici qu'un prêtre amovible : mais M. du Bellay vient d'y établir un vicaire perpétuel avec toutes les formalitez requises.

Ce terroir est aux confins de celui de Fréjus, et renferme une portion de la commanderie de Marseille, portion d'un petit revenu provenant des forêts, des bestiaux et de quelques défrichemens.

### MALIGNON.

Le marquis de Montauroux est seigneur de cette terre, qui est au septentrion, plus prez de Bargemon que de Seillans. Il y a quelques fermiers et travailleurs, en faveur desquels on célèbre la messe les dimanches et fêtes, d'une croix à l'autre, dans une chapelle dont le patron est saint Martin. Ce terroir est encadastré dans le cadastre de Seillans, dont le prieur y administre les sacremens.

La dime rend cinq ou six cens livres, dont l'abbé du Beausset, chanoine de la Major, jouit aujourd'huy.

### SAINT–JULIEN.

Saint–Julien est une autre terre dans la plaine attenante au terroir de Seillans, sur le grand chemin, où il reste une chapelle dédiée apparemment à saint Julien, archevêque de Tolède, quoiqu'on n'en sache rien de certain. La messe y est célébrée d'une croix à l'autre.

On y trouve un logis, à cinquante pas de la chapelle, entouré d'une prérie, pour la commodité des voyageurs. Ce terroir est partagé entre Seillans et Fayence qui n'en est pas loin. Il n'y a que quelques fermiers, auxquels le prieur de Seillans administre les sacremens dans le besoin.

M. l'évêque de Fréjus tire la dime de Saint-Julien, qui vaut cinq ou six cens livres, et M. de Borrely de Fréjus est seigneur de cette contrée.

## LA BASTIDE.

La Bastide est à un quart de lieue de la Roque. A peine y a-t-il cent communians, qu'un vicaire conduit. Il y a un château et un seigneur qui y fait sa demeure. Sainte Marguerite est la patronne de ce lieu.

Les bénéficiers de l'église de Fréjus en ont la dime. Son terroir est bon, mais sans vignes. On y voit des noyers, des pruniers, poiriers et pommiers. Le pays est froid.

# CHAPITRE VII.

## DOYENÉ DE BARGEMON.

---

### BARGEMON.

Cette ville étoit autrefois entourée de murs qui avoient plus de quatre pieds d'épaisseur, et qui étoient soutenus par des tours très-élevées, dont quatre subsistent encore. Elle est fort ancienne, et l'on juge qu'elle étoit habitée par les Romains, sous les premiers empereurs, parce qu'on y trouve de tems en tems des médailles, des pièces de monnoie et des urnes dont ils se servoient pour les cendres des morts. L'air y est pur, sa situation agréable, surtout du côté de Claviers, et son terroir, en collines et vallées, couvertes de vignes, d'oliviers et d'autres arbres utiles, est admirable. Il est assés bien bâti, les chemins pour y monter sont beaux. Il a l'air de ville.

Une branche de la maison de Villeneuve possède la seigneurie de Bargemon pour les deux tiers, y fait sa demeure et en porte le nom. Elle s'y distingue par un fonds de religion et de probité au-dessus de tout éloge. Le chef de cette famille est aujourd'huy M. Joseph de Villeneuve, seigneur de Vauclose, Castillon, etc. L'autre tiers de la juridiction appartient à la communauté du lieu. Il y a des règlemens respectifs pour les droits.

Les curieux qui passent dans ce pays ne manquent pas d'aller voir l'enclos de M. de Bargemon, au bas de la ville. C'est un endroit riant et situé heureusement par rapport au terroir. On y voit des allées d'arbres fruitiers de toute espèce, des jets d'eau d'une variété surprenante, dont quelques-uns montent jusqu'à vingt-trois pieds, et un bassin d'eau de cinquante-sept toises de longueur sur plus de sept de largeur. Ce bassin est bordé d'un tapis de gazon, et au-delà règne un long berceau de treilles à muscat. J'y vis avec plaisir des arcs de triomphe faits d'arbrisseaux toujours verts, et quelques-uns de lierre qui sont remarquables.

En creusant un bassin dans cet endroit on trouva trois urnes d'une pierre molle, dans chacune desquelles étoit renfermée une autre urne de verre bleu, avec des anses et des couvercles, qui étoient remplies de cendres et d'ossemens brûlez, avec quelques médailles, mais si frustes qu'on ne put les déchiffrer.

L'église de Bargemon, qui est tournée au couchant, et placée au bout d'une belle rue, est bâtie depuis plus de deux siècles et demi. L'édifice est gothique, ayant dix-huit toises de longueur et cinq de largeur, une seule nef dont la voûte est élevée de plus de six toises, et une tour derrière le sanctuaire pour clocher, qui, compris la flèche, a vingt toises de hauteur. Le rétable du maître-autel est fort beau. Notre-Dame et saint Etienne en sont les titulaires. Elle est consacrée, et on en fait l'office le troisième dimanche d'octobre.

Il est fait mention de l'auguste patronne de cette ville dans la bulle de Grégoire VII, en 1084, et dans celle de Paschal II, en 1114 : *Cellam sanctæ Mariæ de Barjamone.*

Il y a sous ce même toit d'église deux prieurez et deux cures distinguez, l'un de Notre-Dame *de plebe*, dont parle la bulle de Paschal, dépendant de Saint-Victor, et l'autre de Saint-Etienne, de la collation de Lérins. L'un et l'autre sont possédez en commende par M. Christophe de Villeneuve, prêtre encore plus considérable par sa vertu que par sa noblesse. Il est le père des pauvres de Bargemon.

Ces deux prieurez étoient autrefois curiaux : mais les prieurs se déchargèrent du soin des âmes. L'un d'eux fit établir un vicaire dans le prieuré de Saint-Etienne, en 1580, et un autre fit de même dans le prieuré de Notre-Dame *de plebe*, en 1638. Je n'entre point dans les motifs qui leur firent simplifier leurs bénéfices. Ces deux vicaires sont de la collation de l'ordinaire, sous la présentation des prieurs, l'un et l'autre à la congrue; ceux qui en sont pourvus font les fonctions de la cure par semaines; ils ont trois secondaires et seize cens communians.

Les revenus de Notre-Dame *de plebe* ne passent pas cinq cens livres, huit charges de bled prélevées, que ce bénéfice doit tous les ans au chapitre de Fréjus, aussi bien que quatre ou cinq autres charges à l'abbaye de Saint-Victor. Le prieuré de Saint-Etienne est meilleur et rend douze cens livres. Lorsque les deux prieurez sont possédez par deux personnes, ils partagent également la dîme, payent chacun leur vicaire, et fournissent de même à l'entretien de l'église paroissiale.

On y prêche l'Avent et le Carême. On y conserve une insigne relique de saint Etienne dans un buste d'argent, que j'ai vu, et qui pèse quarante-quatre marcs. Sa figure est ovale par le bas, de deux pieds et deux pouces de diamètre en largeur, de cinq pieds de circonférence et de deux pieds deux pouces de hauteur. La figure du saint a trois pierres d'argent sur la tête de la grosseur d'une bonne noix. Toute l'histoire du saint est représentée à l'entour du buste en petit relief d'une manière très-délicate, et le tout est soutenu par quatre lions d'argent massif d'une grosseur convenable.

La communauté fonda en 1638 un couvent d'Augustins réformez pour quatre religieux, qui se rendent utiles non-seulement à Bargemon, mais encore aux paroisses voisines. On leur assigna l'église des pénitens blancs, qui est sous le titre de l'Annonciation, célèbre par une image de Notre-Dame de Montaigu, faite du bois d'un chêne où l'on trouva miraculeusement une statue de la Très-Sainte Vierge en Brabant. Ce fut un archevêque de Malines nommé Mathias Houën, qui, ayant fait bâtir une fameuse église dans l'endroit où étoit cet arbre, qui fut par conséquent arraché, en fit faire une infinité de petites figures de la mère de Dieu. Juste Lipse, qui étoit de Louvain, rapporte toute cette histoire, comme en étant parfaitement instruit, et dit que Dieu opéroit des miracles par l'intercession de la Très-Sainte Vierge non-seulement dans l'église qu'avoit fait construire ce pieux archevêque, mais encore dans les lieux où l'on conservoit des statues faites du bois du chêne miraculeux. Un religieux de l'ordre de Saint-François, nommé Gache, né à Bargemon, ayant eu une de ces statues par le moyen d'un officier de l'archiduchesse Isabeau Claire d'Autriche, gouvernante des Pays-Bas, en fit présent à sa patrie, et la déposa dans la chapelle de l'Annonciade. Cette statue n'a que cinq pouces de hauteur. Il s'y fit des miracles. Pierre de Camelin, évêque de Fréjus, en fut témoin, dans sa visite à Bargemon, en 1638.

Il y a dans cette ville un hôpital, mais peu riche, et une foire des plus riches de la province le lundi aprez la Saint-Luc, avec un marché tous les mercredis de l'année. Elle a aussi un tribunal de prud'hommes, qui jugent souverainement des causes mineures, c'est-à-dire qui n'excédent pas trois livres, et qui est autorisé par un arrêt du conseil de 1582.

Guilleaume de Bargemon, officier de guerre, étoit un des plus galants poëtes de la cour de Raymond Bérenger V, comte de Provence. Il mourut dans le royaume de Naples au service de Charles I$^{er}$.

Antoine d'Herbaud, évêque de Sisteron, qui écrivoit parfaitement bien dans le siècle passé, étoit aussi natif de cette ville. Il étoit en commerce de lettres avec Gassendy et tous les savans de son tems.

Louis Moréry, prêtre, auteur du célèbre dictionnaire historique qui porte son nom, et de quelques autres ouvrages, naquit de même à Bargemon vers le milieu du siècle passé, et mourut en 1680, n'étant âgé que de trente-cinq ans.

La méthode du P. Léon, Augustin déchaussé, sorti de la famille des Mitre de Bargemon, fut imprimée par ordre de la cour en 1721. Elle est spécifique pour guérir les maladies contagieuses, purifier les maisons et les meubles infectez. Louis XIV l'employa plusieurs fois à de pareilles opérations, où il réussit, et l'honora d'une pension viagère, qu'il employa toujours à des bonnes œuvres. Ce religieux mourut à Paris en 1686.

Louis Audibert, curé d'Ivry, prez de Paris, habile chimiste, trouva un excellent remède sudorifique pour les paralysies et les sciatiques. Ce remède, examiné et approuvé par le premier médecin du Roi, lui valut un présent de dix mille livres. Il se retira sur ses vieux jours à Bargemon, sa patrie, et y mourut en 1709.

Enfin le fameux Jean Trouin, dit de l'Isle, connu par le secret qu'il avoit, soit vrai, soit prétendu, de la transmutation des métaux, étoit de Bargemon. Bien des gens de qualité se faisoient un plaisir de l'avoir chez eux; plusieurs le regardoient comme un nouveau Raymond Lulle. Quelques-uns gardent encore, dans leurs cabinets, des ciseaux, des clous, des couteaux, de sa façon, moitié fer, moitié or. J'ai ouï dire à un homme d'esprit, qui l'avoit connu, épié et interrogé, que de l'Isle avoit l'art de la transmutation des métaux, mais dispendieuse et sans émolument. : c'étoit beaucoup, car on auroit pu perfectionner son secret, et le rendre fructueux, de nos jours surtout où l'on trouve des gens si déliez et si inventifs, si on avoit pu le lui arracher. Il est difice de décider s'il étoit aventurier ou non; mais il est du moins certain que de l'Isle étoit admirable par son habileté à souder. M. de Soanen, évêque de Senez, l'annonça à la cour, on l'invita de s'y rendre : ce voyage, qu'il ne faisoit pas volontiers, lui fut funeste, car il y mourut.

Les paroisses du doyené de Bargemon sont : Comps, Brenon, Serenon et la Clue, La Val-de-Roure, Claviers, Callas, Méoux, Favas, La Martre, Châteauvieux et La Roque.

### COMPS.

L'église de ce lieu est petite, mais des mieux bâties du diocèse, en pierres de taille, avec un beau clocher garni de trois bonnes cloches, consacrée sous le titre de Saint-André, dont la dédicace y est célébrée le 29 novembre.

Le vicaire a une moitié de la dîme, et le théologal de Fréjus a présentement pour toujours l'autre moitié pour prébende; mais avant que de faire le partage, le vicaire et le prébendé prélèvent quinze charges et six panaux de bled pour la mense du chapitre de Fréjus et six charges pour le prévôt.

Cette paroisse est à l'extrémité du diocèse, bornée au couchant par le diocèse de Riez, et au nord par celui de Senez. Outre le vicaire, elle est encore desservie par deux secondaires, et contient huit cens communians dispersez en hameaux, tels que Jabron, Saint-Baillon, Sauvecane, qui ont tous des chapelles pour leur commodité. L'air y est très-froid. Son terroir, qui n'est pas d'une bonne qualité, produit peu étant d'ailleurs mal cultivé par le défaut des paysans. C'est un passage pour tout ce qui descend de Savoye en Provence. Il est de la viguerie et du siége de Draguignan.

Il reste à Comps des vestiges d'une maison des Templiers, qui avoient jurisdiction sur plusieurs terres et sur une partie des habitans, et cette seigneurie étoit un membre de la commanderie de Rua, comme il paroît par le procez-verbal des droits des Templiers en Provence, du 6 janvier 1309, qui est aux archives des comptes, à Aix : *In commendariâ domûs de Ruâ loca aliqua existebant, quæ Templarii in jurisdictione et vassalis tenebant, videlicet partem castri de Comis, cum certo numero hominum*, etc.

L'ordre de Malthe ayant hérité des biens que ces chevaliers possédoient à Comps, et acheté en divers tems les fonds et droits que différens cosseigneurs y avoient, est devenu le seul seigneur jurisdictionel et direct de ce lieu, et en a composé une commanderie, dont Comps est le chef-membre. Il y a un vieux château, prez de l'église paroissiale, à la tête du village, destiné au logement du commandeur.

Comps étoit autrefois le séjour de plusieurs nobles

familles, dont l'une, qui portoit le nom de ce lieu, a donné deux grands-maîtres à l'ordre de Malthe ou de Saint-Jean de Jérusalem : F. Arnaud de Comps, IV$^e$ grand-maître, qui fut élu absent en 1163, et gouverna cet ordre militaire avec beaucoup de prudence et de valeur ; le second est F. Bertrand de Comps, XVII$^e$ grand-maître, élu en 1244, qui finit ses jours en 1248, à Ptolémaïde, couvert de blessures, qu'il avoit reçues dans une bataille contre les Turcomans.

La famille de Comps donna ou vendit à l'ordre de Saint-Jean ce qu'elle avoit encore dans cette paroisse, et se retira dans une de ses terres, en Dauphiné. Il en reste des preuves entre les mains du sieur vicaire de Comps.

Le prieuré de Saint-Didier, annexé à la vicairie, consiste en plusieurs terres de l'ancien domaine, franches de toute imposition. La chapelle du saint est à trois cens pas du village ; et le prieuré de Notre-Dame, qui est de la collation de M. de Fréjus, rapporte 25 ou 30 écus de revenu.

M. Joseph-Dominique de Quiqueran-Beaujeu, seigneur de Ventabren et du Bourguet, fait sa demeure à Comps.

M. Pierre Olivier, théologal de Sénez, qui s'opposa toujours à la doctrine de M. Jean Soanen, évêque de Sénez, condamnée au concile d'Embrun, est natif de Comps. Comme il a été mon disciple dans le petit séminaire de M. de Fleury, je suis ravi de pouvoir lui donner ici cette marque de mon estime et de mon amitié.

## BRENON.

Ce petit lieu est situé prez de la rivière de Jabron, qui sépare le diocèse de Fréjus d'avec celui de Sénez, au couchant et au septentrion. Il dépend de la viguerie de Castellane. Bargème, Comps, etc., sont à son voisinage.

Gautier de Brancas abandonna cette terre, en 1492, à sept habitans, moyennant une pension féodale de 60 florins et trois paires de perdrix. Ces habitans ne se sont pas beaucoup multipliez, puisque Brenon n'a que soixante ou quatre-vingts communians. Il fut néanmoins érigé en prieuré curial, qui rend à peine au prieur la portion congrue, quoiqu'il ait la dîme de tous les grains.

L'ancienne église, étant ruinée de toutes parts, fut rebâtie vers la fin du siècle passé, par les soins de M. Bérard, prieur-curé, de concert avec les habitans. Ce digne prêtre, qui vit encore dans la présente année 1743[1], la bénit en 1696, avec la permission des supérieurs, en présence de plusieurs curez du voisinage.

## SERENON, LA CLUE.

Serenon a plusieurs seigneurs temporels, l'un desquels possède néamoins toute la directe. La dîme est

---

[1] D'après cette date, le commencement du travail de Girardin doit être mis au plus tard vers 1740, ainsi que nous l'avons insinué à l'Avant-propos, où on lit par erreur 1748.

aussi divisée. M. l'évêque de Fréjus en a un quart, un chanoine de Fréjus en a un autre pour sa prébende, et le prieur-curé a le reste.

Le service de la paroisse est aussi partagé en trois. La paroisse principale, sous le titre de l'Apparition de Saint-Michel, est desservie par le prieur et un secondaire.

Le quartier de la Clüe a une chapelle et un prêtre établi pour administrer les sacremens, sous la direction du prieur; et les moines de Lérins en ont la dime.

Enfin La Val-de-Roure, dont je parlerai ci-après, fait la troisième portion.

Cette paroisse est bâtie dans des hautes montagnes, sous un air froid. L'église paroissiale, située sur une de ces montagnes, étant très-incommode, les fonctions curiales se font en hiver, par l'ordonnance de M. de Fleury, dans la chapelle de Notre-Dame, dans le village, qui dans son terroir renferme cinq chapelles et trois cens communians dans la vallée qui est au-devant.

Il y a un prieuré sous le titre de Sainte-Catherine, de 40 écus, à la charge d'une messe par semaine; un autre sous le titre de Sainte-Marguerite, de 25 écus; l'un et l'autre de la collation de M. l'évêque : enfin il y en a trois autres dont les consuls sont les présentateurs.

### LA VAL-DE-ROURE.

La Val-de-Roure est une vallée du terroir de Serenon, érigée en cure depuis environ quarante ans.

Son église est sous le titre de Saint-Roch et a, comme Serenon, trois cens communians. Il y a une chapelle et un bénéfice de 160 livres de revenu, sous le titre de Saint-Pierre, dont le possesseur est obligé à résidence et chargé de quatre messes par semaine, avec défense de s'absenter le dimanche.

Cette paroisse renferme aussi le prieuré de Saint-Benoit, affermé 40 écus, et celui de Saint-Pierre, différent de celui que j'ai nommé, qui ne rend que 100 livres. Enfin, comme La Val-de-Roure est en hameaux, il y a aussi d'autres chapelles. La Clüe ci-dessus.....

### ESCLAPON.

Esclapon est une terre sans habitans. Il y a un prieur obligé de faire célébrer la messe d'une croix à l'autre. Ce prieuré rend environ 400 livres. Saint-Nicolas en est le titre. Cette terre est voisine de Mons et Serenon.

### CLAVIERS.

Claviers a saint Silvestre pour patron, un vicaire, deux secondaires et neuf cens communians. M. le prévôt de la cathédrale de Fréjus y a sa prébende, et en est seigneur temporel, retirant six cens livres de pension féodale. L'église de ce lieu est peu de chose. La maison claustrale paroît belle en dehors; mais il n'en est pas de même en dedans.

Il y avoit autrefois un château, dont les fondemens paroissent au couchant du village, qui n'est qu'à demi-lieue de Bargemon.

Toute la campagne de Claviers ne consiste qu'en collines et vallées couvertes de vignes et d'oliviers. Le chemin pour y arriver est beau, nouvellement réparé, et adouci autant qu'un chemin peut l'être sur des grandes collines.

Cette terre fut donnée à l'église de Fréjus, nommément pour le prévôt, par le seigneur de ce lieu. Quoique l'évêque eut alors toute la mense de l'église, et que les chanoines vécussent en communauté sous lui, il consentit néanmoins à cette donation. Cet évêque étoit Frédol d'Anduse, qui vivoit en 1165. J'ai tiré l'acte de donation des archives du chapitre. Le voici :

### ACTE DE DONATION
#### DE CLAVIERS A LA PRÉVÔTÉ DE FRÉJUS.

*In nomine Domini, tam præsentibus quam futuris pateat hominibus, quod ego Hugo de Claverio, filius quondam Hugonis Rodoardi, bono animo et spontaneâ voluntate, amore Dei et eleemosynæ, pro salute animæ meæ et pro remissione peccatorum omnium parentum meorum, et præcipuè pro animâ G. de Claverio fratris mei, dono, concedo ecclesiæ B. Mariæ Forojulii et B. Stephani proto martyris, et præcipuè præpositura et omnibus canonicis Forojulii præsentibus et futuris, et tibi F. Forojuliensi præposito tuisque successoribus, castrum de Claverio cum omnibus suis pertinentiis, et castrum de Baldrono cum omnibus suis pertinentiis, et omnia eisdem castris adjacentia cum omnibus suis appenditiis, et quidquid habeo vel habere debeo in castro de Callas et in territorio ejus, et quidquid habeo vel habere debeo in valle de Barjamone : ità videlicet quod totus honor iste prænominatus in perpetuum præpositurœ Forojuliensi permaneat.*

Il n'y a point de date, ni de nom du prince de ce tems-là : mais cette donation fut autorisée par Idelfons Ier, roi d'Aragon et comte de Provence, dans l'église des Arcs. Je crois néanmoins qu'elle fut faite sous Raymond Bérenger III, qui mourut en 1166, d'un coup d'arbalète qu'il reçut au siége de la ville de Nice, qui s'étoit révoltée, et fut enterré à Saint-Jean d'Aix.

Le comte Idelfons parle ainsi :

*Et ego Idelfonsus, Dei gratiâ rex Arragonum, comes Barchinonensis et marchio Provinciœ, bonâ fide, amore Dei, et pro redemptione animarum parentum meorum, laudo et confirmo et concedo ecclesiœ Forojuliensi hanc donationem a te Hugone præposito factam, ut supradicta præpositura Forojuliensis perpetuo possideat hæc prædicta, et ab omnibus hominibus hæc me facere, tueri, et deffensare promitto. Propterea dono et concedo prædictæ ecclesiœ, et prædictis ejusdem rectoribus, præsentibus et futuris, ad usus tamen præpositurœ, dominium prædictorum castrorum et eorum quæ in donatione continentur, salvo semper meo jure in exercitibus et albergis, ut quicumque habet in eis aliquid vel habuerit vel habere debet de Forojulii ecclesiâ habeat et teneat, et fidelitatem ei faciat, et omnes justitias, exceptis criminalibus reis, prædicta ecclesia et præpositus habeat, capiat, de omnibus hominibus prædictorum castrorum. Si vero præpositus jam dictæ ecclesiæ justitias facere contempserit, vel noluerit, bajulo meo querimonias audire et justitias deinde facere liberè liceat. Si verò contra donationes istas à me concessas et factas aliquis venire tentaverit, vel eas infringat, viginti libras auri pœnam componat ecclesiæ Forojuliensi, et insuper hæc charta firma permaneat.*

*Facta est hæc charta in castro de Arcis, in ecclesiâ sancti Pauli* [1], *in mense novembri, an. Dominicæ Incarnationis 1182.*

*Signum Idelfonsi regis Arrag. comitis Barchinon. et marchionis Provinciæ. Ego Hugo de Claverio subscribo huic donationi sive confirmo. Testes sunt Antipolensis episcopus. B. Garcinus. Pontius Dozor. Jaufridus de Massiliâ. Garinus prior de Corres. Hugo præpositus Piniacensis. Bedocius qui hanc chartam scripsit.*

Il me paroît très-probable que cet Hugues de Claviers avoit embrassé l'état ecclésiastique, et qu'ensuite son frère Guilleaume, qui étoit marié, étant mort sans enfans, il hérita des biens de sa famille, qu'il consacra

---

[1] Il y a erreur dans ce nom; le titulaire de l'église des Arcs était saint Pierre.

à l'église par un effet de sa piété, s'en réservant l'usufruit sa vie durant. Le prévôt de Fréjus qui vivoit alors s'appeloit Frédol, comme l'évêque; mais étant mort, l'évêque fit Hugues de Claviers prévôt, à qui il compta sept mille sols melgorois pour obtenir du prince la confirmation de cette donation faite depuis dix-huit ans à Frédol, qui n'avoit pas jugé à propos de faire cette dépense. Un sol melgorois étoit une monnoie frappée au coin du prince de Melgueil, en Languedoc. Je n'ai pas pu découvrir ce qu'il valoit [1].


### BAUDRON.

Le même Hugues de Claviers donna à l'église de Fréjus la terre de Baudron, prez de Claviers, comme il paroit par l'acte ci-dessus.

Il y avoit autrefois une paroisse. Il y reste quelques hameaux, les débris de quelques autres, et des fonts baptismaux. Il n'y a cependant aucun service de toute l'année.

La juridiction de Baudron ayant été aliénée par un prévôt, Jean de Coriolis, autre prévôt, la réclama, gagna son procez et la réunit à son bénéfice.

---

[1] La valeur du sol melgorien a souvent varié; à l'époque dont il s'agit, 50 sols melgoriens représentaient un marc d'argent. C. F. Papon, *Histoire de Provence*, tom. II, p. 543.

## CALLAS.

Les habitans de cette ville en achetèrent la seigneurie qui appartenoit à la maison de Pontevez. Ensuite ils se mirent sous la protection de M. de Lesdiguières et de M. de Villeroy. Enfin ils se donnèrent au Roi en 1719, en se réservant leurs anciens priviléges de nommer le juge et autres officiers de justice. La communauté fournit les frais des provisions, qu'on renouvelle tous les ans, et les droits d'albergue, cavalcade et ramage.

Les Callassiens qui vivoient dans le XVI<sup>e</sup> siècle tuèrent leur seigneur, qui tenoit une conduite tyrannique à leur égard. Cela fit grand bruit, ils furent décrétez, il leur en coûta beaucoup de soins, de peines et d'argent, mais enfin, aprez bien du tems, il obtinrent leur pardon.

Notre-Dame est la patronne de Callas. La dîme appartient à l'abbaye de Saint-Victor de Marseille. C'est un des prieurez réunis à la mense de ce monastère, qu'on a sécularisé de nos jours. Il vaut mille écus de rente, sur lesquels on prend la portion congrue du vicaire et de trois prêtres qui desservent la paroisse, où il y a seize cens communians. Son terroir est superbe en oliviers qui ornent les collines d'alentour. Son église est ancienne, assés grande et voûtée à la victorine. On y conserve, dans un buste d'argent, les reliques de saint Ausile, évêque de Fréjus, dont je vai parler.

# HISTOIRE

DE L'INVENTION DES RELIQUES DE SAINT AUSILE.

Il y avoit de tems immémorial une chapelle à Callas, sur une colline, à cinq cens pas de la ville, vers l'orient, où l'on disoit, par tradition, que reposoient les reliques de saint Ausile.

Un homme sourd et muet, nommé Bertrand, natif de Fréjus, y ayant été conduit par ses parens, parce qu'on savoit que ce saint guérisssoit la surdité, y recouvra l'ouïe et ensuite la parole.

Les Calassiens, par un mouvement du Saint-Esprit, comme le succez le fit voir, tinrent là-dessus, en 1601, une assemblée générale, où on délibéra de chercher les reliques de saint Ausile dans cette chapelle. L'endroit où elles étoient leur étant inconnu, pour faire toutes choses dans les règles, ils députèrent trois des principaux d'entre eux pour aller demander à l'évêque de Fréjus la permission de faire cette perquisition.

Barthélemy de Camelin, qui vivoit alors, consentit à leur pieux désir, aprez leur avoir donné des avis convenables à ce sujet; aprez quoi il y eut cinq habitans zélez qui s'offrirent pour exécuter cette entreprise. L'un s'appeloit André Laugier, l'autre Luc Olivier, le troisième Jean Gilly, le quatrième Pierre Fenis et le cinquième Pierre Olivier. M. Just, alors vicaire de Callas, se mit à leur tête pour les conduire dans une œuvre si louable. Ce ne fut ni la vaine gloire, ni la curiosité, ni l'intérêt qui la leur firent entreprendre. Ils se préparèrent à cette exécution par le jeûne, l'aumône, la prière, la confession de leurs péchez et la sainte communion. Ils convinrent entre eux du jour qu'ils devoient commencer. Rien ne transpira, et, l'heure étant venue, ils allèrent de grand matin à la chapelle du saint.

M. le vicaire y célébra la sainte messe, aprez laquelle il désigna les endroits où il falloit creuser la terre. Ces pieux ouvriers travaillèrent tout le jour et tout le lendemain sans trouver nul vestige de ce qu'ils cherchoient. Cependant leur zèle ne se refroidit point. Ils reprirent leur travail le troisième jour avec autant d'ardeur qu'ils l'avoient commencé.

Enfin Luc Olivier s'étant mis à creuser autour de l'autel avant les autres, à deux heures et demie aprez midy, donna de son outil contre la pierre qui couvroit le tombeau des reliques de saint Ausile. Ces six personnes ont attesté qu'elles entendirent alors un bruit extraordinaire, et que, saisies d'étonnement, elles levèrent les mains au ciel et se recommandèrent à Dieu. Aprez quoi, revenues de leur frayeur, elles écartèrent avec soin toute la terre qui couvroit cette pierre, et l'ayant enfin levée, elles trouvèrent un tombeau creusé dans le rocher, avec tous les ossemens d'un homme, qui rendoient une bonne odeur, blancs comme la neige.

Pleins de joie à cet objet, ils se jetèrent à genoux pour rendre leurs respects à ces saintes reliques : mais ensuite la frayeur les ayant saisis de nouveau et les forces leur manquant, ils tombèrent en défaillance, et furent un quart-d'heure sans voir, sans parler et demi-morts. Ce symptôme étant passé, M. le vicaire entonna l'hymne *Deus tuorum militum*, qu'ils chantèrent tous ensemble pour rendre grâces à Dieu et implorer sa miséricorde par l'intercession du saint.

Plusieurs ont déposé avec serment qu'ils avoient eu un pressentiment secret de la découverte de ces saintes reliques au moment qu'elle fut faite; d'autres ont assuré qu'ils sentirent alors un tremblement de terre dans la campagne où ils étoient.

Un homme de Callas, nommé Pierre Pissot, désolé depuis plusieurs jours d'un furieux mal aux dents, couroit alors les champs comme hors de lui-même. Il monte à la chapelle du saint et entendant le bruit de ceux qui y étoient, il frappa tant de fois et si rudement qu'il les oblige de lui ouvrir. Il n'eut pas plustôt vu les ossemens qu'il se prosterna pour les baiser. Aprez quoi sa douleur s'apaisant, il se coucha à terre et s'endormit paisiblement. Éveillé quelque tems aprez, il se trouva absolument guéri, et s'échappant de la colline, il descendit courant à la ville, et publiant à grands cris ce qui s'étoit passé dans la chapelle de saint Ausile et la guérison qu'il venoit d'y recevoir.

On vit alors dans Callas une image de ce qui s'étoit passé autrefois à Nole, au tombeau de saint Félix martyr, ainsi que le rapporte saint Paulin, c. XXI *Natali*. VI. Les paroissiens accoururent depuis le plus âgé jusque au plus jeune pour révérer ces sacrées reliques. On les environne avec admiration, les uns versent de douces larmes, les autres poussent des cris de joie, d'autres encore se prosternent à terre, n'osant en approcher par respect; ceux-ci les touchent de la main, d'autres les baisent avec vénération; ils se poussent les uns les autres, il se fait un combat de piété parmi tous ces spectateurs. Il ne leur suffit pas d'avoir vû une fois ce trésor caché dans leur terroir, ils ne se lassent point de revenir au tombeau, ils demeurent comme immobiles sur ces bords, ils prennent de la terre qui le couvroit pour la garder chez eux; enfin ils ne cessent de bénir Dieu pour cet événement favorable.

On trouva ces reliques le 23 de may. La nouvelle s'en étant répandue dans les lieux d'alentour, une foule de personnes vinrent invoquer le secours du saint, et cette affluence dura bien des jours.

L'évêque de Fréjus, en étant averti, ordonna à ceux qui avoient trouvé ce dépôt précieux de venir lui en rendre compte. Ces six personnes racontèrent les choses au prélat à peu prez comme je viens d'écrire, aprez avoir prêté serment.

Un mois aprez l'évêque de Fréjus vint à Callas, suivi de quelques pieux et savans prêtres, pour en dresser un procez-verbal. On examina la pierre du tombeau, qui avoit une inscription, on tâcha de la déchiffrer, on considéra les ossemens, on regarda plusieurs fois le tombeau, on interrogea de nouveau ceux qui l'avoient découvert: mais Barthélemy de Camelin se contenta pour lors de lever ces reliques de la terre et de les enfermer dans un coffre de bois très-propre, qu'il fit mettre derrière l'autel de la chapelle, avec cette inscription latine, que je donne en françois:

« L'an du Seigneur 1601, et le 23 de may, certains

ossemens ont été trouvez dans la chapelle de saint Ausile, au territoire de Callas, en suite de la permission que B. de Camelin, évêque de Fréjus, avoit donnée d'y creuser. Et comme on doute que se sont les ossemens de saint Ausile, ainsi que l'assurent plusieurs personnes du même lieu, par la tradition qui s'y est conservée de père en fils, le même évêque les a fait mettre ici le 27 de juin de la même année, en attendant des preuves plus grandes et plus certaines que ce sont les ossemens du dit saint ; ainsi qu'il est contenu plus au long dans le procez-verbal qui a été fait sur ce sujet par le sieur Olivier Vaixière, notaire du dit évêché, Messire François d'Olières, prévôt de Saint-Martin de Marseille, M. Nicolas Antelmy, chanoine de Fréjus, M. Pierre Francolis, bénéficier de la même église et M. Honoré Brochi, vicaire de Châteaudouble. »

L'évêque prit judicieusement son parti. Il n'ajouta pas d'abord foi à l'opinion des Callassiens, mais aussi il ne rejeta pas tout à fait leur sentiment. Il ne voulut pas qu'on rendit de sitôt un culte public à ces ossemens, mais il ne défendit pas de les révérer dans la suite, si les miracles continuoient, et si on découvroit des marques plus certaines de la vérité du fait. Ces deux choses arrivèrent bientôt aprez ; car quelqu'un s'aperçut qu'il y avoit une croix rayonnante gravée à la voûte de la chapelle de saint Ausile directement sur l'endroit où les ossemens en question avoient été trouvez. Les fidèles qui les avoient cachez dans ce tombeau, obligez par le malheur des tems d'en agir ainsi, avoient mis exprez ce signe sacré pour marquer que les reliques de saint Ausile étoient au-dessous ; c'est l'unique qui fût à la voûte, et ce signe si vénérable aux chrétiens fut un fondement solide et nouveau qui confirma la tradition des Calassiens.

Les savans de ce tems-là furent priez de dire leur sentiment sur ce symbole religieux, et ils dirent que l'histoire ecclésiastique fournit de pareils exemples. On cita particulièrement les sages précautions que les chrétiens de Sardaigne prirent pour conserver à leurs descendans les reliques des saints qui reposoient dans leur pays, et les dérober à l'impiété des Sarrassins. Car ils bâtirent des tombeaux honorables dans la terre, ils y gravèrent des palmes qui sont les symboles de la victoire du martyre, et les instrumens dont on s'étoit servi pour éprouver la constance des martyrs. Ils y mirent diverses croix de marbre, tant au dedans qu'au dehors de la confession, c'est-à-dire du lieu où étoient les reliques des martyrs. On en voyoit même sur les poutres qui répondoient directement aux sépulcres de ces saints.

Pintus, dans son livre *Christus crucifixus*, tit. IV, loc. 12, num. 20, parle ainsi : *Tumulationes ipsæ honorificæ, venerandæque palmæ, victoriæ martyrii symbola et martyrum instrumenta crucesque variæ, marmoreæ, lapideæ, tàm intra confessionem in fossæ quam foris in summis trabibus affictæ, sepulcrisque suis respondentes.* Cet auteur ajoute qu'on observa généralement dans la basilique qu'il y avoit certaines marques extérieures qui répondoient aux choses qu'on avoit cachées dans l'intérieur de la terre, directement sur les endroits où résidoient ces sacrez dépôts. On en voyoit aux colomnes et aux chapiteaux, cependant on n'y avoit pas pris garde d'abord, et on n'y fit réflexion qu'aprez qu'on eut commencé de creuser la terre de la basilique, assurez par la tradition que les reliques de plusieurs martyrs y reposoient. *Hoc enim universum in totâ basilicâ observatum ut quæ sepulta laterent mysteria, certa exterius, interioribus respondentia argumenta in columnis et columnarum capitellis, in tecti trabibus, totoque templi ornatu expressa signarent, etsi non nisi post cœptam effossionem clarius observata et agnita.*

On ajoute que Dieu avoit souvent fait connaitre les lieux où étoient enterrez les corps des saints, par des étoiles, des croix et des colomnes miraculeuses, afin qu'on les mit dans des lieux plus honorables, et qu'enfin dans les catacombes de Rome, d'où les papes permettent qu'on tire des ossemens des martyrs qui y sont enterrez, pour être exposez à la vénération publique, on voit des croix et des instrumens du martyre gravez sur les murs, en signe que les reliques qui sont là appartiennent à des martyrs.

Au reste, il y a un rapport assés naturel de l'histoire de Pintus avec celle des ossemens de saint Ausile : car la tradition de Callas étoit que le corps d'un évêque de Fréjus, martyr, avoit été caché par leurs pères, pour le dérober à la fureur des Sarrasins du Fraxinet, qui ravageoient le diocèse de Fréjus dans les IX<sup>e</sup> et X<sup>e</sup> siècles, que ces reliques y avoient été apportées dans les siècles précédens par les prêtres de Fréjus, pour les sauver ainsi des mains des Goths et des Vandales. Les Callassiens ne manquèrent pas de bâtir une chapelle sur une colline, hors du lieu, et d'inhumer, bien avant dans la terre, le sacré dépôt qu'ils avoient, faisant graver sagement à la voûte de cette petite chapelle le signe de la croix de Jésus-Christ, pour la divinité duquel saint Ausile avoit souffert de la part des Ariens, et cela perpendiculairement sur la confession ou le tombeau du saint, signe qui, devant être un jour aperçu, seroit une preuve que les ossemens qu'on trouveroit dans ce lieu, au-dessous, seroient des ossemens sacrez. On a abattu cette ancienne chapelle pour en rebâtir une plus grande : mais on a laissé subsister cet endroit de la voûte où est gravée la croix dont j'ai parlé, en droite ligne sur le tombeau : j'ai vu l'un et l'autre.

Mais ce qui fut plus convaincant, c'est que les miracles continuèrent prez de quarante ans dans cette chapelle. Leur nombre et leur qualité portèrent Pierre de Camelin, successeur de Barthélemy, à venir, en 1639, faire sa visite à Callas. Il monta à la chapelle de saint Ausile, fit ouvrir la châsse de bois, reconnut les ossemens qu'on y avoit mis, et les transféra dans une caisse de plomb, sans permettre néanmoins qu'on les honorât publiquement. Il fit ensuite graver sur une lame de plomb une inscription latine, que je donne ici en françois :

« Derechef, l'an du Seigneur 1639, le 10ᵉ jour de novembre, à cause de certains miracles qui faisoient beaucoup de bruit dans le public, Pierre de Camelin, neveu et successeur du susdit évêque de Fréjus, faisant sa visite à Callas, voulut voir ces mêmes ossemens, et les ayant reconnus, ordonna qu'ils seroient gardez avec plus de décence dans une caisse de plomb, qu'on mettroit dans le même lieu, derrière l'autel. Il ne permit pas néanmoins de leur rendre un culte public, jusqu'à ce que, Notre Seigneur Jésus-Christ honorant de plus en plus ses saints, il en fut ordonné autrement. »

Cette nouvelle déclaration fut cause que non-seulement les diocésains de Fréjus, mais encore les étrangers, vinrent en plus grande foule que jamais visiter cette sainte chapelle. Il s'y fit des miracles plus considérables et en plus grand nombre qu'auparavant, presque tous ceux qui avoient recours à saint Ausile étoient exaucez dans leurs prières; de sorte que les Callassiens craignant que ces reliques ne leur fussent enlevées, parce qu'elles étoient dans un lieu champêtre, députèrent à l'évêque pour le prier de permettre qu'on les transportât dans l'église paroissiale. Le prélat le leur accorda, et leur permit même de faire cette translation avec solemnité. Cette faveur, accordée par écrit, est datée du 27 février 1640; et en conséquence on fit une procession publique, où non-seulement les Callassiens, mais encore une foule d'étrangers assistèrent le 9ᵉ jour d'avril suivant, qui étoit la seconde fête de Pâques cette année-là.

Enfin Pierre de Camelin, pressé par les vives sollicitations et par le concours des peuples, qui ne cessoient de venir de toutes parts invoquer saint Ausile, députa, l'an 1642, trois commissaires pour y prendre de nouvelles informations touchant les reliques en question. Ces hommes prudens examinèrent avec beaucoup d'exactitude les procez-verbaux de soixante et un miracles plus remarquables arrivez depuis quarante ans par l'intercession de saint Ausile, et à l'occasion de ces reliques. On appela plusieurs personnes guéries ou favorisées par l'invocation du saint. On entendit les témoins qui avoient vu les miracles. Aprez quoi les trois commissaires envoyèrent leur rapport au prélat.

Non content de tout cela, Pierre de Camelin chargea un habile Jésuite de se transporter à Callas pour examiner toutes choses dans la rigueur, et surtout l'inscription du tombeau, qui étoit à demi rongée par le tems. Le Jésuite, de retour à Fréjus, dit à l'évêque qu'il ne falloit pas balancer de permettre le culte public de ces reliques. L'évêque ne s'en tint pas même au sentiment du Jésuite; il fit un voyage à Grasse pour conférer sur ce sujet avec le savant M. de Godeau, alors évêque de cette ville, qui détermina tout à fait Pierre de Camelin.

En effet l'évêque de Grasse considérant : 1° qu'il y avoit une chapelle sur une colline, auprez de Callas, bâtie de tems immémorial sous le titre de Saint-Ausile;

2° que le culte de ce saint y avoit toujours été continué;

3° que la tradition des Callassiens étoit que leurs ancêtres y avoient caché les reliques du saint;

4° qu'on les y avoit trouvées en creusant;

5° qu'elles étoient dans un tombeau prez de l'autel;

6° qu'il y avoit perpendiculairement au-dessus une croix étoilée et rayonnante, que les fidèles, qui étoient du secret lorsqu'on y cacha les reliques, avoient apparemment eu soin de faire graver à la voûte;

7° qu'il s'étoit fait dans cette chapelle des miracles avérez;

8° qu'il y avoit des actes authentiques par lesquels on apprenoit le nom, la fête et le culte du saint, soutenu même par des indulgences de Rome;

9° qu'il y avoit des chapelles à Draguignan et à Lorgues sous le titre de Saint-Ausile, qu'on l'invoquoit même à Fréjus, dans la chapelle de Saint-Pons, où il est peint au tableau de l'autel, en évêque, avec ce martyr;

10° que l'église de Fréjus l'invoquoit parmi les martyrs, et qu'elle faisoit autrefois l'office de ce saint dans son bréviaire particulier *de communi unius martyris*;

11° que le nom de confesseur qu'on lisoit sur la pierre du tombeau, qui avoit été tirée du sein de la terre, avoit été donné à plusieurs martyrs, et que l'opinion du diocèse s'accordoit avec la tradition de Callas;

M. de Godeau, dis-je, pesant toutes ces choses, estima qu'elles étoient des preuves très-graves de la vérité du fait, et qu'elles faisoient une certitude morale qui donnoit lieu de croire prudemment que les reliques qui avoient été trouvées dans la chapelle champêtre de Saint-Ausile à Callas étoient les reliques de saint Ausile, évêque et martyr.

A ces causes, Pierre de Camelin permit, par un acte

public daté du 16 may 1642, d'exposer en public les reliques trouvées comme étant véritablement de saint Ausile, et de leur rendre solennellement les honneurs dus aux reliques des saints; protestant avoir pris toutes les précautions nécessaires et de droit dans une affaire de cette conséquence.

La paroisse fit faire un buste d'argent fort propre. L'évêque y renferma ces saints ossemens avec toutes les authentiques, et ordonna que la fête de la translation de saint Ausile se célèbreroit tous les ans le premier dimanche de may, ainsi qu'on le pratique de nos jours.

La vie de saint Ausile est au XIVe chapitre du livre précédent [1].

Je ne dois pas omettre que M. Jean-Baptiste Bourol, vicaire de Saint-Rapheau, prez de Fréjus, homme savant et bon prédicateur, reçut la guérison d'un mal d'oreille très-violent d'une manière miraculeuse par l'intercession de saint Ausile, en 1668, ainsi qu'il l'attesta publiquement.

On trouve une charte dans le cartulaire de Saint-Victor, où il est rapporté qu'un seigneur donna trois maisons ou fermes champêtres à la chapelle de Saint-Ausile, au XIIe siècle : *Ego Willelmus, qui vocor Juvenis, et uxor mea Adalargardis, et filii mei, do-*

---

[1] *Histoire de la ville et de l'église de Fréjus*, tom. II, ch. XIV, p. 152.
Quelque temps après Girardin composa une Vie de saint Ausile plus complète, dans laquelle il inséra ce qu'on vient de lire sur l'invention des reliques de ce saint. Elle fut imprimée à Aix en 1750; elle a été rééditée en 1837 par M. Maunier, alors curé de Callas, aujourd'hui vicaire-général du diocèse.

*namus ad ecclesiam sancti Ausilii, de alode nostro qui nobis legibus obvenit, tres mansos, unum in Calars, Constantini; alium in Figanigra, quem Carnallus tenet; alterum in Mota Lamberti.*

## MÉOUX.

Méoux est une terre entre Seillans et Claviers, qui appartient à M. de Boades, conseiller au parlement d'Aix.

L'église se montre de loin sur une éminence; elle est dédiée sous le titre de Saint-Ferréol. On y voit des fonts batismaux, ce qui prouve que ce lieu étoit une paroisse. Mais il n'y a aujourd'huy que quelques habitans pour lesquels un prêtre, à qui ils donnent le nom de vicaire, vient célébrer la messe tous les dimanches, et baptise les enfans qui naissent dans le terroir. Ce prêtre est néanmoins amovible et n'est point appelé au synode.

La dîme de Méoux est de la prébende d'un chanoine de Fréjus. M. de Boades en a fait réparer le château.

## FAVAS.

Charles de Duras, neveu de la reine Jeanne de Naples, comtesse de Provence, ruina Favas. Comme il avoit son parti en Provence, il ravageoit les terres de ceux qui lui étoient opposez : et ce lieu qui étoit tout prez de Bargemon, vers le nord-ouest, n'a pu se rétablir depuis. Il en est fait mention dans les archives de Cluny de l'an 1005. Son malheur contribua beaucoup à l'agrandissement de Bargemon ; car la plupart des Favasiens s'y retirèrent ; de sorte que la dîme de son terroir passa de même à Bargemon et fut unie à la cure de Saint-Etienne, de sorte que le vicaire de ce titre est obligé de faire dire une messe tous les dimanches et fêtes depuis le mois de may jusqu'à la croix de septembre.

La communauté de Bargemon possédoit toute la seigneurie de Favas avant l'an 1690. Mais ayant été obligée de faire un département pour payer ses créanciers, elle aliéna cette jurisdiction, et les familles d'Augier, de Brun, d'Authier et de Caille, optèrent sur cette terre au *prorata* de la créance.

### LA ROQUE D'ESCLAPON.

Le corps des bénéficiers de l'église de Fréjus a la dîme de cette paroisse qui est divisée en hameaux, dont La Roque est le principal.

Son église est une des plus propres du diocèse, en pierres de taille. Sainte Marguerite en est la patronne. Le vicaire a la congrue, quelques terres et preds. Il y a un secondaire et cent cinquante communians.

L'ordre de Malthe en a la seigneurie avec de beaux

domaines, francs de dime, qui sont un membre de la commanderie de Comps. Les Templiers en étoient autrefois les maîtres, et on y voit encore les ruines de leur château.

Le terroir est assés bon, orné de quelques arbres fruitiers. Il confronte La Bastide, Bargème et Serenon.

### CHATEAU-VIEUX.

Château-Vieux étoit autrefois un hameau de La Martre. M. d'Arbaud en est seigneur.

M. l'évêque de Fréjus est prieur de Château-Vieux, et le vicaire est condécimateur. Il a pour patrons saint Honoré et saint Maur. Cette paroisse n'a pas cent communians; aussi n'a-t-elle point de secondaire.

Dans l'église de cette petite paroisse est le tombeau de l'infortunée Madeleine de la Palu, fille d'un gentilhomme demeurant à Marseille, qui fut séduite par le fameux Louis Goffrédy, prêtre bénéficier des Accoules, exécuté à Aix le dernier avril 1611, comme sorcier. Elle se retira à Château-Vieux, où elle enseignoit les petites filles, prioit sans cesse et faisoit pénitence. Elle vécut encore longtems aprez ses malheurs; car j'ai connu des gens qui l'avoit vue et interrogée.

Les religieux du Toronet y ont le prieuré de Saint-Pierre, qui étoit autrefois *Monasterium sancti Petri de Limosiis*.

## LA MARTRE.

La Martre contient quatre cens communians et plusieurs hameaux, comme Taulane, Le Plan-d'Aneles, où l'on a mis un secondaire.

Saint Blaise étoit le patron de La Martre : mais son église a été abandonnée.

Il y a des forêts de sapins et des scies à eau pour en faire des planches.

M. le comte du Luc en est seigneur. Le vicaire, qui s'est retiré au village, est condécimateur : un chanoine de Fréjus a le reste de la dîme.

# CHAPITRE VIII.

### DOYENÉ D'AUPS.

---

#### AUPS.

Aups tire son nom des Alpes, quoique ces montagnes en soient bien éloignées. Cette ville est nommée, dans le registre de nos comtes, *Castrum de Alps*.

Pierre *de Alpibus* se signala dans les croisades d'Orient au treizième siècle. On croit que ce seigneur étoit de la maison de Blacas, qui jouissoit autrefois de la moitié de la jurisdiction d'Aups, en vertu d'une concession faite par le prince à Guilleaume de Blacas, qui fut révoquée par Louis II, comte de Provence. Cette noble famille possède néamoins encore aujourd'huy le château et le nom d'Aups.

Cette ville étoit autrefois du bailliage de Draguignan; elle en fut séparée par le comte Robert, et unie à celui de Barjols, qu'il établit. Mais dans la suite, Aups a été érigé en bailliage particulier. Le viguier est royal et se trouve chef de viguerie; mais il n'a que Fabrègues sous sa juridiction.

L'église est régulière et belle. Saint Pancrace, jeune homme de quinze ans, qui souffrit le martyre à Rome sous Dioclétien, et qui fut inhumé sur la voie aurélienne, en est le patron. Grégoire de Tours rapporte que les parjures trouvoient leur châtiment à son tombeau, et que, lorsqu'il étoit nécessaire de savoir la vérité de quelque chose importante de la bouche de quelqu'un, on le conduisoit dans la basilique de Saint-Pancrace, afin qu'on connût qu'il disoit vrai quand il ne lui arrivoit rien de fâcheux, ou qu'il disoit faux quand il étoit puni miraculeusement. L. 1. *De gloriâ martyrum.*

Il y a deux mille paroissiens dans cette ville, un vicaire, un seul secondaire : mais les chanoines et les bénéficiers du chapitre aident le vicaire à porter le fardeau de la cure.

Ce chapitre étoit autrefois à Valmoissine, qui est un quartier du terroir d'Aups, à l'occident. Il prend son origine dans des tems si reculez que les titres ni le souvenir de ceux qui l'ont fondé ne subsistent plus. Il n'en reste que très-peu de statuts. Le pape Jean XIX permit, en 1025, au chapitre de Valmoissine de faire un sacristain du chanoine qui avoit sa prébende dans le dit terroir, pour avoir soin des choses saintes et administrer les sacremens. Le sacristain d'Aups possède encore aujourd'huy cette prébende.

Le pape Anastase, en 1153, régla et confirma les statuts du chapitre de Valmoissine. L'évêque de Fréjus en contestoit quelques-uns, qui regardoient la jurisdiction épiscopale et le service divin : c'étoit Guilleaume Ier. Le préambule de ce pape porte : *Ad evitandas controversias inter præfatos dominos, episcopum Forojuliensem et nobiles canonicos præsentis ecclesiæ super eorum statutis aliàs factis*, etc. L'évêque de Fréjus fut satisfait de ce règlement, et le comte de Provence Idelfons Ier l'autorisa.

On voit une charte de 1241, par laquelle Bertrand et Boniface de Blacas frères et seigneurs d'Aups, confirment et approuvent les donations de tous les biens dont leurs ancêtres avoient enrichi le chapitre de Valmoissine. Il est nommé *Monasterium de Alps* dans le registre *Pergamenorum* de nos comtes.

Ce chapitre étoit composé de douze chanoines nobles, qui devoient être entretenus par le prieur comme tels, c'est-à-dire avec le train des gentilshommes de ce tems-là : un cheval, un valet, un chien, un épervier, et autres choses appartenant à la noblesse.

Ce statut doit être mis en oubli puisqu'il permet l'exercice du cheval et de la chasse aux ecclésiastiques, contre les canons, et qu'il applique les revenus de l'Eglise à des emplois propres à distraire ses ministres du service divin. Un autre statut dispense ces chanoines d'aller à matines, excepté les jours de dimanche et de fête, et un autre non moins surprenant ne les oblige qu'à résider trois mois.

Il y avoit six bénéficiers qui n'étoient pas nobles, et qui chantoient matines les jours ouvriers, dont les chanoines s'absentoient, selon leur louable statut. Ils avoient un chef qui portoit le nom de prieur, obligé de rendre compte des revenus de la mense dont il étoit chargé. Ils vivoient en table commune, et outre l'entretien le prieur donnoit douze florins à chaque chanoine.

La mauvaise administration des prieurs, la négligence des chanoines à faire le service divin, porta le pape Alexandre VI, sur diverses remontrances, à transférer le chapitre de Valmoissine dans la ville d'Aups, en 1499, où ils vécurent en commun pendant quelque tems; mais bientôt ils convinrent de vivre chacun à son particulier. Un prieur nommé Louis de Castellane eut ensuite la propriété de la mense par une transaction faite en 1546, et laissant absolument le nom de prieur qu'on donnoit à ses prédécesseurs, il prit le nom de prévôt dont le bénéfice est la seule dignité du chapitre. Il a la mense et le revenu de la pointe; c'est pourquoi il est obligé de payer les distributions aux chanoines et aux bénéficiers, et d'entretenir la sacristie. Cela n'empêche pas que la prévôté ne vaille encore, à ce qu'on présume, cinq cens écus de revenu par an, malgré les procez et les révolutions qui sont arrivées dans ce chapitre, qui est composé du prévôt, d'un sacristain, de six chanoines et de six bénéficiers, d'un hebdomadier, d'un sous-sacristain et de quatre enfans de chœur.

Les distributions sont égales entre les chanoines. Elles consistent en dix charges et six panaux de bled, et septante-cinq coupes de vin. Les prébendes sont inégales. La meilleure ne rend que six cens livres, toutes charges payées. Il y a deux chanoines qui n'ont point de fonds pour prébende, mais seulement quatre charges de bled chacun sur la mense.

Comme le titre de prévôt est moderne dans le chapitre d'Aups, on trouve dans ses registres les noms et surnoms de ceux qui l'ont possédé jusqu'à nos jours. Les voici :

Isnard Clapier, qui fut le premier prieur dans la ville, et
Antoine Clapier, le deuxième,
Louis de Castellane, qui le premier se fit appeler prévôt,
Antoine de Castellane,
Balthazar de Villeneuve,
Sébastien Chaudon,
Melchior de Tanaron,
Etienne Adam de Sompy,
Nicolas de Signières,
Claude Mangot,
Jean Imbert,
Gaspard Imbert,
Artur de Castellane,
Claude de Castellane,
Louis Ondedey,
Louis Thomas d'Aquin,
Pierre Antoine d'Aquin,
Antoine Courbon,
Antoine Boyer.

Ce bénéfice est aujourd'huy en litige. La prévôté est de la collation de l'évêque de Fréjus, quand celui qui le possède meurt sans résigner. Louis Ondedey et Louis d'Aquin le tenoient de la main de leurs oncles nos évêques. Il est aussi soumis à la régale. Antoine Courbon le possédoit en vertu de ce droit royal.

La pancarte parle fort au long du droit de l'évêque pour la nomination des canonicats et des six autres bénéfices de ce chapitre.

Il y a dans Aups un monastère de religieuses Ursulines de la Présentation, riche et bien réglé, qu'on y établit en 1625. Les PP. de l'Oratoire y avoient aussi une belle maison et une belle église, sur une éminence hors de la ville. Mais ils la quittèrent, je ne sai pourquoi, et les Augustins réformez y furent appelez à leur place.

L'air d'Aups est pur, le pain excellent, les eaux très-bonnes et abondantes, ce qui a donné lieu à quantité de tanneurs de s'y établir; leur commerce est considérable.

La noble famille de Fabre, qui a la seigneurie de Fabrègue, a son domicile à Aups.

Le doyené de cette ville n'a que cinq paroisses : Villecrose, Salernes, Montfort, Vins et Silans.

### VILLECROSE.

On ne découvre ce village, en descendant de Tourtou, que quand on en est à deux pas, parce qu'il est situé au pied de la colline de Tourtou, vers le midy.

Il renferme sept cens communians, sous un vicaire et deux secondaires. Saint Romain en est le patron au 9 d'août; quoique la veille de saint Laurent, on n'y jeûne point ce jour-là : mais on prévient le jeûne par la permission de M. de Fleury. La titulaire de l'église est Notre-Dame de Pitié, qui est éloignée du village, vers le midy, d'une manière très-incommode aux prêtres et au peuple; aussi on n'y dit la messe que les dimanches et fêtes. Elle est voûtée à la victorine, c'est-à-dire comme une cave obscure et sans ornemens. Il y a une nef au côté de l'évangile, et avec cela elle est trop petite pour le nombre d'habitans, et assés mal entretenue; je la crois du XII<sup>e</sup> siècle. J'y lus une inscription sur un tombeau daté de l'an 1270, directement sous le marchepied du maître-autel, où est enterré un religieux de Saint-Victor.

Quoique cette église soit si ancienne, elle n'a cependant été consacrée que quatre siècles aprez sa construction, ainsi qu'on lit sur le mur du sanctuaire, au côté de l'évangile, en langue provençale :

*L'an 1530 et lo 17 de Nov. es estado consacrado la presento gliso p. lu S. B. Carles evesqué comezor de Mousou de Fréjouls.* François des Ursins, cardinal, étoit alors évêque de Fréjus.

Prez de cette église on voit les ruines d'un bâtiment que je crois être celles du monastère de *Villacrosa*, dont il est parlé dans la bulle de Paschal II. En effet, l'abbaye de Saint-Victor a la seigneurie et la dîme de Villecrose. M. le vicaire est logé dans le château, où les religieux, qui desservoient la paroisse autrefois, faisoient leur demeure.

Le pays est beau et bon, en plaine. On célèbre la messe dans la chapelle des pénitens dans le village les jours ouvriers.

On remarque au nord-ouest de ce lieu un ruisseau, qui se précipite d'un rocher escarpé, sur lequel on voit une chapelle et des débris de bâtimens, et ensuite des cavernes et des voûtes où sont des congelaisons surprenantes de pierres de tuf, dont les creux sont remplis mais qui tintent et semblent gelées, aussi dures que le marbre. Il y a quatre piliers qui sont remarquables. Les curieux peuvent aller voir cet ouvrage surprenant.

### RUE ET SALGUES.

Rue et Salgues sont des biens qui appartiennent à l'ordre de Malthe, et qui sont membres de la commanderie de Marseille, et dans la paroisse de Villecrose.

### SALERNES.

Salernes est un gros lieu. On y voit sur une hauteur un château bien entretenu, qui appartient à M. le marquis des Issars, Avignonnois, avec huit mille livres de rente, qu'il retire de cette seule terre.

Ce lieu, qui est assés bien bâti, a beaucoup de ruisseaux et de fontaines, et deux mille communians. L'église fut bâtie dans le même siècle et le même goût que bien d'autres du diocèse, par les religieux de Saint-Victor, comme celles de Villecrose, de Tourtou, de Grimaud, etc. La dime est encore de ce monastère. Saint Pierre en est le patron. Elle est régie par un vicaire et quatre secondaires. La bulle de Paschal II nomme *Ecclesiam sancti Petri de Salernis*. Il reste un acte de 1119, passé entre Bérenger, évêque de Fréjus, et les Victorins, au sujet de quatre églises. Il est dit, par rapport à celle-ci, qu'elle donnera à l'évêque *unum modium medietatem annonæ et medietatem ordei*; et par rapport aux chanoines de Fréjus, il est réglé qu'ils auront le quart de la dîme, et les moines les trois autres quarts. Bérenger est signé avec Mainfred, évêque d'Antibes, Amalric, prévôt de Fréjus et Bertrand, archidiacre.

La rivière de Bresc passe au bas de Salernes, où on a construit un beau pont à deux arcades. Cette rivière prend sa source dans la terre de Fos.

Le terroir de Salernes est beau en vignes et oliviers; ses figues sont renommées.

### SILANS.

Silans est prez de Salernes, et a saint Etienne pour patron, avec cinq cens communians, un vicaire et un secondaire. Un chanoine de Barjols y est prébendé. M. d'Albert en est seigneur.

Il y a à Silans une chapelle de Notre-Dame de Florièye, fondée il y a plusieurs siècles par Yolande de Castellane, dame du dit Silans. M. de Ruffi, dans son Histoire de Marseille, dit que le prieuré-cure de Notre-Dame de Silans, dite de *Ulmo*, fut donné à l'abbaye de Saint-Victor en 1154, par Pierre II, évêque de Fréjus, sous la redevance de dix sols melgorois [1].

---

[1] Girardin est induit ici en erreur par Ruffi, qui a pris *Sillans* pour *Seillans*. C'est sur cette dernière paroisse que se trouve l'église de Notre-Dame de l'Ormeau, *de Ulmo*.

## FABRÉGUE.

Fabrégue confronte Fos, Silans, Aups, etc. C'est une terre avec haute et basse justice, quoiqu'elle n'ait que deux lieues de longueur et un quart de lieue de largeur, en partie labourable et en partie couverte de chênes-verts.

La maison de Fabre en possède la plus grande partie et le sieur Brouillony, viguier d'Aups, a le reste et en est conseigneur.

Il y a une chapelle unie à la cure d'Aups, voici comment : Isnard Clapier, vicaire d'Aups, ne voulant pas consentir à la demande que faisoit le chapitre de Valmoissine de s'établir dans cette ville, fut élu prieur par les chanoines; Clapier donna son consentement à ce prix-là, et mit deux curez amovibles conservant la dîme de Fabrégue. Longtems aprez la cure a été impétrée par le prédécesseur de celui qui la possède aujourd'huy : mais n'ayant que la portion congrue, le prévôt d'Aups est obligé de faire dire la messe à Fabrégue, les dimanches et fêtes, pour ceux qui y travaillent.

## VINS.

L'histoire parle avec éloge du seigneur de Vins, qui en 1586, fut nommé par la province chef des troupes qui devoient la défendre contre les huguenots. Il s'appeloit Hubert de Garde, fils d'un président au parlement d'Aix. Il avoit été écuyer du duc d'Anjou, fils d'Henry II. Ce duc, allant reconnoître une brèche, au siége de La Rochelle, étoit suivi du sieur de Vins qui voyant qu'un soldat alloit tirer sur le prince, se mit au devant de sa personne, et reçut un coup de balle prez des reins, dont il fut heureusement guéri, et le prince n'eut qu'une légère blessure au bras. Cette action généreuse acquit beaucoup de réputation à de Vins et toute l'amitié de ce prince, qui étant devenu Roi de France, sous le nom d'Henry III, le combla de faveurs.

De Vins fut tué en 1589 au siége de Grasse d'un coup de mousquet, combattant pour la Ligue, dont il étoit le chef en Provence. Comme il fut extrêmement regretté, on lui fit des funérailles superbes à Aix, où son corps fut porté, et mis ensuite dans un tombeau de marbre vis-à-vis du mausolée de Charles d'Anjou, dernier comte de Provence, dans l'église de Saint-Sauveur. Lorsque Louis XIV vint en Provence, ce tombeau fut voilé, pour cacher aux yeux de Sa Majesté les cendres d'un rebelle. C'étoit un des plus vaillans hommes de son tems, intrépide, rusé, si vigilant que cette qualité le fit appeler en Provence *Lou matinier*, car il surprenoit ordinairement au lit ceux qu'il vouloit combattre.

La maison de Vintimille du Luc possède aujourd'huy la terre de Vins, qui renferme trois cens communians, un prieur dont le bénéfice est de la nomination du prévôt de Pignans, un vicaire et un secondaire

L'église de Vins n'est bâtie que depuis deux siècles : elle a pour patron saint Vincent martyr.

Ce lieu est situé sur la rivière de Caramie, au ressort de Brignoles, et fut érigé en marquisat en 1641.

### MONTFORT, SPÉLUQUE.

Montfort, village aux confins de ce diocèse, entre Cottignac, Carcès et Vins, de la viguerie de Brignoles, sur une colline, est divisé en ville vieille, qui est entourée de remparts, et ville neuve, dans la plaine.

On voit dans le quartier de Spéluque les restes d'une église paroissiale qui étoit grande et bien construite, sur lesquels fut bâtie, par ordre de l'évêque de Fréjus, une chapelle sous le titre de la Purification de la Sainte Vierge, où les vicaires vont prendre possession. Le peuple se faisoit enterrer dans le cimetière de cette église longtems aprez que la nouvelle église paroissiale fut bâtie. Le village de Spéluque, dont les habitans se sont retirez à Montfort, subsistoit il n'y a pas plus de deux cens ans.

Les avenues de Montfort sont belles, l'air y est tempéré, l'hiver doux; et le terroir, qui consiste en côteaux, partie en plaine, y donne des fruits de toute espèce d'un goût excellent. Il y a des fabriques d'eau-de-vie qui est estimée, des préries immenses, et un canal dont on se sert pour arroser la plaine.

L'église de Montfort fut bâtie en 1617 d'une manière peu considérable. Saint Blaise est le patron et la Sainte

Vierge la titulaire. Les PP. de l'Oratoire de Notre-Dame de Grâce en ont le prieuré depuis l'an 1626. Ils font une redevance de trente-six panaux de bled à l'évêque de Fréjus, et de vingt-huit charges au chapitre de Pignans, dont le bénéfice dépendoit. Ils sont aussi seigneurs *in toto* de tout le terroir de Spéluque : mais le reste du terroir de Montfort est sous la directe des chevaliers de Malthe, et fait un membre de la commanderie de Marseille. Le château du commandeur est au sommet de la colline de la ville vieille, orné d'un bois à côté, au bord duquel règne une longue allée d'arbres, vers le couchant, où la perspective est très-belle; il y a aussi une chapelle de saint Blaise qui en dépend.

Cette paroisse renferme sept cens communians, sous un vicaire, deux secondaires et un aubier fondé par M. Etienne Mouton, natif de Montfort et bénéficier de Saint-Sauveur d'Aix. Cet aubier est obligé de dire la messe de l'aube, assiste aux offices de la paroisse, et sa rétribution se monte à 246 livres. M. l'évêque de Fréjus est patron de ce bénéfice. Une certaine partie du terroir de Montfort paye des cens à l'abbaye du Montmajor d'Arles.

Il y a une mission fondée pour les Capucins de cinq en cinq ans. La maison curiale n'est point selon l'ordonnance du Roi. Elle est d'ailleurs à une extrémité du village, et l'église paroissiale est à l'autre.

## CHAPITRE IX.

#### DOYENÉ DE BARJOLS.

---

### BARJOLS.

Sa situation n'est pas gracieuse; son terroir est petit, mais ses côteaux, chargez d'oliviers et de vignes, le rendent précieux. Cette ville est à neuf lieues de Fréjus, au nord-ouest, entourée de montagnes qui se serrent de prez. Une source abondante arrose le peu de plaine qu'elle a tant au-dessous de la ville qu'au-dessus. Elle fait même tourner quantité de moulins, à huile, à bled, à papier, et trois fouloirs à draps. Les eaux d'une autre source, qui entrent aussi dans la ville, sont distribuées en cinq belles fontaines. L'air y est salutaire, et plusieurs étrangers y vont chercher le rétablissement de leur santé.

Le domaine de Barjols est au Roi, qui nomme le juge et le viguier, sous le siége de Brignoles. Robert, fils de Charles II, roi des Deux-Siciles et comte de Provence, aprez son père, fut élevé à Barjols, et voulant l'illustrer, il en fit un chef de bailliage : *Quod in ipso castro*, dit-il, *juventutis incrementa suscepimus*, retranchant, pour composer cette jurisdiction, quelques villages de la jurisdiction de Draguignan, de Brignoles et de Saint-Maximin, en 1322. Il y mit un viguier l'année d'aprez.

Ce lieu souffrit beaucoup pendant les guerres de la religion, pour avoir reçu en 1562 Durand de Pontevez, dit de Flassans, frère du comte de Carcès et premier consul d'Aix. Ce magistrat, plein d'un zèle outré pour la religion catholique romaine, avoit mis l'incendie dans la province. Le comte de Tende, qui en étoit gouverneur depuis quarante ans, marcha vers Barjols, l'assiégea, l'emporta d'assaut et le donna au pillage. Cette affliction fut suivie d'une autre plus triste pour la religion : car la petite armée du comte de Tende, étant presque toute composée de calvinistes, ces impies mirent le feu à l'église collégiale, brûlèrent les sacrées reliques de saint Marcel, dont je vai parler, et jetèrent les cendres au vent.

## SAINT MARCEL.

Saint Marcel étoit évêque de Die, en Dauphiné. Les martyrologes en font mention le 9 avril : *In civitate Diensi*, dit le romain, *sancti Marcelli episcopi, miraculis clari*. Sa fête néanmoins se célèbre le 17 janvier, à cause de sa translation. Il avoit succédé à Pétronius, son frère, sur le siége de Die, au milieu du

V⁰ siècle, et aprez avoir gouverné saintement son église pendant plusieurs années, et défendu la foi catholique, il fut envoyé en exil par un roi de Bourgogne, arien, dont le Dauphiné dépendoit. Il mourut prez de Barjols, et son corps y fut transporté.

Vulfin, évêque de Die, écrivit quelque tems aprez la vie de ce saint en vers. Grégoire de Tours, au livre *De gloriâ confessorum*, cap. vii, dit ce qui suit à l'honneur de saint Marcel : *Fuit Marcellus, Diensis episcopus, vir magnificæ sanctitatis, ad cujus tumulum lychnus accensus diuturno spatio lucere solet, et præstat ex eo oleo virtus Domini medicinam infirmis.* Marcel, évêque de Die, fut un homme d'une admirable sainteté. La lampe qu'on allume à son tombeau brûle un tems extraordinaire, et les malades qui s'oignent de cette huile, reçoivent la guérison de leurs infirmitez par la vertu du Seigneur.

Sa légende assure qu'il étoit noble par sa naissance, qu'il fut élevé auprez de son frère Pétronius, évêque de Die, et qu'aprez la mort de celui-ci, il fut élu unanimement évêque; qu'il prit la fuite, craignant une si haute dignité, mais qu'il fut découvert par une colombe, qui vint se reposer sur sa tête à la vue de ceux qui le cherchoient.

Assis sur la chaire de Die, il ne cessa de combattre le dogme d'Arius par ses prédications : les erreurs de cet ennemi de Jésus-Christ commençant à pénétrer dans son diocèse à la faveur du roi du pays. La prison, les chaines, les tourmens furent le fruit et la gloire de son zèle; mais ce prince ne voulant pas répandre le sang de ce saint homme, voulut lui rendre la vie odieuse, ou la lui ôter par un triste exil, hors des terres de sa domination. Il mourut en effet en Provence vers les confins de Barjols, d'où son corps y fut transporté.

Il reposa dans l'église de ce lieu jusqu'en l'année 1562, comme j'ai déjà dit.

Le pape Pie IV, pour dédommager en quelque sorte Barjols d'une si grande perte, accorda à perpétuité une indulgence plénière, en forme de jubilé, à tous ceux qui, contrits et confessez, visiteront son église le premier dimanche aprez Pâques, et qui y prieroient pour les besoins de l'Eglise romaine.

Celle de Barjols est très-ancienne, d'une construction gothique, à trois nefs, de pierres de taille, bien proportionnée; son clocher est une belle tour, mais sans flèche ou cône. Elle est consacrée sous le titre de Notre-Dame; on fait la solemnité de cette consécration le 16 de may.

Cette église a toujours été regardée comme la seconde du diocèse; c'est pourquoi le vicaire de Barjols est nommé au synode immédiatement aprez celui de Fréjus.

Vers l'an 1060, sous *Gaufredus* Geoffroy, VIII<sup>e</sup> comte de Provence, Raimbaud, archevêque d'Arles, qui étoit peut-être natif de Barjols, ou de quelque famille noble d'alentour, y voulut fonder une chapelle à l'honneur de la Très-Sainte Vierge, et en écrivit au pape Alexandre II, qui vivoit alors, ajoutant qu'il établiroit quelques clercs pour la desservir, sous la protection du Saint-Siége. Alexandre II répondit à cet archevêque par un bref, qui est aussi adressé à Bertrand, évêque de Fréjus, qu'il recevoit agréablement sous sa protection l'église de Barjols, avec cette clause qu'elle fairoit tous les ans un denier d'or de cens à l'église de Rome. Raimbaud avoit sans doute demandé l'agrément de l'évêque de Fréjus sur ce sujet, qui peut-être en écrivit lui-même au pape avec cet archevêque.

Ces clercs, qui étoient réguliers, se sécularisèrent ensuite et formèrent un chapitre qui est composé d'un prévôt, d'un capiscol, d'un sacristain, d'un théologal, et de sept autres chanoines, de deux curez, de dix bénéficiers, d'un sous-sacristain à titre de bénéfice, d'un sous-diacre, d'un maître de musique et de quatre enfans de chœur. Les canonicats et les autres bénéfices de cette collégiale peuvent être possédez à simple tonsure.

Le prévôt a la nomination de tous les bénéfices, quand ils vaquent par défaut de résignation. Il les confère *pleno jure*, et reçoit la profession de foi du nouveau pourvu; aprez quoi celui-ci se fait recevoir au chapitre, et ensuite installer : n'étant tenu envers l'évêque de Fréjus que de faire enregistrer ses provisions dans le mois suivant au greffe ecclésiastique du diocèse. Il n'y a que les deux curez ou vicaires qui, aprez avoir été élus et bullez par le prévôt, soient obligez de prendre l'installation de l'évêque.

Le prévôt a la mense de l'église, et donne à chaque chanoine huit charges et une panal de bled, mesure commune, et quarante-huit milleroles de vin, pour sa distribution. Il donne de plus à chaque bénéficier cinq charges et quatre panaux de bled et trente-deux milleroles de vin. Pour fournir à ces distributions, le prévôt a non-seulement toute la dime de Barjols, mais encore celle de deux ou trois autres lieux. Quant aux prébendes des chanoines, elles sont fort inégales. Les trois premières valent plus de 1,000 livres. Les trois dernières ne passent pas 50 écus, et les quatre autres vont à cinq ou six cens livres. L'option des prébendes n'a lieu, pour le plus ancien, que quand un chanoine meurt sans résigner.

Romée de Villeneuve, premier ministre de Raimond Bérenger, V$^e$ comte de Provence, s'étant plaint que le prévôt et les chanoines de Barjols avoient acquis des sieurs de Pontevès le château et la forteresse de leur ville, sans en avoir obtenu l'investiture du prince, les obligea en 1227 de faire une transaction, par laquelle ils remirent au prince le dit château, forteresse, et jurisdiction temporelle de la ville, qu'ils avoient ainsi acquises et possédées assés longtemps, et le comte en échange remit au prévôt la seigneurie de Quinson et le droit d'albergue qu'il avoit à prendre à Barjols. De plus, se contentant des droits honorifiques, il laissa au prévôt la directe de Barjols, dont il jouit encore aujourd'huy sans avoir néanmoins le droit de prélation.

Je ne dois pas omettre que vers la fin du XVI$^e$ siècle, le sieur d'Ampus, ligueur, vint assiéger de nouveau Barjols qui, craignant d'être pris d'assaut, comme il l'avoit été trente ans auparavant, se rendit volontairement aprez quelques coups de canon. Les habitans rachetèrent leur vie et leurs biens au prix de 30,000 écus, mais quelques jours aprez les soldats ligueurs en égorgèrent trois ou quatre cens, à cause que ces derniers n'étoient pas de la Ligue : tems funeste où l'on couroit risque de tout perdre, soit que l'on fût du bon ou du mauvais parti.

Les Augustins ont un couvent à Barjols depuis longtems, mais ils n'y sont que trois. Les Carmes déchaussez y furent reçus en 1678. Leur monastère est hors de la ville, sur une éminence qui en rend l'accez difficile. Ces religieux sont six célébrans selon leur constitution, et vivent saintement. Le R. P. Laurent Audiffren, général des Carmes déchaussez, appelé parmi eux père Marcel de Sainte-Anne, étoit natif de Barjols; il travailla beaucoup à Rome pour l'ornement de cet ordre. Enfin les Ursulines furent établies dans cette ville en 1635, et ce monastère a toujours été bien réglé.

Les paroisses du doyené de Barjols sont : Cottignac, Carcès, Fos, Pontevès et leurs dépendances.

### COTTIGNAC.

Le cardinal de Fleury, étant évêque de Fréjus, ap-appeloit Cottignac le troisième clocher de son diocèse; parce qu'aprez Draguignan et Lorgues, c'est la plus nombreuse paroisse qu'il y ait, puisqu'elle renferme deux mille cinq cens communians.

Il est bâti précisément au pied d'un grand rocher

escarpé, qui le met à l'abri du nord, dans une plaine vers le midy, serrée de fort prez par des collines. De ce rocher descend, à gros bouillons et à grand bruit, un torrent dont les eaux font l'opulence et la beauté de Cottignac. Elles font tourner quantité de moulins à bled et à huile, et fournissent à plus de trente tanneries. On y voit aussi des fabriques de cire et de soie. Tout cela fait un grand commerce. Le terroir, quoique presque tout en collines et pierreux, est néanmoins couvert de vignes et d'oliviers, qui me parurent des plus beaux des pays d'alentour.

Il est du bailliage de Barjols et a le titre de baronie depuis 1487, sous Jean de Pontevès. Il n'est éloigné que d'une lieue de Carcès. L'ancien château des barons étoit sur une éminence; mais il est tout ruiné. Cette terre appartient au prince de Soubise.

L'ancien Cottignac et l'ancienne église étoient dans une plaine, au-dessus du rocher dont j'ai parlé. Au bout de cette plaine est une maison des PP. de l'Oratoire, dite de Saint-Joseph, autrefois renommée par une apparition de ce saint, vraie ou prétendue, je n'en sai rien.

Il y a longtems que les habitans du vieux Cottignac sont descendus au nouveau, puisque l'église paroissiale où ils s'assemblent aujourd'huy paroit fort ancienne. Elle est bâtie de pierres de taille, mais obscure et peu vaste pour un si grand peuple. Le prieuré dépend de la prévôté de Pignans. Le vicaire n'a que la congrue, avec quatre secondaires; il est bien logé. La Sainte Vierge est la patronne de cette église, qui est consacrée. On en fait la solemnité le 9 juillet. Enfin le prieuré vaut 4,000 livres de rente par an.

Le savant Melchior Pastour étoit de Cottignac; il y a encore des gens de ce nom. Il professa dans l'université d'Aix pendant vingt-trois ans, et a donné au public un excellent traité des bénéfices et des censures, un autre traité de la juridiction ecclésiastique des cas privilégiez et communs, un autre des appels comme d'abus, un quatrième livre des biens temporels des églises, enfin un cinquième des droits féodaux et emphythéotiques. Il mourut en 1664. Il est généralement estimé et cité dans tous les parlemens.

### NOTRE-DAME-DE-GRACE.

On rapporte que, sur une apparition de la Très-Sainte Vierge, les habitans de Cottignac, animez par les prêtres du lieu, fondèrent, en 1519, sur une colline nommée le mont Verdaille, prez de leur ville, une chapelle qui fut appelée Notre-Dame-de-Grâce. Il y a une bulle de Léon X sur ce sujet. Cette chapelle acquit d'abord un grand nom de sainteté, qu'elle conserve encore aujourd'huy.

Rollin Ferrier, prieur de Cottignac en 1600, ayant assemblé quelques pieux ecclésiastiques, s'y retira avec eux pour y vivre avec plus de perfection et travailler au salut des âmes. Cette espèce de communauté s'unit, quelque tems aprez, aux Philippiens, c'est-à-dire aux prêtres établis par saint Philippe de Néri, à

Rome, dont l'institut étoit conforme à leurs saints projets. Il y a dans la bibliothèque de cette maison que j'ai vue, un exemplaire des *Annales* de Baronius, dont cet illustre cardinal, qui fut le disciple bien-aimé de saint Philippe de Néri, fit présent à ses confrères de Notre-Dame-de-Grâce. Mais l'union aux Philippiens leur étant également pénible et dispendieuse par les voyages qu'il falloit faire de Rome en Italie, ils y renoncèrent et se joignirent au P. Romillon, saint prêtre qui s'étoit établi à Aix, et qui de concert avec le P. César de Bus avoit fondé plusieurs maisons de pieux ecclésiastiques en Provence, en Languedoc et dans le Comté d'Avignon, pour y cultiver la vigne du Seigneur.

Ces deux grands serviteurs de Dieu s'étant séparez dans la suite, parce que le P. César de Bus vouloit obliger la congrégation à des vœux, et que le P. Romillon ne vouloit l'établir que par les liens de la charité, les prêtres de Notre-Dame-de-Grâce firent une troisième union, en 1626, avec la congrégation de l'Oratoire de Jésus, fondée en 1613 par M. de Bérulle, qui fut ensuite cardinal. Ils consentirent alors que le supérieur de cette maison seroit nommé par le P. général de l'Oratoire, au lieu que toutes les maisons des Philippiens se choisissoient le leur. Mais, en revanche, il donna au supérieur de Notre-Dame-de-Grâce le premier rang dans les assemblées de l'Oratoire aprez celui de Saint-Honoré de Paris.

L'église de cette maison est assés grande, et propre. On y voit une légion d'*ex-voto*, que les fidèles ont suspendus aux murs depuis plus de cent ans, parmi lesquels on voit briller celui de la reine de France Anne d'Autriche, mère de Louis XIV, qui vint y faire ses dévotions avec son auguste fils en 1660.

La maison qu'on a bâtie sur ce mont est belle, bien placée et bien bâtie. Les PP. de l'Oratoire, qui l'habitoient quand Louis-le-Grand et sa mère y vinrent, firent une faute de ne pas prier Leurs Majestez de leur donner au moins de l'eau, puisque le Roi leur demanda ce qu'ils souhaitoient de lui. Leur maison n'en a pas de reste. On pouvoit leur en faire venir abondamment avec une certaine dépense qui convenoit à un monarque.

La bibliothèque de cette maison est considérable. La sacristie renferme une infinité d'ornemens d'autel, qu'on garde avec une grande propreté, ainsi que tout ce qui concerne l'église. Il n'y a pas aujourd'huy autant de prêtres qu'autrefois : ils y seroient inutiles, puisque ceux même qui y demeurent n'étoient pas approuvez par feu M. de Castellane, évêque de Fréjus, et ne le sont pas aujourd'huy par M. de Bellay, notre prélat, à cause des affaires du tems.

Malgré la révolution des billets de banque, arrivée sous Philippe d'Orléans, régent du Royaume sous notre aimable Roi Louis XV, la maison de Notre-Dame-de-Grâce a encore plus de 6,000 livres de rente.

### CARCÈS.

En descendant de Cottignac vers Carcès, qui est au midy, je me figurois que ce lieu étoit plus considérable qu'il n'est en effet. Le titre de comté dont Charles IX l'honora en 1571, la mémoire de trois illustres comtes de Carcès de la maison de Pontevès, qui ont possédé pendant quatre-vingts ans de suite la dignité de grand sénéchal et de lieutenant de Roi dans la Provence, leurs richesses immenses, le fameux parti des Carcistes, tout cela m'avoit rempli l'esprit de grandes idées : mais je trouvai *magni nominis umbram*, un bourg d'une rue longue, placé à peu de distance de la rivière d'Argens, où j'entrai par un pont à l'orient.

Je vis un petit monastère, qu'on me dit être des Observantins, fondé par Jean de Pontevès en 1520. J'aperçus le château, à l'occident, sur une éminence qui n'est pas grand chose, l'église, prez de là, encore moins considérable, dont sainte Marguerite est la patronne, et le bénéfice relève de Pignans. Il est désigné, dans les archives de Pignans, sous le nom de *sanctæ Mariæ de Caramia et sanctæ Margaritæ de Carceribus*. Le prieur de Carcès retire 2,500 livres de la dîme. Le vicaire a plus que de la congrue pour des droits de novales. Il y a deux secondaires et douze cens communians.

Il y a un siége d'apeaux, et les lieux qui forment ce comté sont : Cottignac, Flassans, Tavernes, Bléoud, Châteauneuf et Le Revest.

La rivière de Caramy vient se jeter dans Argens au-dessous de Carcès. En revenant de ce côté-là, je fus agréablement surpris d'une nappe d'eau qui sort d'un canal, prez des Observantins, et d'un jeu de mail attenant, couvert d'arbres. La simplicité et les divisions des seigneurs de cette province, dans le XVIe siècle, ne leur permettoit pas d'avoir des avenues, des jets d'eau, des fontaines, de beaux jardins, des parcs, de grands et commodes emplacemens, ni des châteaux magnifiques.

Le comté de Carcès est passé, par un mariage, de nos jours, dans la maison de Rohan-Soubise.

## FOS.

Fos, prébende de deux chanoines de Barjols, a environ quatre cens communians, deux secondaires, saint Blaise pour patron et un vicaire à la congrue. L'église est assés grande, antique, de pierres de taille. Le seigneur est M. d'Albert.

Ce lieu est placé sur une hauteur, ayant néanmoins une plaine considérable. Ses limites sont la terre d'Aups, de Bresc, Silans et Cottignac. Il ne renferme qu'une chapelle, de dix pistoles de revenu, sous le titre de Notre-Dame du Cléou.

## BRESC.

Bresc, rivière, prend sa source dans la terre de Fos, et se jette dans la terre de Bresc.

Cette terre a un château seigneurial à quatre tourelles, avec la moyenne et basse justice. Elle n'étoit autrefois qu'un étang, qui a été desséché aprez qu'il fut aliéné de la commanderie de Comps, sous le cens de 48 sols. Elle confronte Fos, Silans et Fabrégue. Le sieur Sigaudi d'Aups la possède et en porte le nom.

Le vicaire de Fos administre par charité les sacremens à quelques fermiers ou travailleurs qui sont dans la terre de Bresc, quand ils tombent malades.

### PONTEVÈS.

L'an 1473, Bertrand de Pontevès, voyant sa terre sans habitans, fit venir dix familles de la rivière de Gênes, pour la leur faire examiner, et les y établir à certaines conditions. Ce lieu leur ayant paru bon, ils promirent verbalement à ce seigneur de faire venir dans quatre ans quarante familles de leur pays. Le nombre s'étant rempli peu à peu, ils transigèrent par écrit en 1477 pour avoir une règle invariable.

Le village de Pontevès fut bâti avec une petite église et l'on y mit un vicaire pour les cinquante familles. Mais depuis on a bâti une église à trois nefs, qui fut achevée en 1669, et qui est des plus jolies du diocèse. Elle est dédiée sous le titre de Saint-Gervais et Saint-Protais, avec trois cens cinquante communians, qui, outre le vicaire, ont un secondaire pour les conduire.

Le bénéfice de Sainte-Catherine de Pontevès vaut quarante écus et celui de Notre-Dame, fondé par Pierre de Maurel en 1670, est beaucoup meilleur.

Il y a plus de deux siècles que le curé-prieur de

Pontevès, lassé du soin pastoral, demanda au prévôt de Barjols d'être chanoine de son église : ce qui lui fut accordé. Il offrit de se démettre de la moitié de la grosse dîme, et partagea l'autre moitié avec un vicaire perpétuel, qu'il mit à sa place, conservant le nom de prieur, ayant gardé toutes les formalitez nécessaires en pareil cas : de sorte que le vicaire de cette paroisse mourant sans résigner, le prévôt et le chanoine-prieur se disputent la nomination de cette vicairie.

On trouve un testament de l'an 1490, fait par Jean de Pontevès, où il est dit : Je fais héritier *Consobrinum meum germanum nobilem Durandum de Ponteces, et suos liberos masculos, adjecta conditione, quod hæres meus, supra nominatus, et ei succedentes, ad quos hæreditas mea deveniet, suscipiant nomen et arma mea, quæ solitus sum facere, scilicet pontem et lupum.*

L'histoire de Provence fait souvent mention de l'illustre maison de Pontevès, dont la branche la plus riche et la plus distinguée a été celle de Jean de Pontevès, comte de Carcès, père de Gaspard, qui eut un fils nommé comme son ayeul, Jean de Pontevès, qui tous trois ont eu pendant quatre-vingts ans la dignité de grand sénéchal et de lieutenant de Roi en Provence, dans leur famille, avec les belles terres de Carcès, de Cottignac, d'Artignosc, etc. C'étoient des seigneurs pleins de belles qualitez, qui ont eu beaucoup de part aux guerres de la religion, ayant un gros parti pour eux qui portoit le nom de Carcistes.

Le village de Pontevès est bâti sur un monticule,

d'où l'on découvre une plaine considérable, entourée de petites collines, dont les unes sont cultivées et les autres couvertes de bois. On y voit deux montagnes faites en cône. On trouve sur le sommet de celle qui est la moins haute une espèce de fort, qui est encore en bon état, avec des murs très-épais. On croit que c'étoit un poste de Sarrasins. Le terroir a deux lieues de longueur et une de largeur.

Les Templiers y possédoient un grand bâtiment dont on voit les restes, avec de gros biens.

Pontevès est du ressort de Brignoles, et de la viguerie de Barjols.

Pierre de Maurel en avoit acquis toute la jurisdiction en 1664. Mais aujourd'huy cette terre a cinq cosseigneurs.

# CHAPITRE X.

## DOYENÉ DE DRAGUIGNAN.

### DRAGUIGNAN.

Le pape Jean XXIII et Georges, cardinal d'Armagnac, légat d'Avignon, unirent l'église et la dîme de Draguignan à l'archidiaconé d'Aix. Il n'y avoit alors qu'un vicaire : mais à la prière de Jean de Rascas, archidiacre-prieur de Draguignan, on y érigea un chapitre, dont il se réserva néanmoins la vicairie ou primauté. Mais cette réserve fut cassée par arrêt du parlement de Dijon, en 1642.

Le sacristain est le chef de cette collégiale. Il administre les sacremens à toute la ville, et a sous lui un capiscol, quatre chanoines, deux chapelains, deux secondaires et deux enfans de chœur.

L'église est belle, bien placée, grande, voûtée, à une seule nef avec des chapelles à droite et à gauche, dont les voûtes sont néanmoins beaucoup moins élevées que celle de la nef. Elle est dédiée sous le titre de Notre-Dame et de Saint-Michel. Le maître-autel est à la romaine, mais le chœur des chanoines est au devant de l'autel *in plano*. L'orgue, qui est considérable, est placé sur la porte, et la confrérie du Saint-Sacrement y est desservie d'une manière très-édifiante par les premiers de la ville.

Saint Armentaire, évêque d'Antibes et patron de Draguignan, est honoré fort solemnellement dans une chapelle hors de la ville. Le bréviaire de Grasse, imprimé à Avignon en 1528, assigne sa fête le 9 de janvier : j'y ai cherché sa légende, mais je n'y en trouvai point. On disoit tout l'office du commun des pontifes ce jour-là. On a ses reliques à Draguignan, à ce qu'on croit, et la tradition de cette ville est que saint Armentaire la délivra d'un énorme dragon, qui y jetoit la terreur. Aussi elle porte un dragon pour ses armoiries, et son nom latin en est dérivé : *Dracenœ* et *Draconianum* dans les actes anciens.

La chapelle de ce saint est dotée d'un bénéfice assés considérable, qui est aujourd'huy possédé en commende et dépend de l'abbaye de Saint-Pons de Nice.

On lit sur la porte de la chapelle de Saint-Armentaire, hors des murs de Draguignan, qu'il a été le premier évêque d'Antibes. Cela n'est pas sûr. Je crois, avec Messieurs de Draguignan, que ce saint a été évêque d'Antibes; je le pense avec M. de Tillemont, avec le P. Denis de Sainte-Marthe, avec l'auteur du supplément des conciles des Gaules. Ceux qui disent le contraire sont embarrassez d'assigner un siége à

Armentaire, qui a souscrit à la lettre des évêques des Gaules en 451. Mais ce n'est pas mon opinion que saint Armentaire ait été le premier évêque d'Antibes; c'est à ceux qui le prétendent à le prouver.

M. de Godeau, évêque de Grasse, dit, dans son histoire ecclésiastique, que la foi fut établie dans les Gaules, dez le premier siècle, par les disciples de saint Polycarpe, qui pénétrèrent jusqu'à Lyon et au-delà même, qu'ils la prêchèrent dez lors à Cimiers, à Vence, à Antibes, à Fréjus, et qu'il y eut ainsi des évêques établis dans ces villes pour ceux qui avoient embrassé la foi, et qui la prêchèrent dans les lieux d'alentour. Aucun de ces siéges ne connoit les premiers évêques; à peine en trouve-t-on des vestiges avant la fin du quatrième siècle, parce que les payens recherchoient avec soin tous les livres qui regardoient les églises des chrétiens pour les jeter au feu. Ils les obligeoient de livrer tous ces écrits sous peine de la vie. Quelquefois ils exterminoient tellement les chrétiens dans certains lieux qu'il n'en restoit pas un. Comment le nom, les actes, le tems, la durée de l'épiscopat de ces premiers évêques ont-ils pu parvenir jusqu'à nous?

Quoique M. de Godeau dise qu'avant Agrœcius, qui florissoit en 527 sur la chaire d'Antibes, on n'a rien de certain sur ce qui regarde les évêques qui peuvent l'avoir précédé, cela ne prouve pas qu'il n'y en ait point eu avant lui, ni que saint Armentaire n'ait été évêque d'Antibes cent ans auparavant. Mais encore une fois, ce saint n'a pas été le premier évêque d'Antibes. D'ailleurs, selon le même auteur, il y a eu des évêques dans les siéges qui sont à l'entrée des Gaules dez le tems des disciples de saint Polycarpe, par conséquent saint Armentaire ne sauroit être le premier évêque d'Antibes, puisqu'il ne vivoit que dans le cinquième siècle.

Le sentiment de M. d'Antelmy peut favoriser celui de Messieurs de Draguignan : car il prétend que les évêques de Fréjus, avant la division des diocèses, avoient aussi Antibes sous leur jurisdiction, et que non-seulement saint Léonce, mais encore Théodore son successeur, gouvernoient le diocèse d'Antibes. Ainsi, aprez la mort de Théodore, saint Armentaire pouvoit être le premier évêque d'Antibes : mais il ne peut nier que Armentaire ne fut évêque en même tems que Théodore, puisqu'ils ont signé l'un et l'autre la lettre des évêques des Gaules en 451 pour demander au pape saint Léon la restitution des priviléges de l'église d'Arles, dont l'évêque étoit leur primat. Sur quel siége le place-t-il? Léon, écrivant à Théodore de Fréjus, met simplement sur sa lettre : *Theodoro episcopo Forojuliensi*. Il n'ajoute pas : *et Antipolitano*. M. de Tillemont réfute fortement M. d'Antelmy sur l'union de ces deux diocèses dans la personne de l'évêque de Fréjus.

Il y a quatre mille communians à Draguignan, un hôtel-Dieu, une maison et un collége de PP. de la Doctrine chrétienne depuis un siècle pour l'éducation de la jeunesse, un fort beau couvent des Capucins bâti depuis peu, un des Minimes, de même un des Cordeliers, un des Observantins fort ancien, un des Grands Augustins fondé en 1380, et un des Frères Prêcheurs en 1304. Les Ursulines y ont un monastère depuis 1633.

Frère Antoine de Remoules, prêcheur du convent de Draguignan, fut élu évêque de Grasse dans le XVe siècle. Voici ce qu'en disent les archives de ce monastère : *F. Antonius de Romulis, ordinis Prædicatorum vacante sede Grassensi per obitum Bernardi, fuit unanimiter electus..... an. Domini 1427, et pontificatus Martini V anno decimo.* Dans un autre endroit on y lit : *Nemine discrepante fuit electus R. P. F. Ant. de Remoules, sacræ paginæ eximius professor, filius conventus Draguiniani Ord. Præd.*

Barthélemy Texier, qui fut élu maître général de l'ordre de Saint-Dominique à Boulogne, et qui le gouverna avec beaucoup de prudence et de sainteté pendant vingt-quatre ans, avoit aussi pris l'habit dans le couvent de Draguignan, où l'on conserve encore deux ornemens d'autel, dont cet homme illustre lui fit présent. Quelques-uns disent qu'il étoit né dans cette ville, d'autres à Trans, qui est aux portes de Draguignan. Il mourut à Lyon en 1445.

L'église des Dominicains n'est pas belle. Celle des Augustins est réparée fort proprement; elle est voutée, régulière et riante. J'y vis un chœur à plus de vingt stalles de part et d'autre; ce qui me fit demander à l'Augustin qui étoit avec moi, s'il n'y avoit pas plus de religieux dans ce convent autrefois qu'aujourd'huy; à quoi il me répondit qu'il avoit lu dans les archives qu'il y en avoit dix-huit. Ensuite je remarquai au bas du chœur un tombeau élevé d'un pied sur terre. Je demandai qui étoit inhumé là-dedans. Sa réponse me rappela ce que j'avais ouï dire dans ma jeunesse, qu'on avoit trouvé chez les Augustins de Draguignan un corps tout entier, quoique enseveli depuis 180 ans, qu'on croyoit à cette marque être le corps d'un saint. Comme cela faisoit du bruit, M. d'Aquin, alors évêque de Fréjus, envoya son grand vicaire pour en dresser un procez-verbal. Ce corps fut tiré du tombeau par ordre du grand vicaire, fut porté à la sacristie pour être visité, et rapporté au tombeau sans se démembrer, à ce que me raconta l'Augustin : mais cette affaire a été abandonnée depuis lors. Ayant voulu lire l'inscription gravée sur la pierre du tombeau, je la trouvai fort gâtée ; mais mon religieux eut la bonté de me la montrer bien lisible à un autel à côté. La voici en partie : *Cy gist le noble Janet des Planques, natif de la ville de Béthune en Artois, etc..., qui mourut en cette ville de Draguignan en 1512.* C'étoit un officier de guerre distingué par quelques exploits dont parle l'épitaphe. Il laissa une fondation aux Augustins.

Les PP. de la Doctrine n'ont encore qu'une chapelle qui est peu de chose, et les Minimes en ont bâti une assés jolie, dans la ville, depuis qu'ils s'y sont retirez, et ont mis des chambres dessus, où il faut monter par bien de degrez.

Il y eut de grands désordres à Draguignan vers le milieu du siècle passé. Une guerre civile que l'autorité ne pouvoit éteindre, des meurtres et d'autres crimes désolèrent longtems cette ville infortunée : mais enfin la paix y rentra par l'abolition de tout ce qui s'étoit passé. Le Roi voulut bien l'accorder en 1660.

Cette ville est entourée de murs assés réguliers, qui contiendroient une autre ville dans leur enceinte. Ses rues sont belles, ses fontaines abondantes, son terroir vaste et fertile, ses collines toutes couvertes d'oliviers, et, pour parler comme les poëtes, je crois que si Minerve, qui aime ces arbres, venoit habiter dans le diocèse de Fréjus, elle choisiroit les collines de Draguignan et les lieux d'alentour pour sa demeure, parce qu'ils y sont très-beaux, fertiles et bien cultivez.

Toute cette contrée eut le malheur en 1742, la veille de saint Jean-Baptiste, d'être ravagée par la plus horrible grêle qu'on ait jamais vu tomber.

Bien des gens de condition font leur séjour à Draguignan. L'air y est bon, mais quelquefois sujet à des fièvres malignes qui emportent beaucoup de monde en peu de tems.

La plupart des paroisses de ce diocèse dépendent de la viguerie de Draguignan et relèvent de son siége de sénéchaussée dont je vai parler.

François I$^{er}$ l'érigea en 1535; mais il sort de la même source que les autres sénéchaussées de Provence. Voici comment il y a eu, sous nos comtes, plusieurs grands sénéchaux auxquels appartenoit toute la jurisdiction de la province; en sorte que toutes les affaires étoient portées à leur tribunal, qui étoit unique et général. Ces sénéchaux obtinrent de tems en tems la permission de vendre quelque portion de leur jurisdiction, et la démembroient ainsi; de sorte que dans la suite diverses sénéchaussées particulières ayant été établies du consentement du prince, l'exercice du grand sénéchal cessa, et le siége de la sénéchaussée générale, qui étoit à Aix, fut abolie. En effet, il y a douze siéges de sénéchaussée particulière en Provence, qui sont : Aix, Draguignan, Forcalquier, Digne, Sisteron, Arles, Marseille, Toulon, Hières, Brignole, Grasse et Castellane.

Le siége de sénéchaussée de Draguignan est composé de trois lieutenans généraux : le lieutenant civil, le lieutenant criminel et le lieutenant des soumissions.

Les deux premiers offices sont unis. Il y a aussi trois lieutenans particuliers : un civil, un criminel, avec la qualité de conseiller, qui est un office de crûe, et un lieutenant aux soumissions, autrement assesseur, quatre conseillers, un avocat du Roi et un procureur du Roi.

Le sénéchal est aujourd'huy M. Honoré de Rascas, seigneur du Canet.

Outre cela Draguignan a un juge royal, pour les plébéens, qui ressortit au siége, ayant un lieutenant de juge pour assesseur; un viguier pour le Roi, qui en est seigneur en qualité de comte de Provence. Ce viguier est capitaine de la ville, préside à tous les conseils, aux bureaux de police, et a droit de connoître du crime avec le juge par prévention.

On compte quatre juges royaux dans le ressort de Draguignan : Lorgues, Aups et Callas. Il y a un siége d'apeaux qui est à Grimaud, où les villages du golfe ressortissent : mais ensuite ils vont presque tous, par appel du juge de Grimaud, au lieutenant de Draguignan.

Les paroisses de ce doyené sont : La Moutte, Trans, Ampus, Tourtou, Figanière, Châteaudouble et Rebouillon, Montferrat, Brovès et leurs dépendances.

### LA MOUTTE.

Saint Victor est patron de cette paroisse, dont le prieuré dépend de l'abbaye de ce nom. L'église paroissiale et le château s'étant éboulez, la chapelle de Notre-Dame-du-Chemin, hors du village, sert d'église. Il n'y a que deux cens communians et un vicaire.

La rivière de Nartubie passe dans son terroir, où est aussi renfermée la terre de Vaubourgès, vers le monastère de Sainte-Catherine.

Les chartes de Saint-Victor parlent souvent de La Moutte, dans le XIIe siècle, sous l'abbé Radulphe.

Il n'y a qu'une dominicale en carême.

Saint Quénis y est révéré dans une chapelle, sur une éminence au-dessus du village. Ne serait-ce point notre saint Quinnidius, évêque de Fréjus ?[1]

### TRANS.

Louis XII érigea Trans en marquisat, en faveur de Louis de Villeneuve, et lui permit de porter une fleur

---

[1] C'est saint Quinis, évêque de Vaison. Il n'y a jamais eu d'évêque de ce nom sur le siége de Fréjus. C. f. *Recherches hist. sur saint Léonce*, p. 13.

de lys en cœur dans ses armoiries. Le marquisat de Nesle est le premier marquisat de France, celui de Trans est le second. Ses arrière-fiefs sont : Châteaudouble, Montferrat, Pibresson, Sclans, Valnasque et Brunet.

Trans est situé sur Nartubie, dans une plaine, à une lieue de Draguignan. Il est bien bâti, et contient six cens communians, un prieur-curé, dont le bénéfice dépend de la prévôté de Pignans, et deux secondaires. Son église, de pierres de taille, voûté à une seule nef, est un peu obscure. Saint Victor en est le patron.

On dit que Barthélemy Texier, général des Dominicains, étoit Transien. Quelques-uns croyent aussi que sainte Rossoline avoit pris naissance dans ce lieu, qui appartient de tems immémorial à la maison de Villeneuve, dont cette sainte est sortie.

Le château de Trans fut pris et démoli pendant les guerres civiles de la religion par le sieur d'Estoublon : le marquis de Trans, sa femme et ses enfans y furent maltraitez, parce que ce seigneur étoit gendre du comte de Carcès. M. le comte de Tourrettes est seigneur de Trans, où il fait actuellement bâtir un petit château.

Il y a dans ce lieu une belle fabrique de soie.

### AMPUS.

Son terroir est vaste, mais pierreux et inculte en plusieurs endroits. Le village est situé au milieu de ce terroir, sur une éminence de difficile accez, entouré néanmoins de quelques préries, qui s'arrosent par une pente douce.

On y trouve de tems en tems des médailles de cuivre, quelquefois même d'or, au quartier de la Bastide, où il paroît des ruines des anciens Romains; ce qui confirme l'opinion de ceux qui disent qu'Ampus est *Anteis*, marqué, dans la carte de Peuttinger, entre *Forum Voconii*, Le Luc, et *Reis Apollinaris*, Riez, de nos jours. Car il y a un chemin, dans cette carte, qui sort de la voie aurélienne prez du Luc, et qui, passant par *Anteis*, se termine enfin à Riez.

Deux seigneurs partagent également la juridiction d'Ampus, M. de Lauris Castellane et M. de Perrache, qui y fait sa résidence.

Il y a dans cette paroisse trois bénéfices sacerdotaux de patronage laïque, et dont la révolution des tems a fort diminué les revenus.

Saint Michel est le titulaire de l'église d'Ampus. On lit dans une charte de Lérins, en l'an 1095 : *Ego Petrus Assalitus dono Deo... sanctoque Honorato monasterii Lyrinensis...ecclesiam sancti Michaelis quæ est in territorio castri Empurii..... cum consilio domni Berengarii episcopi Forojuliensis.*

Cette église est située sur le haut du bourg, au-dessous d'un ancien château que le duc d'Epernon fit détruire pendant les guerres des protestans. Elle est fort ancienne, de pierres de taille, mais peu considérable pour huit cens communians régis par un vicaire et trois secondaires.

Le prieuré, qui est en commende, est du ressort de l'abbaye de Lérins.

Alméradus, évêque de Fréjus, vers l'an 990, donna à ce monastère l'église de Saint-Pierre et de Sainte-Marie d'Ampus, sous l'abbé Garnier : *Ex cujusdam Lirinensis instrumenti*, dit M. d'Antelmy [1], *posterius factâ communicatione..... Almeradus episcopus Forojuliensis..... laudatur dedisse Garnerio abbati Lirinensi ecclesiam sancti Petri et sanctæ Mariæ d'Empurs.* C'est, je pense, Notre-Dame de Spéluque, dans le terroir d'Ampus. Sur quoi je dois rendre raison d'un reproche qui m'a été fait par M. Solomé, bénéficier et ancien supérieur du séminaire de Riez, auteur de l'ouvrage intitulé : *Reïensium sive Regentium episcoporum nomenclatura*, écrivant à un chartreux de ma connoissance, qui m'a communiqué sa lettre. « M. Girardin, dit-il, doit se souvenir de la parole qu'il a donnée au commencement du IIIe livre de son Histoire de la ville et de l'église de Fréjus : Je ne ravirai point aux autres siéges des évêques qui ne nous appartiennent pas. Il a cependant ravi Alméradus à l'église de Riez pour illustrer celle de Fréjus. »

Je réponds : 1° que dom Claude Etienot, qui avoit lu curieusement toutes les chartes de Lérins, fait mention d'Alméradus, évêque de Fréjus, bienfaiteur de cette abbaye : le mot de *Forojuliensis* est formellement dans la charte qu'il rapporte au sujet d'Ampus.

---

[1] *S. Antiolus, ex Lirinensi monacho Forojuliensis episcopus*: Auctore J. Antelmy.

On a beau dire qu'il doit y avoir *Regiensis*, il faut qu'on m'en donne de bonnes raisons, et en attendant, la possession est pour moi; 2° Comment veut-on qu'Alméradus, évêque de Riez, ait donné aux Lirinois l'église d'Ampus, qui n'étoit pas de son diocèse, et qui a toujours été de celui de Fréjus? 3° Il donne trente-cinq ans d'épiscopat à son Alméradus. J'avoue qu'il n'est pas extraordinaire qu'il ait vécu dans Riez tout ce tems-là, quoique autrefois on ne choisissoit guère que des prêtres âgez pour évêques. Pour moi, je ne donne que dix ans d'épiscopat à notre Alméradus, avant d'avoir prévu l'objection qu'on devoit me faire, et pour l'éclaircir absolument, disons qu'il y a eu en même tems un évêque du nom d'Alméradus à Riez et à Fréjus, tous deux bienfaiteurs de Lérins, si l'on veut. Cela n'est pas sans preuve, puisqu'il reste une lettre de Benoît VIII, pape, en 1009, à Alméradus de Riez, et à six autres évêques. Alméraldus de Fréjus étoit mort alors. M. d'Antelmy étoit de ce sentiment [1].

### SPÉLUQUE.

La chapelle de Notre-Dame de ce titre est bien bâtie. Il y avoit autrefois une paroisse, dont on lit dans les chartes de Lérins qu'un nommé Fulco étoit prieur-

---

[1] Dom Estienot, sur lequel Girardin se fonde, avait mal lu la charte dont il est question; elle porte réellement: *Almeradus Regiensis ecclesie presul*; la ville et le diocèse de Riez y sont mentionnés. *Cart. de Lérins*, fol. 94.

curé en 1248. Elle est unie aujourd'huy à celle d'Ampus avec son terroir. On y dit cependant la messe les dimanches et les fêtes, depuis le mois de may jusqu'en septembre.

On aliéna, pour le rachat de François I$^{er}$, une terre dépendante de ce prieuré qui rendoit vingt-cinq charges de bled tous les ans. Celui qui la possède n'en paye ni dime ni taille aujourd'huy même.

### REINIÉ, CASTRUM DE REINO.

On voit en venant d'Ampus à Draguignan, les débris de ce village et de son église, qui étoit dédiée à saint Maurice. Ce terroir est uni à celui d'Ampus, comme Spéluque.

### CHATEAUDOUBLE.

Châteaudouble, dont l'abord est affreux de tous côtez, a sept cens communians, un vicaire et deux secondaires. Le corps des bénéficiers de Fréjus en a la dîme, mais le vicaire est condécimateur.

On voit au-dessus de ce bourg, un vieux fort bâti sur une éminence avec l'ancienne église, où l'on monte pour enterrer les morts. La nouvelle, qui est dans le village, est dédiée sous le titre de l'Annonciation de la Sainte Vierge. Le patron du lieu est saint Jean-Baptiste.

La bulle de Grégoire VII, en 1079, fait mention du prieuré de Châteaudouble sous le titre de Saint-Trophime : *Cellam sancti Trophimi apud Castellum Duplum.*

Il y a dans cette paroisse un bénéfice sous le nom de Saint-Martin, dont M. de Fréjus est collateur.

Le terroir de Châteaudouble est tout pierreux. Il confronte Lagneros, qui est du diocèse de Riez. Le registre *Pergam.* le met cependant dans le diocèse de Fréjus, et la bulle de Grégoire VII met Châteaudouble dans le diocèse de Riez. Je crois qu'il y a faute dans l'un et l'autre, à moins que les deux évêques n'aient permuté l'un pour l'autre.

M. Baudrier qui est seigneur de Châteaudouble, y fait sa demeure.

### REBOUILLON.

Rebouillon est un hameau à une lieue de là, avec une chapelle succursale, où l'on fait des baptêmes et des enterremens. Un prêtre y fait le service.

Ce hameau est de la paroisse et de la seigneurie de Châteaudouble.

### LA GARDE.

La Garde est une terre inhabitée, d'une lieue de tour, attenante à Châteaudouble, dont les habitans y ont un droit de compascuité. La rivière de Nartubié coule entre l'un et l'autre. Ce n'est point La Garde du Fraxinet, qui est au midy à trois ou quatre lieues de Draguignan. Celle-ci n'en est éloignée que d'une lieue, et appartient avec sa jurisdiction au sieur Périer.

On voit l'ancien château ruiné sur le sommet d'une montagne. C'étoit une retraite de brigands.

### MONTFERRAT.

Montferrat relève du marquisat de Trans. Cette terre n'avoit point d'habitans : le bail que le seigneur en fit, il y a plus de cinq cens ans, fut cause qu'il s'y en établit, et ils bâtirent un village où il y a présentement plus de cinq cens communians, un vicaire et un secondaire. La dîme de ce lieu fait la prébende d'un chanoine de la cathédrale.

La seigneurie appartient au sieur de Brun, qui demeure à Draguignan. La maison claustrale est une des plus jolies du diocèse. L'église n'est bâtie que depuis deux siècles, à deux nefs, mais petite; de sorte que pour suppléer à ce défaut, on y a fait deux tribunes fort propres. Elle est sous le titre de l'Assomption de la Sainte Vierge.

Ce village et l'église paroissiale étoit autrefois sur une colline escarpée, qui en est à un quart de lieue. Il y reste une chapelle, marquée par des cyprez, appelée Notre-Dame de Beauveser, qui est dotée d'un bénéfice.

La messe y est célébrée tous les dimanches et fêtes de l'année.

La maison de l'Oratoire de Notre-Dame de Grâce a la collation d'un autre bénéfice, dans la même église, dont le possesseur est obligé d'y célébrer la messe tous les samedis. On dit que cette colline étoit une retraite de voleurs, comme le château de La Garde.

### FIGANIÈRE.

Figanière, prébende d'un chanoine de la cathédrale, a saint Michel pour patron, sept cens communians, un vicaire et deux secondaires. M. de Vintimille en est seigneur. Il est fait mention de Figanière dans une charte de Saint-Victor, en 1036. Le chapitre de Fréjus y possède en corps un bénéfice qui complèteroit la prébende du chanoine dont le revenu est médiocre.

### SAINT PONS.

Prez de Figanière il y a une grande chapelle champêtre dédiée à saint Pons, à qui les peuples d'alentour ont une grande dévotion. Elle étoit autrefois desservie par les Trinitaires, ensuite par les Observantins, et à présent par un prêtre, les uns et les autres ayant abandonné ce poste.

Baronius dit que le corps de saint Pons martyr est à Nice, c'est-à-dire dans l'abbaye de son nom, à une petite demi-lieue de cette ville, au-delà de la rivière de Paillon, prez de Cimiers. D'autres prétendent qu'il a été transféré de Cimiers, en 936, à Tomières en Languedoc, appelée aujourd'huy Saint-Pons, ville honorée d'un siége épiscopal, où l'on bâtit dez lors une très-belle église pour y placer ces reliques sacrées.

Le P. Sirmond a cru qu'il falloit rapporter à ce saint les homélies 15, 16 et 17 de saint Valérien, évêque de Cimiers dans le V<sup>e</sup> siècle. En effet, elles sont faites sur un martyr du lieu, qui en est même appelé citoyen, et qui avoit montré aux autres le chemin du ciel en y répandant le premier son sang pour la foi. Son corps y étoit encore, et les démons témoignoient par les cris des possédez quel pouvoir Jésus-Christ a donné à ceux qui lui ont offert leurs vies. Il se faisoit à son tombeau plusieurs autres miracles, qui attiroient tous les peuples des environs. Il semble, par ce que dit saint Valérien, que le tombeau de saint Pons étoit enrichi d'or et couvert d'étoffes de soie.

On prétend aussi posséder la tête de saint Pons à Couloubrière, paroisse du diocèse de Toulon. Enfin les habitans de Figanière croyent aussi avoir tout le corps de saint Pons, évêque et martyr.

Saint Pons fut décapité sous l'empereur Valérien, pour la foi de Jésus-Christ, à Cimiers, appelé par les latins *Cemelio* et *Cemenellum*. Cette ville étoit alors considérable : mais ils n'en reste presque plus de vestiges. Elle étoit située sur une haute colline, au bas de laquelle coule la rivière de Paillon, que Ptolomée nomme *Paulo*. On a bâti dans la suite des tems un grand couvent de Récollets sur cette hauteur qu'on appelle encore Notre-Dame de Cimiers, et un peu plus loin on trouve l'abbaye de Saint-Pons, qui consiste en un très-beau corps de logis et une église magnifique qui n'est achevée que depuis peu. Les religieux de cette abbaye sont des Bénédictins, établis autrefois dans cet endroit par les religieux de Saint-Victor de Marseille.

Le plus ancien religieux de cette abbaye me dit que saint Pons y avoit été martyrisé certainement, et me conduisit sur le rocher même où il fut décollé, à cinquante pas de leur église. On y a bâti une chapelle et fait une terrasse au-devant; car le derrière du rocher est escarpé, et son pied est dans la rivière. Ce religieux me dit aussi que la tête de saint Pons étoit à Couloubrière; que la tradition étoit que la tête de ce saint étoit tombée de ce rocher dans la rivière lorsqu'on la lui eut coupée, et que quelques fidèles furent assés heureux pour la trouver et la portèrent dans leur pays, et que par conséquent elle n'étoit point dans leur abbaye. Il ajouta que presque tout le reste du corps de ce martyr étoit dans une chapelle domestique où je me transportai. J'y vis un tombeau qui paroît avoir sept ou huit siècles d'antiquité, d'une pierre fort propre toute couverte de sculpture de ce tems-là, élevé d'environ quatre pieds sur terre : au bas on a appuyé un autel où l'on célèbre. Les reliques sacrées sont dans la terre, car le tombeau est percé à jour, et ne sert que de signe que le corps de saint Pons y est au-dessous.

Il y a au fond de cette petite chapelle deux autres tombeaux dans le mur, où sont les reliques de saint Siagrius, évêque de Nice, et d'une sainte vierge martyre, tombeaux qui sont de la même matière que celui de saint Pons.

Je vis ensuite dans la sacristie de cette maison un reliquaire où est enfermé l'os d'un bras de saint Pons, que je baisai avec respect.

On y fait l'office de saint Pons comme d'un simple martyr, et on n'a point de légende propre de ce saint, on dit tout du commun. Le peuple de Nice croit pourtant que saint Pons étoit évêque, mais il se trompe. Les religieux de ce monastère ne le croyent pas; il étoit laïque.

Il y a des actes du martyre de ce saint, que les savans regardent comme faux, et d'autres comme ridicules. Le religieux Trinitaire qui fit imprimer en 1670 un petit ouvrage touchant la vie et les miracles de saint Pons de Figanière, les a suivis, de sorte qu'il rapporte des choses tantôt fades, tantôt opposées à la nature.

Je souhaiterois qu'il eut fouillé dans les registres de Figanière et de la province, pour découvrir comment et en quel tems on a trouvé les reliques de saint Pons dans le terroir de cette paroisse. Il se contente de dire qu'un homme coupant un lentiscle sur une colline, on vit découler du sang; qu'effrayé de cette merveille, il courut au village dont les habitans vinrent en foule s'assurer du fait, et qu'ayant fouillé à l'entour du lentiscle, ils découvrirent qu'il avoit sa racine dans un tombeau, où l'on trouva ces reliques. Il ne marque point l'année ni le siècle où ce prodige arriva. Il ajoute que trois évêques furent présens à la translation de ce corps, qui se fit du tombeau à l'église qu'on avoit bâtie dans la vallée ; mais ne nomme aucun de ces évêques, ni l'année de la translation, ni leurs diocèses. Tout ce qu'il avance de la tradition de ces reliques et des miraracles qu'elles opèrent ne passe pas deux cens ans. Comment sut-on que les ossemens enfermez dans ce tombeau sur la colline étoient ceux du martyr saint Pons de Cimiers? A-t-on quelque écrit qui en fasse foi? ou y a-t-il quelque écrit authentique enfermé dans la châsse qui en fournisse des preuves? Ce qu'on m'a fourni sur ce sujet consiste en l'acte de la translation de ces reliques faite en 1690 par M. Porre, grand vicaire de Fréjus, de la châsse de bois où elles reposoient, dans un buste d'argent, en présence du seigneur et de la dame de Figanière, des consuls de ce lieu et d'autres personnes respectables. Saint Pons y est qualifié d'évêque et martyr, mais cela ne prouve rien.

On m'a fourni encore un certificat écrit par le sieur Paschaly, vicaire de Figanière, daté de 1690, qui porte que les reliques de saint Pons ont été transférées d'un coffre de bois, où elles étoient gardées depuis 1550, dans un buste d'argent de la valeur de 1500 livres, que dame Marguerite de Villeneuve, dame de Figanière, avoit léguez pour cet ouvrage par son testament, et que M. François de Vintimille, seigneur de ce lieu, avoit fait faire et remis à la communauté : et il ajoute qu'on avoit trouvé dans ce coffre tous les ossemens d'un corps, et qu'on les avoit enfermez dans un buste d'argent avec l'authentique de M. de Clermont, évêque de Fréjus, faisant sa visite : c'étoit vers l'an 1678; avec celle de M. Porre, grand vicaire de M. Luc d'Aquin. On n'en sait pas davantage; mais comme cet écrit atteste que tous les ossemens du corps de saint Pons sont à Figanière, dans un buste d'argent, il s'ensuit qu'il n'y en a aucun, ni à l'abbaye de Saint-Pons de Nice, ni à l'église de Saint-Pons de Tomières, ni dans le diocèse de Toulon.

La tête de ce buste d'argent est de bronze de la façon du célèbre M. Puget. Elle est ornée d'une mitre d'argent.

Quant aux reliques qui y sont enfermées, je crois pieusement qu'elles sont les reliques d'un saint, je les révère, je n'attaque point les miracles qui s'y font et que le Trinitaire rapporte : mais je ne crois pas qu'elles soient les reliques de saint Pons martyr, de Cimiers. Le religieux avoue que la négligence et l'éloignement des tems a fait perdre tous les monumens de ces saintes reliques.

Les malades invoquent saint Pons de Figanière pour guérir les rhumatismes, sciatiques, douleurs, etc. Ils font une onzaine en l'honneur de ce martyr.

### CASTRUM SANCTI BLASII.

*Castrum sancti Blasii* est aussi prez de Figanière, possédé par le chapitre de Lorgues avec la justice, et ne rend pas grand chose.

### CASTRUM DE DRAGONE, LA GRANÉGOUNE.

*Castrum de Dragone*, La Granégoune, n'est pas loin de là, c'est un terroir au couchant de Draguignan, où il n'y a que quelques bastides et une chapelle de Saint-Michel. Le dragon qui infestoit Draguignan y avoit sa retraite.

### TOURTOU.

Ce village est ainsi appelé à cause de deux tours qui sont dans son terroir, l'une que les habitans nomment *Lou Grimau*, élevée par les troupes de Gibalin Grimaldy, aprez la victoire qu'il remporta sur les hauteurs de ce lieu sur les Sarrasins; elle est au couchant : la seconde est dans un autre quartier. Quelques-uns disent néanmoins que ce nom lui vient du mot latin *Tortor*, c'est-à-dire des supplices inhumains qu'un exécuteur de la haute justice fit souffrir à des scélérats qu'on y condamna à la mort. Je ne crois pas que les Tourtouriens adoptent cette dernière opinion.

L'église de Tourtou est mal située, hors du village, sur une hauteur exposée à tous les vens, et surtout au nord-ouest qui y souffle terriblement. Elle étoit autrefois desservie par les Bénédictins de Saint-Victor : elle est ancienne et bâtie selon leur goût ordinaire. Saint Denis Aréopagite en est le patron.

Il y a un vicaire, un secondaire, cinq cens communians, et plusieurs cosseigneurs; deux y ont leur château : M. de Remoules de la Tour et M. de Raphélis.

Le terroir est planté d'amandiers au nord. On trouve des préries au midy qui s'arrosent. On n'y manque pas de vignes et d'oliviers. La vue y est très-belle, puisqu'on découvre de là la mer de Fréjus et la moitié de son diocèse.

### FLORIÈYE.

L'abbaye du Toronet fut d'abord fondée dans le terroir de Tourtou : mais cinquante ans aprez, les religieux quittèrent ce poste. Il en reste une chapelle à un quart de lieue, appelée Notre-Dame de Florièye, *de Floregiâ*, où les habitans de Tourtou vont deux fois l'an en procession. L'abbé du Toronet y va encore prendre possession : mais on n'y fait aucun service.

### SPÉREL.

Spérel, *Castrum de Asperello*, limitrophe de Montferrat, étoit jadis une petite paroisse, dont sainte Madeleine étoit la patronne. On dit la messe dans sa chapelle, les dimanches et fêtes, d'une croix à l'autre. C'est une partie d'une prébende d'un chanoine de Fréjus. La commanderie de Comps y a quelques biens.

## PENAFORT.

Penafort est une terre de peu de revenu, située entre Draguignan et Callas, qui n'est pas fort bonne ni fertile. Il y a quelques bastides et une chapelle ancienne, appelée Notre-Dame de Penafort, marquée par une tour. On y dit la messe d'une croix à l'autre. Elle est unie depuis plus de quarante ans au séminaire de Fréjus.

Les deux moulins qui sont dans cette terre appartiennent à la communauté de Callas. M. de Tressemane et M. de Pourrières sont seigneurs de ce lieu.

## LES CLANS.

Les Clans, terroir qui touche Penafort et Le Muy, a une chapelle sous le titre de Saint-Romain. C'étoit une paroisse, dont un ecclésiastique possède encore aujourd'huy la cure sans exercice, et en retire quelque revenu. On y dit la messe les dimanches, de may en septembre.

Les seigneurs de Penafort le sont aussi des Clans.

## BROVÈS.

Brovès a saint Christophe pour patron et saint Pierre pour titulaire de la paroisse, un prieur, qui est un des chanoines de l'église cathédrale, un vicaire, un secondaire, et deux cens communians, avec un assés beau château dans le village.

Le vicaire est condécimateur, et jouit du prieuré de Saint-Romain uni à son bénéfice. La chapelle de ce saint est à une bonne promenade du village, qui est située entre Bargème, Seillans et Bargemon. L'ordre de Malthe y possède quelques biens.

# CHAPITRE XI.

## DOYENÉ DE PIGNANS.

### PIGNANS.

On met sa fondation au commencement du VI<sup>e</sup> siècle par Théodoric ou Thierry, fils de Clovis, qui fut roi de Metz, et avoit une partie de l'Allemagne sous sa domination. L'histoire de France dit que Clotilde, sa sœur, avoit été mariée à Almaric, roi des Visigoths arien, et que ce prince la maltraitoit, à cause qu'elle n'étoit pas arienne. Thierry, voulant venger cette injure, appela son frère Childebert à son secours, et, s'étant jetez avec une puissante armée sur les états d'Almaric, dans lesquels étoit le Languedoc et la Provence, ce prince s'enfuit : mais ils le prirent et le firent mourir; ce fut en 521.

J'ai lu ailleurs que Thierry, ayant gagné la bataille contre Almaric, dans les plaines et forêts voisines du lieu où est aujourd'huy Pignans, y fonda une chapelle à l'honneur de la Sainte Vierge, en reconnoissance de la faveur qu'il avoit obtenue du ciel, qu'il y mit quelques prêtres pour la desservir, et que dans la suite on y avoit établi des chanoines réguliers, les offrandes et la dévotion des peuples à cette chapelle s'étant augmentées considérablement. Voilà ce qu'on peut dire de plus favorable au sentiment de ceux qui font remonter l'origine de Pignans ou de son monastère dans des tems si reculez.

J'ai dit à la page 184 du II$^e$ tome, où je parle de Bertrand III, évêque de Fréjus, que Raimbaud, archevêque d'Arles, qui fonda des clercs réguliers à Barjols, avoit aussi fondé les chanoines réguliers à Pignans; je l'ai dit, et je persiste dans mon opinion :

1° Thierry ou Théodoric ne peut en avoir établi à Pignans, surtout de l'ordre de saint Augustin, puisqu'ils étoient inconnus en Europe de son tems;

2° Divers actes rapportent que les comtes de Provence sont fondateurs et bienfaiteurs de l'église de Pignans;

3° On ne connoit aucun prévôt de Pignans avant le XII$^e$ siècle;

4° Si la date de la fondation des chanoines de Pignans est marquée dans les registres de leur chapitre le 7 des ides de juillet l'an 520, sous le roi Théodoric, et si, comme on l'assure, les Petits-Pères ou les Augustins réformez du couvent de Paris l'ont de même dans leurs archives, cela ne m'embarrasse pas; les uns et les autres ne sauroient la constater ni par l'histoire ecclésiastique, ni même par l'histoire de France, qui parle souvent de Thierry, fils de Clovis, mais qui ne dit rien de la fondation de la chapelle de la Sainte Vierge dans le quartier de Pignans, et qui est apparemment une simple conjecture de l'auteur qui avance ce fait, ni enfin par aucun acte authentique.

Disons plutôt que les pieux comtes de Provence, qui n'ont commencé en Provence qu'au Xe siècle, et Raimbaud, dont plusieurs auteurs relèvent la piété, le zèle et la libéralité, ont fondé de concert le monastère de Pignans dans le XIe siècle : ou bien, si l'on veut, je dirai que Thierry y fonda une chapelle à l'honneur de la Sainte Vierge; mais que les comtes de Provence et Raimbaud l'ont rétablie, enrichie et ornée d'une communauté de chanoines réguliers, qui commençoient à être connus de leur tems.

Aprez ce préambule je dois dire que le chapitre de Pignans a été composé de dix-huit chanoines de tems immémorial : un prévôt, un doyen, un sacristain, un camérier, un primicier, un capiscol et douze chanoines. Il n'y a que le doyen et le sacristain qui soient obligez d'être prêtres par leurs bénéfices. Le doyen n'a aucune juridiction dans le chapitre; il n'est que *primus inter pares*, et n'a qu'un revenu modique. Le meilleur de tous les canonicats est celui de camérier, qui a quatre-vingts charges de bled en pensions sans ses distributions. Aucun n'a double distribution, et les douze chanoines n'ont que des distributions.

Le bénéfice du prévôt est consistorial, et vaut 12 ou 1500 livres de rente. Il nomme à tous les bénéfices du chapitre et à tous les prieurez qui dépendent de la prévôté. Le chapitre ne nomme qu'à la cure de Sainte-Anastasie en qualité de prieur.

L'église de Pignans est assés grande et régulière, dédiée sous le titre de l'Assomption de la Sainte Vierge. La fête de la dédicace ou de la consécration se fait le 3 octobre. Cette église sert de chœur aux chanoines, et de paroisse aux habitans.

Il se forma peu à peu, dans la suite des tems, un bourg auprez du monastère, qui fut d'abord peu de chose : on ne laissa pas de l'entourer de murs et de treize tours, dont il ne reste presque plus de vestiges. La seule porte nommée sarrasine dez ce tems-là, subsiste encore.

Le monastère étoit fort vaste et beau, parce que ce chapitre devint riche dans ces heureux siècles, où les évêques et les seigneurs favorisoient les religieux qui vivoient saintement, et leur donnoient, les uns des bénéfices ou des églises, dont ils retiroient la dîme, et les autres des terres seigneuriales : mais le relâchement s'introduisit insensiblement avec les richesses parmi ces chanoines. La plupart sortirent du monastère, se logèrent dans le village chez leurs parents ou leurs amis, et ne vivoient plus sous le même toît ni en communauté.

On mit en 1590 le feu à ce monastère dit château; et ce fut ou par malice, parce que le prévôt n'en agissoit pas au gré des chanoines, ou ne faisoit point de réparations, ou enfin pour secouer entièrement le joug du cloître.

Les pierres de ce château ou monastère qui fut ensuite démoli, ont servi à bâtir tout le couvent des Ursulines et une partie des maisons de la ville, qui s'est considérablement agrandie, et renferme deux mille communians. Le chanoine sacristain leur administre les sacremens, et n'a qu'un secondaire avec lui.

Le prévôt nomme tous les officiers de justice.

L'air y est fort bon, la ville est ornée de fontaines, la campagne est fort étendue, fertile, et arrosable en plusieurs quartiers.

Pignans et son château étoient dans des forêts de pins : de là vient qu'il a pris trois pommes de pins pour armoiries, et un nom analogique aux fruits des pommes de pins, qu'on nomme *pignons*.

Il y a dans ce lieu un beau couvent d'Ursulines, considérable par la piété et la régularité qui y règnent et par son temporel qui est bien administré.

A une promenade de là hors de la ville, est situé un couvent de religieux Observantins, mais il est dans le diocèse de Toulon.

Le relâchement qui régnoit parmi les chanoines réguliers de Pignans, porta ceux qui y avoient intérêt à demander leur sécularisation au pape, qui donna une bulle sur ce sujet datée de l'an 1668 le jour devant les nones de septembre, et la deuxième année de son pontificat. Ce pape étoit Clément IX. Cette bulle, qui est fort longue, est adressée à l'official de l'évêque de Toulon, et porte que l'église et le chapitre de Pignans est immédiatement soumis au Saint-Siége :

1° Que la régularité parmi les chanoines manquant depuis un tems immémorial, *in ea omnis regularis disciplinæ observantia à tempore immemoriali defecerit;*

2° Que la prévôté étant possédée depuis plus de deux cens ans par un prêtre ou clerc séculier en commende, *præpositura à ducentis et ultra annis per præsbyterum seu clericum sæcularem in commendam solita fuit obtineri, ac etiam nunc obtinetur cum plenâ et omnimodâ jurisdictione;*

3° La mense étant divisée entre les chanoines par un concordat approuvé du pape Paul III, *nostro prædecessore approbatum et confirmatum;*

4° Le cloître étant absolument ruiné, soit par un incendie, soit par la férocité et l'insolence des soldats, *ædificiis claustralibus..... partim incendio absumptis, partim à militum insolentiâ et ferocitate dirutis ac solo æquatis;*

5° Les chanoines ayant abandonné la communauté et vivant, sans aucune sujétion monastique, parmi les personnes séculières de l'un et de l'autre sexe depuis cent ans, étant obligez de loger dans leurs maisons, *à centum circiter annis communitatem deserere ac in domibus privatis seorsum, ad cujusque eorum libitum sine ullâ amplius subjectione monasticâ habitare et cum laicis aliisque personis utriusque sexus de necessitate conversari coacti sunt;*

6° Ces chanoines méprisent toute discipline régulière, et ayant oublié les devoirs de leur profession, et en particulier la pauvreté que saint Augustin recommande comme le lien de la vie religieuse, *regularem disciplinam penitus aspernantes, et professio-*

*num suarum obliti, necnon paupertatis quam ita in suis clericis D. Aug. commendavit ut quæ est vinculum religiosæ conversationis;*

7° Qu'ils disposoient de leurs dignitez et portions par voie de résignation sans aucune contradiction, qu'ils gardoient leurs revenus en propriété et qu'ils disposoient par testament : *suarum cuique dignitatum et portionum de quibus jam per viam resignationum in aliorum favorem sine contradictione disponebant, fructus proprios impune habere cœperint et de illis ac aliis propriis bonis testari et disponere;*

8° Qu'ils étoient devenus en tout et partout semblables aux clers séculiers, ne portant plus de marques de régularité, si ce n'est un petit scapulaire de lin ou une banderole blanche sur l'habit clérical, mise en travers, qu'ils quittoient sortant de Pignans : *similes facti clericis secularibus in omnibus et per omnia, nec ullum aliud regularitatis signum præferentes præter tenue scapulare lineum, seu fasciam albam super habitu clericali positam, quam ex oppido Piniacensi exeundo, et alibi peregrinando, vel commorando, deponunt.*

Enfin plusieurs d'entre eux n'ayant point fait de profession, et n'y ayant aucun noviciat, le monastère ne pouvant plus être rebâti à cause de la modicité des revenus; à la prière du Roi de France et de Navarre, Louis XIV, et par les humbles supplications de Jérôme Le Pelletier prévôt et des chanoines, pour le bien et l'augmentation et une meilleure conduite de l'église de Pignans, soit dans le spirituel, soit dans le temporel, et pourvoir à la sûreté de la conscience et du salut de ces chanoines, ce pape leur donne l'absolution de toutes les censures et peines ecclésiastiques qu'ils ont encourues, mande à l'évêque de Toulon, qui est l'ordinaire le plus prochain, de séculariser tous les canonicats, bénéfices, portions, prieurs avec cure et sans cure qui dépendent de cette prévôté : *ita quod deinceps regularia esse desinant et sæcularia efficiantur;* et ensuite qu'il supprime et éteigne dans ce couvent l'ordre de saint Augustin, l'état et l'essence de la régularité : *dictum ordinem sancti Augustini omnemque statum et essentiam regularem supprimas et extinguas;* et qu'il dispense tous ceux qui ont fait expressément ou tacitement profession dans cette maison de la règle et des constitutions de saint Augustin, excepté du vœu de chasteté.

L'évêque de Toulon fit plusieurs règlemens de concert avec les chanoines, et fit fulminer la bulle par M. Bernard son official et vicaire général, commissaire apostolique, le 15 février 1670. Elle avoit été annexée au parlement le mois précédent.

Ce pape leur conserve toutes les grâces, priviléges, libertez, dignitez et faveurs que les papes Eugène III, Innocent II, Innocent IV et Alexandre III, ses prédécesseurs, avoient accordez à cette maison. Outre la prévôté, il veut qu'on y établisse un doyené séculier, un primicériat, au lieu de la charge d'infirmier, un sacristain, un camérier et un capiscol séculiers; il appelle ces canonicats des dignitez ou personats, *dignitates seu personatus.* La bulle ne les soumet point à la jurisdiction de l'Ordinaire, et ne veut pas que l'option ait lieu parmi les chanoines, si ce n'est *quoad honores;* il ordonne qu'ils célèbrent cinq messes chaque jour pour la gloire du culte divin, que les prébendes soient égales, que les deux derniers chanoines, par leur réception, chantent l'épître les jours solemnels, et les deux pénultièmes l'évangile, et les quatre suivans soient choristes. Voilà tout ce qui m'a paru remarquable dans cette bulle, où le pape se compare à un vigneron par rapport à la vigne du seigneur, et qui commence ainsi : **Quemadmodum** *operosi ac vigilis coloni solertia, vites sollicite observat*, etc.

Aprez cela, je doit produire ici le catalogue des prévôts de Pignans depuis le XIIe siècle, tiré des archives du chapitre.

### *Catalogue des prévôts de Pignans depuis le XIIe siècle.*

Le plus ancien prévôt régulier dont on ait connoissance s'appeloit Hugo, en 1143. C'est en faveur de ce prévôt et de ses frères que le pape Innocent II fit une bulle, par laquelle il reçoit sous la protection de saint Pierre l'église de Sainte-Marie de Pignans, où la règle des chanoines réguliers de saint Augustin est observée, ensemble toutes les églises qui dépendent de ce monastère, désignées et mentionnées dans la bulle, voulant que cette église, qui est appelée *filia Ecclesiæ Romanæ*, ou le prévôt d'icelle, n'aient à obéir à autre supérieur qu'au Pape, ni être obligé à comparoître à autre synode qu'à celui du Saint Père ou de son légat, et d'autres exemptions et priviléges.

L'an 1150 Raimond Bérenger confirma au dit Hugo et à ses frères le don que Bérenger, son frère, leur avoit fait de sa maison située à Pignans, et l'acquisition qu'ils avoient faite du lieu de Gonfaron et son terroir pour deux mille sols liguriens et une mule.

Il reste une bulle d'Eugène III, en 1152, qui confirme celle d'Innocent II, et qui exempte l'église de Pignans de la jurisdiction de l'évêque diocésain, la déclarant immédiatement soumise au Saint-Siége.

Ce Hugo, qui obtint ces faveurs des papes et des comtes de Provence, étoit Hugues de Montlaurier, *De Monte Lauro*, d'une très-noble famille, qui de prévôt de Pignans, et non pas d'Aix, fut fait évêque de Riez, et ensuite archevêque d'Aix, comme on le voit dans la *Gallia christiana*, vers l'an 1160.

Le prévôt qui fut élu aprez lui s'appeloit du même nom, Hugo. Alexandre III expédia une bulle, en faveur de celui-ci et de ses frères, pour l'exemption de ses églises. Cette bulle est confirmée par Clément III, en 1188, avec une sentence au bas, rendue sur les différens survenus entre les évêques de Fréjus et les prévôts de Pignans, par laquelle l'évêque siégeant alors à Fréjus déclare que le chapitre de Pignans ne dépend que du Saint-Siége.

Idelfons, roi d'Aragon comte de Provence, fit don au dit Hugo, en 1185, de la terre de Cagnose, et Clément III, en 1188, suivant les traces des papes Gélase, Innocent, Eugène, Alexandre et Luce ses prédécesseurs, reçut de nouveau sous la protection du Saint-Siége l'église de Pignans, et toutes celles qui en dépendoient, qui sont énoncées dans la bulle, et renouvelle tous les priviléges et exemptions de ses prédécesseurs à leur égard.

Aprez la mort d'Hugues II, le chapitre élut en 1203 Gaufridus;

Aprez celui-ci, Guillelmus de Rocassio, en 1234;

En 1250, Guido de Areis.

Il y eut un an aprez une sentence arbitrale, rendue le premier mars par Jacques, abbé de Sainte-Aphrodise de Béziers, en faveur de ce prévôt contre les évêques de Fréjus, par laquelle le prévôt de Pignans, ses frères et leurs successeurs, sont déclarez exempts de leur jurisdiction, et soumis immédiatement au Saint-Siége. Mais la cure sur les habitans de ce lieu est adjugée à l'évêque diocésain, qui est obligé de la faire desservir par le sacristain, et s'il faisoit quelque faute pour raison de la cure, l'évêque et le prévôt en connoîtroient conjointement et le puniroient. On ajoute que le prêtre qui viendroit au synode pour l'église de Gonfaron répondroit pour le sacristain de Pignans.

Pontius de Cabris fut prévôt en 1278. Charles II, comte de Provence déclara du vivant de ce prévôt, en 1301, que ses prédécesseurs avoient fondé l'église de Pignans et qu'ils en étoient les principaux patrons.

Jordanus, qui fut élu en 1302, vécut fort peu.

Guillelmus Cudalbanus lui succéda en 1305;

Rostagnus en 1330;

Bertrandus Gasqui en 1334;

Guigo de Morgiis en 1352. Celui-ci prêta hommage de fidélité à Jeanne, reine de Naples et de Sicile comtesse de Provence, pour les terres et jurisdiction de Pignans, Besse, Blanquefort, Gonfaron, Cagnosc, La Lauzade, Les Garcinières, Spéluque, Saint-Etienne, Château-Royal, Sainte-Anastasie, La Valette et partie de Seissons, comme on voit dans les archives du Roi, *Regesto Homagiorum*.

Audibertus de Sado étoit prévôt en 1337, et prêta hommage de toutes ses terres comme son prédécesseur.

Gauterius Béraudi fut élu à la fin du même siècle, et tint en 1415 un chapitre général le 18 juin. Louis II, comte de Provence, assure par ses lettres patentes données en 1450, sous ce prévôt, que le monastère de Pignans est de l'ancienne fondation de ses prédécesseurs.

Elzearus de Agouto étoit prévôt en 1421, et Petrus Nicolaus de Brancassio, en 1424.

Aprez ce prévôt, on en trouve quatre autres dans l'espace de dix ans : Bertrand Gantelmy, Hugo Cardinalis de Cypro, episcopus Prænestinus, Rodolphus Amalrici, qui prêta hommage au roi Réné, et Guigo Olivarii.

Jean Hueti étoit prévôt en 1464. Sous lui fut tenu un chapitre général, où furent faits divers statuts. Il fut ensuite évêque de Toulon en 1467. Ce prévôt sortant du cloître garda longtems son bénéfice; car il conste que sous lui le pape Sixte IV unit, en 1477, le prieuré de Château-Royal au couvent de Saint-Maximin. Mais cette union a été déclarée abusive par arrêt du Grand-Conseil, du 26 juillet 1683, à la poursuite du sieur de Fulconis, doyen de Pignans.

Aprez la mort de Jean Hueti, Julianus de Rouvère, cardinal de Saint-Pierre-aux-Liens, évêque d'Ostie, archevêque et légat d'Avignon, neveu du pape Sixte IV, fut prévôt commendataire de Pignans en 1488. Il fut ensuite pape, et prit le nom de Jules II.

On trouve que Nicolaus de Fiesque étoit chargé de dignitez : cardinal, archevêque d'Embrun, évêque de Fréjus, de Senez et de Toulon, et qu'il avoit aussi la prévôté de Pignans en 1515.

Philas Rovarelli en jouissoit en 1518.

Urbanus de Fiesque, neveu du cardinal, en 1525. Il étoit aussi évêque de Fréjus.

Claudius de Louvain d'Haussonville, évêque de Sisteron, en 1528.

Elionus Lascaris de Tende, en 1536. Celui-ci passa un concordat avec le chapitre en 1543, et donna dénombrement au Roi en 1561.

Réné de Savoye, baron de Cypières, fut prévôt de Pignans en 1562. Il étoit chef des Huguenots en Provence et fils de Claude de Savoye, comte de Tende, gouverneur de la province. Ce prévôt avoit vendu pour la subvention de l'Etat les jurisdictions de Pignans, Besse, Blanquefort, Gonfaron et Carnoules, à Louis de Cortès pour 1,117 écus, en 1564. Cortès les remit à Antoine de Besse son gendre, lequel en fit transport à Balthazard de Pontevès : mais Honoré de Lascaris, successeur de Réné à la prévôté de Pignans, fut reçu au rachat, moyennant le remboursement qu'il fit. De plus, les terres de Gonfaron et de Cagnosc ayant été acquises par le prévôt de Vins, de l'argent de ses neveux, elles passèrent par un mariage dans la maison du Luc. Mais depuis, en vertu d'un arrêt du parlement de Paris, de l'année 1665, rendu à la poursuite de M. de Saint-Germain, ces deux terres ont été réunies à la prévôté.

Jean Vénelly fut prévôt en 1568;

Honoré de Lascaris en 1582;

Jean-Baptiste de Vins en 1586;

Auguste de Forbin Soliers, évêque de Toulon, en 1605;

Henry de Forbin Soliers en 1631,

Mathieu de Mourgues Saint-Germain, nommé à l'évêché de Toulon, en 1646.

Jérôme Le Pelletier, conseiller d'Etat, a été prévôt depuis 1661 jusqu'en 1696. Ce fut sous ce prévôt que le chapitre fut sécularisé, et aprez sa mort, les Jésuites du séminaire de Toulon ont joui plusieurs années de la dite prévôté, à la faveur d'une bulle du pape Clément XI, donnée la seconde année de son pontificat, en 1701, pendant procez.

La bulle d'union renfermoit cette clause : *Capituli tamen et canonicorum dictæ ecclesiæ expresso ad id accedente consensu et non alias, aliter nec alio modo, ita ut donec consensus non accesserit, possessio sub quâcumque causâ vel prætextu capi non possit, et capta relaxari debeat, nec fructus percipi aut acquiri ullo modo valeant.* Le chapitre refusa son consentement dans toutes les formes. Les Jésuites défendirent leur droit. Le Pape écrivit un bref à M. de Fleury, alors évêque de Fréjus, parce que cette affaire se plaidoit par devant son official, délégué par N. S. Père le Pape en 1701, par lequel il l'avertit qu'il falloit entendre la bulle d'union dans ses propres termes et signification à l'égard du consentement du chapitre; parce que les Jésuites disoient dans un comparant, qui fut envoyé à Rome, que le Pape sembloit véritablement requérir le consentement des chanoines et chapitre; mais que ce n'étoit que pour suivre le style ordinaire des bulles, qui s'expédient en France en forme de légataire. Le comparant des Jésuites par devant l'official de Fréjus maltraite fort le doyen de Castelet, le comparant du chapitre par devant le même official maltraite de même les Jésuites, qui avançoient que Sa Sainteté, sans s'arrêter aux oppositions des dits doyen, chanoines et chapitre, avoit ordonné l'expédition de la bulle.

Les Jésuites avoient sollicité une bulle absolue d'union, sans le consentement du chapitre, sous Innocent XII, sans avoir pu l'obtenir. Ils l'obtinrent enfin de Clément XI, et la firent signifier à M. Pellegrin, chanoine et économe du chapitre. Cette bulle étoit tout à fait contraire à la première et au bref adressé à M. de Fréjus. Dans cette seconde bulle il est dit que Sa Sainteté veut qu'il soit procédé à l'union, et la suppression de la prévôté, et à l'exécution de tout ce qui est porté par la bulle, non seulement sans le consentement du chapitre, mais *immo canonicis invitis, reclamanti-*

*bus seu contradicentibus*, et même *non auditis*. Sur quoi le chapitre assemblé délibéra qu'il seroit absurde de paroître devant le commissaire du Pape, qui étoit l'official de Fréjus, Charles Léonce d'Antelmy; puisque la condamnation des raisons du chapitre étoit déjà prononcée : mais qu'afin que le silence du chapitre ne pût être pris pour un consentement, il seroit bon de faire secrètement un acte protestatif pour conserver le droit du dit chapitre, et qu'étant dangereux de se pourvoir contre cette nouvelle bulle, il étoit de la prudence d'attendre un tems plus favorable pour faire valoir le droit du chapitre. On fit cet acte, le tems arriva, et cette bulle fut cassée par un arrêt du parlement de Provence du 14 janvier 1717.

Aprez quoi, M. l'abbé de Béringhem, mort évêque du Puy, fut pourvu de la prévôté de Pignans, et aprez lui M. de Choin, évêque de Toulon, qui en jouit présentement.

### *Catalogue des bénéfices de la nomination du Prévôt de Pignans.*

Outre les seigneuries de Pignans, de Gonfaron, de Besse et de Carnoules, que le prévôt de Pignans possède, il nomme aux bénéfices qui suivent :

Le prieuré de La Valette, aux portes de Toulon, du titre de Saint-Jean et Sainte-Cécile, qui vaut plus de 4,000 livres de rente.

Le prieuré de Notre-Dame du Piol, dans la ville

d'Hières, de 800 livres de rente. Il a été uni en 1726 au séminaire de Toulon.

Le prieuré de Vins, composé de plusieurs bénéfices réunis; mais dont presque tous les revenus ont été usurpez par les malheurs des tems et les guerres civiles de la province, en sorte que le prieur qui en jouit n'en retire qu'un très-petit revenu.

Le prieuré de Sainte-Catherine du Luc, de 1,000 livres de revenu.

Le prieuré de La Moure, de 1,000 livres.

Le prieuré de Saint-Clément du Fraxinet, ou de La Garde, 1,200 livres.

Le prieuré de Gonfaron, de 1,500 livres.

Le prieuré de Cougoulin, 2,000 livres.

Le prieuré de Notre-Dame-des-Sales, au terroir de Cougoulin, 60 livres.

Le prieuré de Cottignac, de 1,600 livres de revenu.

Le prieuré de Carcès, 2,000 livres.

Le prieuré de Notre-Dame-du-Figuier, dans le terroir de Gonfaron, 60 livres.

Le prieuré de Saint-Jean de Cagnosc, dans le même terroir, quatre charges de bled.

Le prieuré de Saint-Colomban de Pierrefeu, de 300 livres.

Le prieuré de Sainte-Madeleine de Couloubrières, 2,000 livres.

Le prieuré de la Lauzade et de Saint-Jacques de Cagnosc.

Le prieuré de Sainte-Anastasie uni à la mense du chapitre, de 700 livres.

Le prieuré de Saint-Michel de Carnoules uni à la camérerie de Pignans, 1,600 livres.

Le prieuré de Saint-Pierre de Tourves uni au collége des Jésuites d'Aix en 1633, de 2,000 livres.

Le prieuré de Saint-Jean de Tourves possédé par le chapitre de Toulon.

Le prieuré de Notre-Dame de Spéluque de Montfort uni à la maison de l'Oratoire de Notre-Dame-de-Grâce en 1629, de 1,500 livres.

Le prieuré de Château-Royal de Carnoules, du titre de Saint-Paul, de 1,600 livres, uni autrefois à la mense des PP. Prêcheurs du couvent de Saint-Maximin, mais possédé à présent par un prêtre séculier.

Le prieuré de Saint-Victor de Trans, de 1,200 livres, etc.....

Tous ces prieurez ont été sécularisez, avec le chapitre, par la même bulle. Il n'y a que ceux de la Garde, de Carnoules et de Trans, qui soient tenus *cum curâ* : les autres sont des prieurez simplifiez. Il y en a six dans le diocèse de Toulon, deux dans le diocèse d'Aix, tout le reste est dans le diocèse de Fréjus.

Les paroisses du doyené de Pignans sont : Gonfaron, Flassans, Cabasse, Le Luc et les Maures, Le Canet, Vidauban et Les Arcs, que je vai décrire avec leur dépendances.

### GONFARON.

Gonfaron a une église paroissiale peu considérable, un vicaire, deux secondaires, cinq cens communians, un prieur, dont le bénéfice dépend de la prévôté de Pignans, le prévôt de la dite ville pour seigneur, une chapelle de Saint-Quenis sur une éminence remarquable, dotée de quarante écus.

La rivière d'Aille prend sa source dans le terroir de Gonfaron, qui est bon et touche à ceux de Pignans et du Luc.

Saint Pons et saint Quenis sont les patrons.

### CABASSE.

Les religieuses de la Celle sont dames de Cabasse, et en retirent aussi la dîme. Ce lieu augmente tous les jours, et renferme huit cens communians.

L'église de saint Pons, qui sert de paroisse, n'est pas grand chose. Un vicaire, deux secondaires et un aubier fondé la desservent.

Il y a encore un bénéfice de cinquante écus, sous le titre de Saint-Loup, et un autre de plus grande valeur sous celui de Saint-Antoine.

Deux rivières l'entourent, Caramie et Issole qui se jette dans Caramie. Son terroir est fertile et vaste, consistant en côteaux, plaines et préries. Le vicaire de Brignole y prend la dîme des agneaux, ce qui est singulier.

J'ai lu dans plusieurs auteurs que Cabasse étoit sur la voie aurélienne, et que l'Itinéraire d'Antonin désignoit ce lieu sous le nom de *Mantavonium*, et la carte de Peuttinger sous celui de *Matavo*, qui en est un diminutif. Cependant il faut que ces auteurs se trompent, parce que la position de Cabasse est à XXII milles de *Forum Voconii*, selon la carte de Peuttinger, et selon l'Itinéraire d'Antonin elle n'en est qu'à XII milles; c'est X milles de différence; et que la distance de XXII milles et de XII milles de *Forum Voconii*, que nous croyons être Le Luc, sur la voie aurélienne, jusques à *Matavo* ou *Mantavonium* que ces auteurs disent être Cabasse, n'est que de IV milles. Car il n'y a qu'une lieue de Provence du Luc à Cabasse. Il se peut même qu'il y ait erreur dans l'Itinéraire et dans la Carte. Dans ces obscuritez, j'ai pensé que la voie aurélienne n'alloit pas, du Luc vers Cabasse, à droite mais à gauche du côté de Pignans, au-delà duquel il y avoit quelque lieu appelé *Matavo*, et que de là cette voie se rendoit à Tourves, *ad Turres*.

On trouve sous l'autel de Saint-Antoine, dans l'église paroissiale, deux fragmens d'une même colomne qui portent ces mots :

**IMP. CAES. FL. VAL. CONSTANTINO P. F. ARG. DIVI MAXIMIANI AVG. NEPOTI DIVI CONSTANTINI AVG. FILIO XXXIIII.**

Cette pierre marque que Cabasse étoit éloignée de XXXIV milles d'une ville considérable : car apparemment elle a été trouvée dans le terroir de Cabasse. Or il y a douze lieues de Cabasse à Aix, qui, multipliées par quatre, fairoient quarante-huit. Mais il n'y a que sept ou huit lieues de Fréjus à Cabasse, qui, multipliées par quatre, faisoient trente-deux milles. Ce qui me fait conjecturer qu'il y avoit une suite de pierres milliaires non interrompue de Fréjus à Cabasse.

Cette église appartenoit autrefois aux religieux de Saint-Victor, comme on le voit dans la bulle de Paschal II.

Il y a encore une pierre inscrite tirée du tombeau de la famille des Adretius.

### LE LUC.

Je crois que Le Luc est le *Forum Voconii* de l'Itinéraire d'Antonin et de la Carte de Peuttinger. J'ai vu une médaille du Romain qui le fonda, ou qui lui fit changer de nom s'il étoit déjà, en y établissant un marché ou un siége de justice, qui étoient les deux raisons qui faisoient donner le nom de *forum* à un lieu. Il faudroit être d'un goût extraordinaire pour établir un marché au Canet, que quelques-uns disent être *Forum Voconii*, puisque ce village est sur le haut d'une colline de difficile accez, sans étendue et sans eau, au lieu que Le Luc est en plaine et abonde en eaux.

Ce bourg s'appeloit *Lucus* à cause d'un bois considérable où étoit une fameuse idole, et de là est venu le nom du Luc, surnommé *Forum Voconii*. Plancus écrivant à Cicéron en parle. Il est situé à l'occident de Fréjus, sur la voie aurélienne, à XXII milles, selon la carte de Peuttinger, c'est-à-dire environ six lieues.

Son terroir est beau, vaste et bon par une multitude innombrable d'oliviers qui couvrent ses collines, quantité de bled et de vin qu'il rapporte. Sa perspective est admirable pour ceux qui y viennent du côté de Toulon.

L'église paroissiale qui est hors de la ville n'est pas belle : mais elle a un clocher octogone remarquable. Le maitre-autel est au midy. Il y a un vicaire et quatre secondaires, dont l'un demeure aux Maures, hameau distant d'une lieue, au midy, avec une église succursale.

La dime ou prieuré du Luc dépend de l'abbaye de Saint-Victor et se trouve uni à l'office de pittancier.

Le titre est Notre-Dame d'Espinassols. Il y aussi le prieuré de Sainte-Catherine, dépendant de la prévôté de Pignans.

On compte dans cette paroisse dix huit cens communians. Elle étoit autrefois infestée du calvinisme, il y avoit un temple d'huguenots : mais il fut détruit conformément à l'édit de Louis XIV.

Les Grands-Carmes y sont établis depuis la fin du XIVe siècle dans la ville, et les Trinitaires à la campagne, auxquels la communauté a cédé les revenus de deux bénéfices de sa collation, pour les faire subsister.

La Pancarte fait mention de dix-sept chapellanies ou bénéfices fondez dans l'église du Luc.

Le Luc est sans murs. Il fut pris en 1590 par d'Ampus, qui faisoit le catholique fort zélé, et qui cependant fit passer les habitans catholiques au fil de l'épée, quoiqu'ils se fussent réfugiez dans l'église.

Une branche de l'illustre maison de Vintimille,

issue des comtes de Marseille, porte le nom du Luc et en a la seigneurie, avec un château et un jardin dignes d'un prince. Les seigneurs de cette famille ont toujours été pleins de bonté et de libéralité.

François Charles de Vintimille du Luc étoit ambassadeur en Suisse, et fut plénipotentiaire de Louis-le-Grand avec le maréchal de Villars, à la paix de Bude en 1714. Il fut ensuite ambassadeur à Vienne sous le même roi et sous Louis XV son successeur; lieutenant de Roi en Provence, commandeur de l'ordre militaire de Saint-Louis et de celui du Saint-Esprit. Il n'y a que quelques années qu'il est mort fort âgé. M. son fils est lieutenant des armées du Roi.

M. son frère, Charles Gaspard de Vintimille, fut premièrement évêque de Marseille, ensuite archevêque d'Aix et enfin archevêque de Paris en 1729. Il étoit commandeur de l'ordre du Saint-Esprit. Jean du Luc, son oncle, étoit évêque de Toulon à la fin du siècle passé.

LA LAUZADE.

*Castrum de Lauzadâ*, dans le registre de nos comtes de Provence, et *Ecclesia Beatæ Mariæ de Laudatâ*, dans les archives de Pignans, étoit autrefois une paroisse qui n'existe plus, et dont les habitans se sont retirez au Luc ou à Gonfaron.

La seigneurie de cette terre appartient au chapitre de Pignans, qui y met des officiers de justice. Les chanoines en retirent quarante-cinq charges de rente du fermier, outre la dime qu'ils lèvent dans les biens des particuliers, qui leur rend beaucoup plus. Elle touche à celle du Luc, et le chapitre de Pignans fait célébrer la messe dans la chapelle de la Lauzade d'une croix à l'autre.

## CAGNOSC.

Le prieuré et la vicairie de Cagnosc, qui étoit une petite paroisse aujourd'huy détruite, dans le terroir de Gonfaron, est uni à la mense du chapitre de Pignans. Son église avoit saint Jacques pour titulaire.

Il y a aussi une chapelle nommée Saint-Jean de Cagnosc, dont le même chapitre retire quatre charges de bled par an.

## CANDUMI.

Candumi est un terroir attenant à celui de Cabasse. Il y a une chapelle où l'on célèbre la messe tous les dimanches, pour la commodité des habitans qui y travaillent, et qui se donnent tantôt à Cabasse tantôt à Flassans. Ce sont les restes d'une paroisse ruinée, dont il est fait mention dans les archives de Provence sous le nom de *Castrum de Captuemiâ*.

## LE CANET.

Il y a un prieuré séculier sous le titre de Notre-

Dame et de Saint-Michel de la collation de Mgr l'évêque; le prieuré de Sainte-Maxime dans la plaine du Canet, au midy; et quantité de terres d'un grand revenu, dont le prieur est obligé de payer tous les ans vingt-trois charges de bled à l'archidiacre de Fréjus, en vertu d'une ancienne transaction.

On y voit une église abandonnée et des vestiges de bâtimens, où l'on croit qu'il y avoit autrefois un monastère.

Le village est sur le sommet d'une montagne. Il y a un vicaire, un secondaire, un prieur séculier, M. de Rascas, sénéchal du siége de Draguignan pour seigneur, et trois cens communians.

### VIDAUBAN.

J'ai vu ce bourg entièrement brûlé en 1707, par l'armée du duc de Savoye, généralissime des troupes de l'Empereur et de ses alliez, allant assiéger Toulon. Il est entièrement rebâti aujourd'huy.

L'église néanmoins fut épargnée, quoiqu'elle soit bien peu de chose. Saint Jean-Baptiste en est patron. Il y a un vicaire à la congrue et un secondaire.

Le commandeur de Marseille, de l'ordre de Malthe, en est prieur, et nomme à cette cure.

M. de Vintimille, seigneur de Figanière, en est seigneur temporel.

On y compte quatre cens communians.

Ce lieu a un terrain assés bon attenant à celui du Canet, prez du fleuve d'Argens, sur la voie aurélienne.

Je crois qu'il tient son nom de quelque Romain distingué : *Vicus Albanus*.

### FLASSANS.

Flassans a quatre cens communians, un vicaire à la congrue, saint Bernard pour patron. Le prieuré est séculier.

Cette paroisse appartenoit aux Pontevès, comtes de Carcès. Elle est passée dans la maison de Soubise avec le comté de Carcès.

L'histoire de Provence parle d'un seigneur de Flassans, de la maison de Pontevès, du tems des guerres des huguenots, comme d'un homme dangereux.

*Ici s'arrête le travail de Girardin.*

*La paroisse des Arcs manque seule à la description du doyenné de Pignans.*

*L'auteur se proposait sans doute, en parlant des Arcs, de raconter la vie de sainte Rossoline, qui en fut la plus belle gloire, et dont les reliques vénérées en sont aujourd'hui encore le plus riche trésor. Ainsi il aurait dignement couronné son œuvre.*

*Pour compléter la* Description historique *de tout l'ancien diocèse de Fréjus, nous donnons sur la paroisse des Arcs, en nous reportant à l'époque où Girardin écrivait, quelques notes, extraites pour la plupart de la Pancarte de* **1612** *et du Pouillé du diocèse en* **1728**.

## LES ARCS.

L'église paroissiale des Arcs est sous le titre de Notre-Dame de Beauvoir et Saint-Pierre. C'est un prieuré dépendant de l'abbaye de Saint-Victor de Marseille. Il a été sécularisé, et Mgr l'évêque de Fréjus en est le collateur ordinaire.

L'origine de ce prieuré remonte vers l'an 1055. D'après le cartulaire de Saint-Victor, l'église de Saint-Pierre fut alors donnée à l'abbaye de Marseille par une famille des Arcs dont le chef se nommait Foulque et par ses frères au nombre de six, de concert avec leurs femmes et leurs enfants. A la donation de l'église était jointe celle d'une terre considérable qui allait confronter la rivière de l'Argens et qui devint le titre principal du prieuré de Saint-Pierre dont la chapelle rurale est à peu de distance des Arcs.

La famille de Foulque fit à Saint-Victor d'autres libéralités parmi lesquelles on compte les églises de Sainte-Marie et de Saint-Martin [1].

Les religieux ne furent pas longtemps paisibles possesseurs de toutes ces donations. Le prieuré de Saint-Pierre et l'église paroissiale des Arcs, que les papes saint Grégoire VII et Urbain II leur avaient confirmés, eurent à soutenir des compétitions et subirent des empiètements au sujet desquels de nombreuses plaintes

---

[1] *Cartulaire de Saint-Victor* : nos 581, 582, 583, 584.

furent portées devant les évêques de Fréjus. En 1099, l'évêque Bérenger III leur fit rendre toutes les églises des Arcs, à l'exception de celle de Sainte-Cécile. En 1119, il leur fit de nouveau restituer, par les clercs séculiers, l'église paroissiale, se réservant pour l'évêché le paiement annuel d'une mesure de blé et d'une mesure d'orge [1].

Après avoir été mis en commende, le prieuré des Arcs est devenu *sine curâ*, la charge des âmes étant confiée à un vicaire perpétuel.

Le prieur a la dîme du blé, des grains, des raisins, des nadons etc.; il possède la terre de Saint-Pierre dont il a été parlé et qui fut donnée à Saint-Victor en 1055 ; il a aussi un vaste domaine avoisinant le couvent de Sainte-Catherine. Il était obligé à une pension annuelle de vingt-quatre sétiers de blé annone, envers le chapitre de Fréjus, et de pareille quantité envers le monastère de Saint-Victor; le tout payable aux Arcs, dit la Pancarte, « au jour et feste Nostre-Dame de la my-aoust. » En 1728, lors de la déclaration de tous les revenus du clergé, cette pension faite au chapitre de Fréjus et à celui de Saint-Victor n'est plus que de huit charges de blé pour les deux chapitres.

Le prieur fonda une vicairie perpétuelle, et l'acte de donation fut passé à Fréjus, le 9 mai 1571, par devant Me Gabriel Clément notaire. Comme fondateur et juspatron, le prieur, en cas de vacance, nomme à la vicairie dont il est le collateur ordinaire.

---

[1] *Cartulaire de Saint-Victor* : n[os] 601, 485.

Le vicaire avait droit au quart de toute la dîme qui revenait au prieur, étant prélevées les pensions dues à Saint-Victor et au chapitre de Fréjus. Il avait de plus en entier la dîme du chanvre, des oignons, des cochons; et le prieur devait lui compter annuellement « la somme de vingt-quatre escus vaillans septante-deux livres, » mais depuis la transaction passée, en 1722, entre Messire Joseph d'Astier de Monessargues, alors prieur des Arcs et Messire Jean Gastinel, vicaire du même lieu, le prieur est tenu de donner au vicaire une portion congrue de 500 livres pour tous ses droits, et 150 livres à chacun des trois secondaires. Il est de plus obligé de faire prêcher le carême, et les honoraires du prédicateur sont fixés à 90 livres.

La maison claustrale, voisine de l'église et de la maison du sieur de Sainte-Cécile, appartient au vicaire pour son habitation et celle des prêtres qui desservent la paroisse, lesquels sont au nombre de quatre, dit la Pancarte, le vicaire compris « et un diacre pour servir aux messes et autres nécessités de l'office. » Un jardin, clos de murailles, au quartier des Baux, et deux autres petites propriétés appartiennent aussi au vicaire.

Mgr Louis de Thomassin, évêque de Sisteron et auparavant coadjuteur de Mgr Godeau, évêque de Vence, était prieur commendataire des Arcs, en 1703, lorsque Mgr Fleury fit la première visite pastorale de son diocèse. L'évêque de Fréjus, dans le procès-verbal de visite, mentionne l'assurance que le seigneur prieur lui a donnée de s'en rapporter à tout ce qui serait ordonné pour les réparations et besoins de l'église. Il constate ensuite l'insuffisance du local où les fidèles s'assemblent.

« Ayant jugé, dit-il, que l'église n'étoit pas assés ample pour contenir le peuple de cette paroisse, nous avons ordonné qu'il sera fait à la diligence des sieurs maire et consuls du dit lieu un rapport par un maître-maçon de l'état présent de la dite église, commoditez et incommoditez, comme aussi des autres lieux et places où l'on pourroit bâtir une nouvelle église, pour être, sur l'avis du dit maître-maçon et devis qu'il dressera soit pour la construction d'une nouvelle église ou agrandissement de la présente, être par nous statué ce qu'il conviendra. »

Cette église des Arcs reconnue par Mgr Fleury comme insuffisante pour la population est fort ancienne; si l'on s'en rapporte à ce qui a été dit sur Claviers, un acte important y aurait été passé, en 1182, par le comte Ildefons II, roi d'Aragon et marquis de Provence, qui confirma, en présence de l'évêque d'Antibes, la donation que Hugues de Claviers avait faite, en faveur du prévôt de l'église de Fréjus, de tous ses droits sur Claviers, Baudron, Callas et Bargemon [1].

---

[1] ľ ayant pu retrouver la charte originale de la confirmation faite par Ildefons, ni aucune de ses copies, nous ;hésitons à admettre ce que Girardin a lu. Au lieu de *Castrum de Arcis*, n'y aurait-il pas eu *Castrum de Areis?* Dans ce cas, aucune erreur n'existerait sur le nom du titulaire qui est réellement saint Paul pour l'église d'Hyères. Nulle part d'ailleurs, au cartulaire de Saint-Victor, les Arcs ne sont désignés sous le nom de *Castrum de Arcis*; on lit : *Archos, Archus, de Arcubus*, dans les plus anciennes chartes. (Voir ci-dessus, page 188.)

Les terres nobles des Arcs, de Trans, de la Motte et d'Esclans furent données par le même Ildefons, en 1201, à Gérard de Villeneuve « pour les bons et loyaux services qu'il lui avoit rendus, et à son père le roi d'Aragon »[1].

Le fief des Arcs était d'abord une baronie; Louis XIII l'érigea en marquisat, l'an 1612, en faveur d'Arnaud de Villeneuve.

Modeste de Villeneuve des Arcs, fils aîné d'Arnaud, premier marquis des Arcs et d'Isabelle d'Haluin de Piennes, était religieux recollet lorsqu'il fut nommé à l'évêché d'Apt, en 1629. Il fut sacré dans l'église cathédrale de Fréjus, le 25 novembre de la même année par Barthélemy de Camelin, assisté de son neveu et coadjuteur, Pierre de Camelin, évêque de Philadelphie, et de Louis du Chesne, évêque de Senez.

Mgr de Castellane faisant la visite pastorale, en 1731, fut reçu aux Arcs dans le vieux château qui appartenait alors à M. le comte du Luc, conseiller d'Etat et d'épée etc., seigneur des Arcs.

C'est dans ce château que naquit sainte Rossoline de Villeneuve; et l'on y montre la chambre qui, d'après la tradition, fut celle de sa nourrice.

Après sainte Rossoline, fille aînée de Gérard de Villeneuve et de Sibille Burgole de Sabran, le château des Arcs a dû voir naître Hélion, grand-maître des chevaliers de Saint-Jean de Jérusalem, Elzéar, évêque de Digne, Hugues, religieux franciscain, un des plus

---

[1] BOUCHE, *Hist. de Provence*, tome II, p. 178.

célèbres docteurs de l'ordre, Arnaud, qui continua la descendance des Villeneuve, enfin les autres frères ou sœurs de sainte Rossoline, qui furent au nombre de dix.

Il y a sur le territoire des Arcs le prieuré de Sainte-Cécile dont l'origine est aussi ancienne que celle du prieuré de Saint-Pierre. En 1045, la famille Foulque, dont il a été parlé, donna aux religieux de Montmajour l'église de Sainte-Cécile avec une terre très-importante qui en dépendait.

L'évêque de Fréjus était le collateur ordinaire de ce bénéfice, dont le prieur était chargé seulement de dire une messe le jour de sainte Cécile, de donner à dîner aux prêtres qui venaient célébrer ce jour-là et de les défrayer.

Mgr de Castellanne a uni le prieuré de Sainte-Cécile au chapitre de Draguignan qui a commencé d'en jouir en 1720.

Une chapellenie a été fondée par Honorade de Bachis [1], dame en son vivant du lieu des Arcs et de Trans, en une chapelle située près les murs de la ville, sous le titre des Dix-mille Martyrs. Le seigneur des Arcs est juspatron de cette chapellenie en laquelle il y a charge de dire deux messes par semaine.

Au cimetière de la paroisse, une autre chapellenie a été fondée sous le titre de Sainte-Marie-Madeleine, avec service de deux messes chaque semaine, l'une le lundi et l'autre le vendredi.

---

[1] Honorade de Bachis avait épousé en 1450 Arnaud de Villeneuve, elle fut mère de Louis de Villeneuve le grand marquis.

## LA CELLE-ROUBAUD.

La Celle-Roubaud est sur la paroisse des Arcs, dans un site des plus agréables et arrosé par des eaux abondantes ; à égale distance des Arcs et de Trans, et non loin du Muy, de la Motte et de Draguignan.

Ce lieu tire son nom d'un ermite qui vint s'y fixer dans les temps les plus reculés, ainsi que l'attestait un ancien manuscrit de la chartreuse de Montrieux. Aujourd'hui il est plus connu sous le nom de sainte Rossoline, dont les restes sacrés y sont en grande vénération.

Dans le XI<sup>e</sup> siècle, un monastère existait déjà à la Celle-Roubaud. En 1038, une pieuse femme, nommée Ayclias et ses quatre fils, au nombre desquels était Bertrand qui devint plus tard évêque de Fréjus, firent une donation aux religieux de Saint-Victor de Marseille ; et les limites qu'ils marquaient désignaient la Celle-Roubaud en ces termes : *usque in viam publicam quæ venit de monasterio quod vocant Salam Rodbaldo*[1].

Quels étaient les religieux de ce monastère établis au lieu même où l'ermite Roubaud était venu se sanctifier ? On l'ignore.

Quelques auteurs ont prétendu, mais sans donner aucune preuve, que les Templiers s'y étaient fixés en

---

[1] *Cartulaire de Saint-Victor*, n° 570.

1200. A cette époque, le monastère de la Celle-Roubaud devait être occupé par des religieuses bénédictines, puisque, dans un acte authentique du 11 avril 1260, l'abbesse Indie du monastère de Saint-Pierre de Sourribes, au diocèse de Gap, déclarait que l'église Sainte-Marie de la Celle-Roubaud, dans le diocèse de Fréjus, dépendante de son monastère, était déchue sous prétexte de pauvreté de l'observance régulière qui *jadis* y avait grandement fleuri : *paupertatis prætextu sive inopiæ destitutam (ecclesiam) à regulari observantiâ quæ in eâ olim vigere non modicum consueverat* [1].

Cette abbesse céda aux religieuses chartreuses de Bertaud, dans le Dauphiné, la maison de la Celle-Roubaud, pour y fonder un monastère de leur ordre, avec charge de payer une redevance annuelle de cinq sols tournois et de fournir à la nourriture et à l'entretien des deux religieuses qui restaient de l'ancienne communauté. Othon, évêque de Gap, consentit à cette donation et l'abbesse Indie voulut que l'évêque de Fréjus y apposât aussi son sceau avec celui de son chapitre. Cet évêque était alors Bertrand VII, dit de Saint-Martin.

La famille de Villeneuve, investie depuis peu de la seigneurie des Arcs, protégea le nouveau couvent de Chartreuses établi à la Celle-Roubaud. Ce fut sans doute d'après ces instances que Jeanne de Villeneuve, religieuse de Bertaud, fut nommé prieure de cette

---

[1] BOUCHE, *Hist. de Prov.*, tome II. Additions, p. 15. *Acta sanctorum*, XI jun.

maison naissante. Sainte Rossoline, sa nièce germaine, professe elle aussi de Bertaud, lui succéda dans sa dignité.

Pendant que sainte Rossoline vivait encore, le pape Jean XXII par deux fois se montra bienfaisant envers les chartreuses de la Celle-Roubaud.

En 1323, le 1er décembre, il voulut secourir le monastère dont l'indigence lui était connue, ainsi que la vie édifiante des religieuses, puisqu'il avait été évêque de Fréjus. Il unit à la Celle-Roubaud le prieuré rural de Saint-Martin des Arcs, qui n'est autre que le prieuré de Taradel.

Le 5 juin de l'an 1328, à la demande d'Elzéar de Villeneuve, frère de sainte Rossoline et chanoine de Fréjus, il accorda des indulgences pour le 28 mai, jour anniversaire auquel l'église du monastère avait été consacrée en 1200.

Sainte Rossoline mourut le 17 janvier 1329 [1].

On s'accorde à reconnaître que la présence de sainte Rossoline valut à la Celle-Roubaud la construction d'une nouvelle église, dont l'achèvement n'eut lieu qu'après sa mort [2]; et l'on croit que ce fut son frère, Hélion, le grand-maître de Saint-Jean de Jérusalem, qui la fit élever. Il est du moins certain qu'Elzéar de

---

[1] Cette date est certaine; elle a été donnée par dom Charles Le Couteulx, d'après le calendrier de la maison de Bertaud où sainte Rossoline avait fait profession. On a été longtemps dans l'erreur sur ce point, les uns ont fait mourir la sainte en 1206, les autres en 1336, d'autres enfin, parmi lesquels dom Amable, en 1350. C. f. *Acta sanctorum*, xi junii.

[2] *Acta S. Rossolinæ* apud Bolland. xi junii, cap. III.

Villeneuve, ancien chanoine de Fréjus et de Marseille, et depuis évêque de Digne, vint consacrer l'église du monastère pendant la semaine de la Pentecôte de l'an 1334 [1]. Il fit en même temps, le 11 juin, jour de l'octave, l'élévation du corps de sa sœur dont la sainteté était rendue évidente par de nombreux miracles.

Barthélemy Grassy, évêque de Fréjus, l'avait délégué pour présider à cette cérémonie dont il avait demandé l'autorisation au pape Jean XXII. Le corps de la sainte fut trouvé en état de parfaite conservation; mais ce qui ravit surtout d'admiration tout le monde, ce fut de voir que les yeux étaient encore pleins de vie. Ils furent gardés séparément dans un reliquaire.

La nouvelle église fut dédiée en l'honneur de sainte Catherine de Mont-Sion [2]; et le couvent, ainsi que le portait une inscription mentionnée par Bouche [3], s'appela : *Monasterium sanctæ Catharinæ de Monte Sion, Cellæ Robaudi.*

Quelques auteurs marquent une seconde élévation du corps de sainte Rossoline en 1344, et une troisième, à laquelle ils font assister Hugues d'Arpajon, évêque de Marseille, en 1360. Il serait à désirer qu'on pût

---

[1] Gassendi et le *Gallia christiana* disent que sainte Rossoline vivait encore lors de la consécration de l'église, en 1334. Ils ne connaissaient pas l'année véritable de sa mort qui eu lieu en 1329. Bouche, *Hist. de Provence*, tome I, p. 254, marque en 1306 la consécration par Elzéar de Villeneuve, qui alors n'était pas encore évêque.

[2] Le P. Papebrock croit qu'il y a erreur dans ce nom, et qu'il fallait lire de *Monte Sinaï*. *Acta S. Rosselinæ*, cap. V.

[3] *Hist. de Prov.*, tome II, p. 341.

établir par quelques preuves la réalité de ces translations successives

Les Bollandistes [1] expliquent la supposition de celle de 1344 par la croyance erronée où l'on était que la mort de sainte Rossoline avait eu lieu huit ans auparavant, en 1336. Quant à celle de 1360, ils croient que Hugues d'Arpajon, qu'ils appellent *de Sabran* et disent parent de la sainte, assista à la première élévation, et que, dans les écrits où son nom fut plus tard mentionné, il reçut par anticipation le titre d'évêque de Marseille qu'il n'eut en réalité qu'en 1360.

C'était alors, pour le monastère de la Celle-Roubaud, l'heureux temps de la ferveur et de la prospérité, et le souvenir des vertus de Rossoline contribua à l'y maintenir de longues années. Mais les guerres fréquentes qui vinrent ensuite ravager la Provence, la trop grande liberté qu'offrait naturellement aux religieuses leur séjour dans un lieu isolé, contribuèrent au relâchement de la discipline. Cette maison que le corps de sainte Rossoline, disent les Bollandistes, enrichissait du plus précieux trésor, au lieu de conserver avec soin toute la rigueur de la règle, la laissa fléchir peu à peu et tomber enfin à un tel point qu'il fallut séparer de l'ordre carthusien ces filles indociles : *filiæ immorigeræ* [2].

Elles étaient conduites, en 1414, par une rectrice et

[1] *Acta S. Rosselinæ*, cap. IV.

[2] Voir *Acta S. Rosselinæ*, cap. V, d'où nous avons tiré tout ce qui concerne la décadence de cette maison.

un vicaire qui, voyant le peu de succès dont leurs efforts étaient suivis, demandaient miséricorde, c'est-à-dire d'être relevés de leurs fonctions. Le chapitre des chartreux les maintient dans leur charge et ordonne au visiteur de la province d'inspecter la maison de la Celle-Roubaud.

En 1416, nouvelle insistance de la rectrice et du vicaire. Les pères chartreux, dans le chapitre général, refusent de se rendre au désir de la rectrice : *rectrici Cellæ Robaudi non fiat misericordia;* mais ils relèvent le vicaire dom Jean Malinis et le remplacent par dom Etienne Scaron. Ce religieux qui, déjà dix ans auparavant, avait été vicaire et convisiteur de cette même maison, aurait pu, disent les Bollandistes, ramener par la prudence ces filles égarées, si elles n'avaient été incorrigibles : *Poterat vir hic... reduxisse suâ prudentiâ devias, si corrigibiles aliquo modo fuissent.* N'ayant pas réussi dans ce labeur ingrat, il fut rappelé à Montrieux où il avait profession et dont il devint prieur en 1419.

En 1420, le nouveau vicaire est relevé et le prieur de La Verne chargé de décider s'il faut séparer ou non, de l'ordre, la maison de la Celle-Roubaud. D'après le rapport qu'il donne, le chapitre, en 1421, commet le prieur de La Verne et celui de Montrieux pour renoncer, au nom de l'ordre carthusien, à la conduite de cette maison dont ils devront retirer certains objets destinés au culte. En effet, l'année suivante, il est question d'un calice, d'un tableau représentant une *Piété*, c'est-à-dire la Sainte Vierge tenant entre ses bras le corps de Jésus-Christ descendu de la croix, d'une chape ornée de fleurs, d'une chapelle rouge ou blanche, d'un bréviaire que le prieur de Montrieux tient de la Celle-Roubaud et qu'il devra envoyer au prieur de La Verne.

Ainsi fut consommée, moins d'un siècle après la mort de sainte Rossoline, la séparation de la Celle-Roubaud d'avec l'ordre des Chartreux.

Toutefois les religieuses continuèrent d'habiter en ce lieu. Rejetées des Chartreux, elles demandèrent aux moines de Lérins de les prendre sous leur conduite. Après neuf ans d'efforts et de soins infructueux, l'abbaye de Saint-Honorat se vit forcée, par l'obstination et l'esprit insensé de ces filles, *ob pervicaciam et infrunitam mentem,* de les abandonner dans leur voie malheureuse; et elle les renvoya sous l'autorité de l'évêque de Fréjus, qui était alors Jean de Bellard.

Le pontife choisit les prêtres les plus expérimentés et les plus pieux pour reprendre cette œuvre difficile. Mais ce fut en vain; rien ne put faire revenir la régularité primitive dans la maison de la Celle-Roubaud.

On a prétendu que les religieuses, après avoir été abandonnées par les Chartreux, allèrent se réunir aux bénédictines de Saint-Pierre de Lamanarre, à Hyères, d'où elle revinrent ensuite à la Celle-Roubaud.

Mais il faudrait qu'on pût établir sur quelque document ce fait, que rien ne donne à supposer dans les écrits de l'ordre des Chartreux compulsés avec soin par dom Chauvet [1],

---

[1] *Acta S. Rosselinæ,* cap. V.

Ce qui est certain, c'est que le monastère de la Celle-Roubaud possédait à Hyères des droits, des revenus pour l'administration desquels il fit choix de Jacques Suzon, notaire de cette ville, le 22 avril 1450. Il y avait alors cinq religieuses qui composaient la majorité de la communauté. Mais on ne saurait conclure de cet acte qu'il y eut réunion avec Saint-Pierre de Lamanarre.

Après avoir dit les tentatives inutiles de la part des religieux de Lérins et de l'évêque de Fréjus, pour ramener les religieuses, dom Chauvet ajoute que les guerres se succédant, le monastère fut presque entièrement détruit et que toutes les possessions firent retour à leurs premiers maîtres, les de Villeneuve, seigneurs des Arcs.

On lit dans les origines franciscaines [1] que l'an 1501, sous le pape Alexandre VI, et sous Louis XII, roi de France, à la demande de Louis de Villeneuve, surnommé le grand marquis, les religieuses furent transférées à Trans; et que le souverain pontife avait consenti à cette mesure le 25 septembre 1499. D'autres auteurs ont dit qu'elles furent renvoyées dans leurs familles.

Tant de viscissitudes par lesquelles eut à passer le monastère de la Celle-Roubaud, durant le XVe siècle, expliquent la précaution qu'on prit de cacher le corps de sainte Rossoline. Il fut ensuite miraculeusement retrouvé. Ce dernier fait du coïncider avec l'établissement des religieux Observantins.

---

[1] *Acta S. Rosselinæ*, cap. V.

Louis de Villeneuve, après l'éloignement des religieuses de la Celle-Roubaud, ne pouvait laisser dans la solitude et l'abandon ce lieu où reposait le corps de sainte Rossoline, la puissante protectrice de sa famille. Il appela, pour faire revivre l'antique monastère, les pères Observantins, auxquels il donna la maison, l'église et un enclos autour du couvent. Il leur assura, sur la seigneurie des Arcs, dix charges de blé, cinquante coupes de vin et 12 livres chaque année.

En 1541 Claude de Villeneuve-Flayosc voulut orner la chapelle où étaient conservées les reliques de sainte Rossoline; il y fit placer un tableau où il est représenté avec sa femme Isabelle de Feltris et ses nombreux enfants, prosternés autour de la crèche de l'Enfant Jésus.

Quelques années après, en 1554, le fond du sanctuaire de l'église fut décoré d'un magnifique rétable en bois doré qui existe encore, et dont la Mère de douleurs tenant entre ses bras le corps de son divin Fils, occupe la principale place. C'est là comme un souvenir du tableau qui fut transporté à La Verne, en 1422, après que les Chartreux eurent renoncé à la maison de la Celle-Roubaud, et sur lequel, ainsi qu'il a été dit, la Sainte Vierge était représentée de la même manière.

Cependant les fils de saint Bruno n'avaient point oublié cette maison. Le prieur de la Grande-Chartreuse envoyait en 1614 un de ses religieux pour visiter l'ancien monastère que l'ordre avait dû abandonner et où d'affligeants souvenirs étaient adoucis par la mémoire des éminentes vertus que sainte Rossoline y avait pratiquées. Le visiteur chartreux trouva dans l'église que desservaient alors les Observantins le corps de la sainte placé sur l'autel, dans une châsse dorée : on pouvait le voir à travers quelques vitres; et il constata un commencement d'altération autour de la bouche.

Cinq ans après, le 16 août 1619, le P. François de la Bastide, provincial des Observantins de la province de Saint-Louis, faisant la visite du couvent de la Celle-Roubaud, relate dans un procès-verbal, qu'il a trouvé dans une chapelle de l'église, une châsse en bois, placée sur l'autel, couverte d'un voile et percée sur le devant d'une ouverture vitrée ; dans laquelle châsse est renfermé le corps de la bienheureuse vierge Rossoline, non-seulement entier, mais presque tout-à-fait sans corruption [1].

Pour montrer le respect avec lequel les religieux voulaient conserver ces saintes reliques, le P. provincial en fit la translation dans un lieu fermé d'une grille en fer et dont les portes ne devaient être ouvertes que par un prêtre revêtu du surplis.

La copie de ce procès-verbal étant des plus fautives et des plus incomplètes, a donné lieu à quelques auteurs de dire que le corps de sainte Rossoline fut alors placé sur le maître-autel. Rien ne semble motiver cette supposition dans les paroles qu'on lit au procès-verbal. On ne voit guère d'ailleurs comment la châsse, enfermée sous une grille en fer, aurait pu trouver place dans le rétable qui est au-dessus du maître-autel. Ce

---

[1] *Histoire de sainte Rossoline*, par M. H de Villeneuve, p. 488

qui est certain, c'est que les reliques de la sainte furent trouvées en 1644, sur l'autel d'une chapelle latérale.

Pour la seconde fois, l'ordre des Chartreux se ressouvenait de la Celle-Roubaud. Le prieur de Montrieux, visiteur de la province, rendait compte, dans une lettre du 15 juillet 1644, de ce qu'il avait vu en cette maison. « Il y a, disait-il, dans une chapelle située à droite du maître-autel, une châsse placée sur l'autel dont elle occcupe toute la longueur; elle est en bois; elle a trois vitres, une à la tête, l'autre aux pieds et la troisième vers le milieu du corps. La tête de sainte Rossoline qu'on aperçoit est encore recouverte de sa peau, qui est désséchée; il en est de même pour les jambes, où l'on voit quelques indices d'altération. Cette châsse est en fort mauvais état et les vitres ne sont collées qu'avec du papier. Mais on dit, ajoutait le prieur de Montrieux, que le marquis de Villeneuve en prépare une nouvelle en argent. »

En effet, la famille de Villeneuve était alors dans une sainte émulation pour honorer les restes de celle qui faisait sa plus belle gloire.

« Parce que ce saint corps, écrit H. Bouche [1], n'estoit pas, ny décemment, ny asseurément conservé sur cet autel, où il avoit reposé durant plusieurs siècles, et qu'on jugeoit plus expédient d'en faire une plus honorable et plus asseurée translation pour la garde de ces reliques, il y a eu de nos jours une grande conten-

---

[1] *Hist. de Provence*, tome II, p. 242.

tion entre Jean de Villeneuve, baron de Flayosc et de Barrême et le marquis de Trans et des Arcs, (pour savoir) qui en feroit la dépense; un chacun de ces seigneurs voulant avoir la gloire de ce faire, pour honorer cette sainte, l'honneur de leur maison. Mais l'abbé et prieur du lieu des Arcs, frère de ce marquis, a emporté le dessus et a fait faire, tant la châsse où reposent ces saintes reliques, que cette translation, le tout à ses dépens. »

Cette translation fut des plus solennelles, elle eut lieu un jour de dimanche, le 20 octobre 1657, et on fit coïncider avec elle la tenue, à la Celle-Roubaud, du chapitre provincial des religieux Observantins de la province de Saint-Louis. Une foule de personnages illustres y assista; on peut en voir l'énumération au procès-verbal transcrit par les Bollandistes. « La fête fut encore très-solennelle et très-bruyante, dit de Haitze, par le concours du peuple, qui fut si grand, qu'il fit presque déserter, pour ce jour-là, tous les lieux voisins, et qui même y en fit venir de ceux qui demeuroient en d'autres assés éloignez. »

Le panégyrique de sainte Rossoline fut prêché par le P. Trinquère de la Greffe, Observantin; il a été imprimé à Montpellier, en 1663, sous le titre de *Triomphe de l'incorruptibilité*, et dédié à dame Gabrielle du Mas de Castellane, baronne d'Allemagne et épouse d'Antoine de Villeneuve, marquis des Arcs.

Jusqu'à cette époque, le corps de sainte Rossoline était resté dans la chapelle voisine du maître-autel et qui est dédiée à saint Antoine de Padoue. L'abbé de

Villeneuve, prieur des Arcs, fit construire et orner, à la suite de celle-ci, une autre chapelle plus accessible aux fidèles; et c'est là que la translation eut lieu. Le mur du côté gauche avait été creusé en forme d'une belle coquille dorée, au milieu de laquelle on a posé la nouvelle châsse qui est en bois sculpté et doré et fort élégante. Lorsqu'on y renferma le corps de la sainte on reconnut avec admiration que les bras avaient encore conservé de la souplesse.

Les Observantins de la Celle-Roubaud étaient alors assez nombreux. D'après une transaction passée peu de temps auparavant, en 1653, entre les seigneurs de Villeneuve et les pères du Définitoire de ce temps-là, le couvent était obligé d'entretenir et alimenter dix religieux [1].

Un de ces religieux faillit à la mission de la communauté, qui était de veiller à la garde des reliques de sainte Rossoline. Il osa porter une main sacrilège sur le corps de la sainte et en détacher une côte. S'étant rendu plus tard à Rome, il sollicita, mais en vain, la faculté de garder en sa possession cette précieuse relique; il fut forcé de la consigner entre les mains du P. Boyer, lequel la donna à la chartreuse de Villeneuve-lez-Avignon. Ce fait est rapporté par dom Chauvet, et le P. Papebrock en eut la confirmation, en 1661, de la bouche même du P. Boyer qui poursuivait alors à Rome, comme procureur, la cause de la canonisation des martyrs de Gorcum.

---

[1] **Pouillé de 1728.**

Cette même année, 1601, eut lieu sur les reliques de sainte Rosseline une autre sorte de profanation. Le roi Louis XIV faisant avec sa mère Anne d'Autriche le pèlerinage des saints lieux de Provence, voulut s'assurer si les yeux de la sainte, qu'on lui montra et qui semblaient encore vivants, étaient réellement naturels; il les fit piquer par son médecin Antoine Vallot. Un de ses yeux porte encore la trace de cette profanation ; il s'est affaissé, l'autre a conservé sa forme primitive.

La modicité des revenus du couvent de Sainte-Catherine de la Celle-Roubaud a fait diminuer le nombre des religieux qui le desservent. A présent, dit le Pouillé de 1728, il n'y a que cinq religieux prêtres, deux frères et un valet.

# TABLE DES MATIÈRES

| | |
|---|---|
| Avant-propos .............. | V |

**CHAPITRE I<sup>er</sup>.**

| | |
|---|---|
| Idée générale du diocèse de Fréjus ................. | 3 |
| Listes des paroisses .......... | 5 |

**CHAPITRE II.**

| | |
|---|---|
| De la voie aurélienne. .... | 15 |

**CHAPITRE III.**

| | |
|---|---|
| Doyené de Fréjus. ......... | 26 |
| Saint-Rapheau. ... ........ | 27 |
| Agay ..................... | 29 |
| Cauroux .................. | 30 |
| *Vie du serviteur de Dieu Laurens Bonhomme, solitaire*.. | 37 |
| Isles de Lérins. ............ | 53 |
| Sainte-Marguerite ........... | 54 |
| Saint-Honorat. ............. | 55 |
| Saint Caprais ............... | 62 |
| Saint Eucher. .............. | 62 |
| Saint Vincent. ............. | 63 |
| Saint Hilaire.. ............. | 64 |
| Saint Maxime. ............. | 65 |
| Saint Fauste.. ............. | 66 |
| Saint Salvien ............... | 67 |
| Saint Valérien .............. | 68 |
| Saints Véran et Salone ...... | 68 |
| La Napoule ................ | 79 |
| Bagnols ................... | 83 |
| Le Muy ................... | 83 |
| Saint-Cassien ............... | 85 |
| Marsans ................... | 85 |
| La Roquette ................ | 86 |
| Saint-Léonce ............... | 86 |
| Le Puget .................. | 87 |
| Roquebrune ................ | 89 |
| Palaison. ................. | 91 |
| Villepey ................... | 92 |
| Le Revest ................. | 94 |
| L'Estérel .... ............. | 95 |

**CHAPITRE IV.**

| | |
|---|---|
| Doyené de Saint-Tropez. | |
| Saint-Tropez ................ | 97 |
| Ramatuelle ................ | 103 |
| *Transaction entre le sieur évêque de Fréjus et le sieur archidiacre des jurisdictions de Favas, Bargemon et l'Étang de Fréjus, pour la dîme de Ramatuelle* ........... | 104 |
| *Histoire d'Arnaud et de Jacques de Via, archidiacre et capiscol* ..... ............ | 107 |
| Gassin .................... | 110 |

# TABLE DES MATIÈRES.

| | |
|---|---|
| Cavalaire | 110 |
| Bertaud | 111 |
| Cougoulin | 111 |
| La Molle | 113 |
| La Verne | 115 |
| Les Garcinières | 119 |
| Grimaud | 120 |
| Sainte-Maxime | 122 |
| La Garde-Freinet | 123 |
| Saint-Clément | 124 |
| La Moure | 125 |
| Le Plan-de la-Tour | 125 |
| Miramas | 126 |

## CHAPITRE V.
### DOYENÉ DE LORGUES.

| | |
|---|---|
| Lorgues | 128 |
| Entrecasteaux | 131 |
| Flayosc | 132 |
| Taradel | 133 |
| Le Toronet | 133 |

## CHAPITRE VI.
### DOYENÉ DE SEILLANS.

| | |
|---|---|
| Seillans | 139 |
| Bargême | 143 |
| Monts | 143 |
| Escragnole | 145 |
| Fayence | 147 |
| Saint-Paul | 149 |
| Avaye, Borigailles, Beauregard, Roque-Taillade | 150 |
| Tourrettes | 152 |
| Valnasque | 152 |
| Taneron | 153 |
| Tournon | 154 |

| | |
|---|---|
| Pibreisson | 155 |
| Callian | 155 |
| *Sainte Maxime* | 159 |
| *Saint Donat* | 167 |
| Montauroux | 169 |
| Les Adrets | 171 |
| Malignon | 172 |
| Saint-Julien | 172 |
| La Bastide | 173 |

## CHAPITRE VII.
### DOYENÉ DE BARGEMON.

| | |
|---|---|
| Bargemon | 174 |
| Comps | 180 |
| Brenon | 183 |
| Serenon, La Clue | 183 |
| La Val-de-Roure | 184 |
| Esclapon | 185 |
| Claviers | 185 |
| *Acte de donation de Claviers à la prévôté de Fréjus* | 186 |
| Baudron | 189 |
| Callas | 190 |
| *Histoire de l'invention des reliques de saint Ausile* | 191 |
| Méoux | 203 |
| Favas | 203 |
| La Roque d'Esclapon | 204 |
| Châteauvieux | 205 |
| La Martre | 206 |

## CHAPITRE VIII.
### DOYENÉ D'AUPS.

| | |
|---|---|
| Aups | 207 |
| Villecrose | 212 |
| Rue et Salgues | 214 |

| | | | |
|---|---|---|---|
| Salernes | 214 | Saint Pons | 252 |
| Silans | 215 | Castrum sancti Blasii | 257 |
| Fabrègue | 216 | Castrum de Dragone, La Granégoune | 258 |
| Vins | 216 | | |
| Montfort, Spéluque | 218 | Tourtou | 258 |

## CHAPITRE IX
### DOYENÉ DE BARJOLS.

| | | | |
|---|---|---|---|
| | | Florièye | 259 |
| | | Spérel | 259 |
| | | Penafort | 260 |
| Barjols | 220 | Les Clans | 260 |
| Saint Marcel | 221 | Brovès | 260 |
| Cottignac | 226 | | |

## CHAPITRE XI.
### DOYENÉ DE PIGNANS.

| | | | |
|---|---|---|---|
| Notre-Dame-de-Grâce | 228 | | |
| Carcès | 230 | | |
| Fos | 232 | Pignans | 262 |
| Bresc | 232 | Catalogue des prévôts de Pignans depuis le XIIe siècle | 270 |
| Pontevès | 233 | | |

## CHAPITRE X.
### DOYENÉ DE DRAGUIGNAN.

| | | | |
|---|---|---|---|
| | | Catalogue des bénéfices de la nomination du prévôt de Pignans | 277 |
| Draguignan | 236 | Gonfaron | 279 |
| La Moutte | 244 | Cabasse | 280 |
| Trans | 244 | Le Luc | 282 |
| Ampus | 245 | La Lauzade | 284 |
| Spéluque | 248 | Cagnosc | 285 |
| Reinié, Castrum de Reino | 249 | Candumi | 285 |
| Châteaudouble | 249 | Le Canet | 285 |
| Rebouillon | 250 | Vidauban | 286 |
| La Garde | 250 | Flassans | 287 |
| Montferrat | 251 | Les Arcs | 288 |
| Figanière | 252 | La Celle-Roubaud | 294 |

FIN DE LA TABLE.

# DESCRIPTIO

# DIŒCESEOS FOROJULIENSIS

#### AUCTORE

## JOSEPHO ANTELMY
PRESBYTERO S. T. D. FOROJULIENSI CANONICO

# DESCRIPTIO
# DIŒCESEOS FOROJULIENSIS[1]

## CAPUT PRIMUM.

### CIVITAS ET ECCLESIA FOROJULIENSIS.

#### FORUMJULII VETUS.

Forumjulii nobilis olim Phocensium seu Massiliensium colonia fuit, quæ à Julio Cæsare ingentibus, nobilibusque ædificiis adornata, ab eo deinceps nomen retinuit. Quæque olim, Plinio teste, *Pacca*, sive *Pa-*

---

[1] Desiderantur in autographo tituli quos supplere editor debuit, sicut et meliorem rerum quæ ad Forojulium spectant ordinem instituere.

*censis* appellabatur, Forum Julii à Julio Cæsare denominata fuit.

Operosum hìc esset describere quot et quantis monumentis coloniam tantus imperator illustravit, cùm hodiè, vel quæ ex parte supersint, vel quorum substant rudera, adeò sint exquisita, adeò superba ut opera illa fieri potuisse, si facta non forent, dubitaretur. Inter cætera Amphitheatrum visitur ornatæ figuræ, modicum sanè, sed admirabili arte confectum. Cernuntur et antiqui aquæductus pergrandis molis, qui aquam ex ortu Signiæ fluvii eductam, ad civitatem per decem spatia leucarum deferebant; quo in portentoso opere, dictu difficile quot excisæ rupes, quot excussæ colles, quot æquatæ convalles fuerint, ut plano meatu tanta aquarum scaturigo deflueret, quæ inaquosæ civitatis siccitatem fecundaret. Taceo hìc templa, aras, thermas, balnea, armamentaria, triumphales arcus, aliaque id generis ædificia, splendori illius adaugendo fuisse constructa.

Quod enim opera hæc postrema superat, portus est ad meridiem, amplissimus, naturâ haudquaquam juvante, sed solius artis præsidio confectus. Rotundæ figuræ ille est, muro et aggere pedum sexdecim latitudinis undequaquè obcinctus, in quo et pharès et præcelsæ turres, et propyleum et decumana porta in immensam fermè altitudinem assurgens, quorum oculis objiciuntur judicium ad fatendum impellunt meritò ab Augusto et Cæsaribus, locum illum deputatum fuisse ut navale Romanorum constituerent. Indè meritò ab antiquis Ptolemeo, Strabone et aliis indiscriminatim et *Navale Cæsaris* et *Navale Augusti*, Forumjulii nuncupatum fuit.

Tanti autem et majoris nominis et momenti deinceps extitisse argumento est : cùm Solstitiales imperatores (ut vocat Suetonius) Otho et Vitellius de summâ rerum contenderent, et Vitelliani, quos Narbonenses sequebantur, edidicissent Othonis classem in Provinciam aciem esse versuram, statim de mittendo in Forojuliensem coloniam potiore cohortum auxilio cogitatum fuisse, quo alioquin oræ toti prospicere haudquaquam valerent. Ità enim omninò rem prosequitur Tacitus (Lib. Hist. 2. N. XIV.) : « Cùm Othonis classem, inquit, imminere Fabio Valenti trepidi nuntii attulissent, adessentque legati coloniarum, auxilium orantes, duas Tungrorum cohortes, quatuor equitum turmas, universam Treverorum alam, cum Julio Classico præfecto misit : è quibus pars in coloniâ Forojuliensi retentâ, ne omnibus copiis in terrestre iter versis, vacuo mari classis acceleraret. » Hactenùs Tacitus.

Ex quibus sat liquidò datur intelligi coloniam hanc Romanis firmissimam fuisse terrâ marique oppositum propugnaculum ad suas suorumque fortunas defendendas. Sed et illius sortem secum illam Provinciæ et orbis alii traxisse et Vespasiano viam ad imperium, cùm civitatem, tùm cives securam usquequàque fregisse, auctor nobis est idem Tacitus (Lib. Hist. 3. N. XLI et sequentes), qui ut Italiam omnem inter Vespasianum et Vitellium Apennini jugis divisam retulit, hæc subjungit : « Marius Maturus, Alpium Maritimarum procurator, fidus Vitellio, Valentem ne Galliam Narbonensem temerè ingrederetur, monendo terruit. Nam circumjectas civitates procurator Valerius Paulinus, strenuus militiæ, et Vespasiano antè fortunam amicus, in verba ejus adegerat; concitisque omnibus, qui exauctorati à Vitellio bellum spontè sumebant, Forojuliensem coloniam, claustraque maris, præsidio tuebatur. » Eòque gravior auctor quod Paulino patria Forumjulii, et honos apud prætorianos, quorum quondam tribunus fuerat; ipsique pagani (Forojulienses) favore municipali, et futuræ potentiæ spe, juvare partes annitebantur. Et quæ fusiùs Tacitus ubi ait : « Capto, industriâ Paulini, Valente, cuncta ad Vespasiani arbitrium cessisse, cæterasque provincias Imperatorem cognovisse. »

Sed revocat in memoriam, quod de Forojulio, Paulini patriâ, ex Tacito expositum, hanc ipsam coloniam ortum dedisse Julio Agricolæ, ejusdem Taciti socero ex familiâ senatoriâ, dignitate consulari et pontificiâ apud Romanos inclyto, cujus et ipse Tacitus gesta peculiari libro prosequens, Forumjulii splendidè designat epigraphe, dum eam veterem illustremque coloniam appellat his verbis : « Julius Pub. Agricola ex veteri illustrique Forojuliensium coloniâ oriundus. »

### SEDES EPISCOPALIS.

Undè tot honorum laudumque tituli Forojulii passim attributi causam præberent investigandi, nùm ea civitas quæ, nec vetustate nec nobilitate, clarioribus cæteris quæ in Provinciâ sunt, est inferior, nùm ea, inquam, his gloriæ insignibus, tùm in fidei illustratione, tùm in pontificiæ sedis decoratione, inter primarias emineat.

Enimverò quùm de convicinis ecclesiis primis sæculis habeatur mentio, et aliquæ sibi (haud scio an immeritò) pontifices apostolicos, aliæ his fermè coævos vindicent, mirum videri potest, quî Forumjulii, dignitatis haud inferioris oppidum, vix sub finem sæculi quarti episcopatûs sui indigitare possit initia; quùm aliundè nulla sit omninò Provinciæ sedes, quam et tractûs amplitudine, et ecclesiarum nobilitate, et parœchiarum multitudine Forumjulii superet.

Sed hæc omnia cùm ab instituto nostro sunt aliena qui simplicem et restrictam diœceseos notitiam delineare proposuimus, opportuniori loco et tempori reservamus ventilanda; hîc commemorare duntaxat pretium operæ autumantes, an. 374 Valentinam synodum perhonorificam scripsisse epistolam ad clerum et plebem Forojuliensem, in quâ, commendatâ exquisitis verbis utriusque pietate, monet eos ut ad novam antistitis electionem procedant, quòd irritam illam quam anteà fecerant de Accepti personâ judicassent, eò quòd ille vir sanctissimus, fugiendi sacerdotii metu, falsa de se crimina dixisset, quæ juxtà canonicas sanctiones exauctorationem merebantur.

E quâ epistolâ, momentis singulis aliàs expendendâ, impresentiarum licet inferre : sedem pontificiam ab aliis retrò temporibus à legitimis Hierarchis occupatam, moderatamque fuisse, quorum nomina ad nos quùm non sineret invidiosa vetustas pervenire, frustrà esset in illis divinandis operam perdere, et suppositios, vel ex alienis sedibus emendicatos, multorum more, præponere.

Tantam hocce solatio jacturam pensantes......... incomperta nobis illa nomina in libro vitæ aliquandò repertum iri, quùm maximè illorum temporum suadeat demonstretque beatitas nonnisi sanctos irreprehensilesque ministros tunc ad summum sacerdotium fuisse provectos.

### DIŒCESIS FOROJULIENSIS.

Antequàm ad diœcesenarum ecclesiarum descriptionem procedamus, præstat diœcesim ipsam in se contemplari, ejusque universum hactenùs delineare, mox explicatè singulas illius partes recensuri.

Igitur Forojuliensis diœcesis Provincialium amplissima quinque diœceseon limitibus circumscribitur. Habet ab oriente ditionem Antipolitani seu Grassensis episcopi, à quâ, nostrâ recensione nuperâ, sinuosis fluvii Siagnæ cursibus divisa fuit. Tùm ad septentrionem gradiendo occurrit Senecensis episcopatus, ad cujus fines assignantur ditionis nostræ subsequentia, in medii circuli formam posita, oppida Seranonum, Castrum Vetus, Brenonium et Comis; mox occurrit in eo territorio limes, ut vocant trium episcopatuum, lapideo monumento conspicuus; nunc Regiensis illic intercedit et per lineam paulò inflexam ad austrum disterminatur à tractu Forojuliensi castris de Alpibus, de Fossis et Ponteves. Hinc ab occasu ductâ æquali propè lineâ ad meridiem, Aquensis diœcesis, cui nostra ut Metropoli suffragatur, et Tolonensis consistunt. Et à priori quidem castra de Barjolis et de Vinis, ab alterâ Pignacum, Alvernia Carthusia, et Cavalaira ad oram maris cuncta ditionis nostræ oppida distinguunt. Ab indèque ingens limes intervenit mare Mediterraneum.

Inter eos igitur fines collocatâ diœcesi, longitudinis leucas fermè quindecim ab ortu ad occasum, totidem namque enumerabis ab castro Athenopoli ad Barjolium. Latitudinis ab Austro ad Boream, ab orâ Sambracitani sinûs ad montana oppida de Martha et Brenonis recensebis duodecim; et inter limites illos nunc coarctata Forojuliensis sacra ditio remotioribus gloriabatur antiquitùs, nam ex multis authenticis documentis elicitur non pauca vicinarum diœceseon oppida ad nostram diù pertinuisse. Quæ tamen nequaquàm prohibet usurpatio quominùs Forojuliensis diœcesis uti amplitudine itâ et cæteris nobilitate sacrâ prophanâque meritò sit anteponenda.

De primâ enim quis ambigat cùm sedes ipsa pontificia ex Provinciæ antiquissimis habeat sub se collegiatas insignes quinque mox enumerandas; parœchias amplas ac illustres, sacerdotia pinguia juxtà atque nobilia, antiquissima virorum ac mulierum cœnobia, sacra loca multorum commoratione sanctorum inclyta, ecclesiasque et sacella omnium Provincialium confluxu frequentata.

Profana Forojuliensis diœcesis decora æquè aliis præstant. Nam intrà ejus fines præcipuèque Forojulii nobiliora Romanorum antiquitatum monumenta substare quis deneget? Quùm præter ea quæ superiùs delibata sunt, constet celeberrima Romanorum oppida circum esse disposita. Habes namque hìc Athenopolim, Ad Horrea, Heracleam Cacabariam, Forum Voconii, Matavonium, Lerinam, Antea, Agathon, apud antiquos scriptores nominatissima. Quid si ad tempora nostra divertere mens sit? Advertes Draguignani antiquam, amplam et nobilem Senescalli sedem et Vicariæ caput, cui adjunges et aliud Leonaci constitutum. Regias bajulias duas: Barjolum et Alpes; Marchionis dynastias sex, Transiensem quæ Galliarum secunda est, de Arcubus, de Grimaldo, de Montibus, de Salernis, de Vinis; Comitatum de Carceribus perantiquum; Vicecomitatum verò unicum numerabis. Rursùs Baronum dynastias, Turretanam, Flayosceam, Focensem, Cotignaceam et Intercastrensem, præter innumeras Toparchias nobiliorum Provinciæ familiarum sedes.

Sed jam quæ hìcce glomeratìm attigimus, juvat enucleatè per singula recensere, catalogumque oppidorum contexere in quo quà sacra, quà profana brevi sed gemino sermone tractata videre erit.

### ECCLESIA CATHEDRALIS.

Jam ut sacra quæ attigimus prosequamur observare imprimìs erit cathedralis templi (antiquæ sed inelegantis figuræ fabricæ ædificium), descriptionem quam his paucis damus.

Itaque situm est templum juxtà episcopale palatium, atrio ad plateam et forum principale respiciente, constructum ex quadratæ secturæ lapidibus communibus, nullâque arte vel ornamento distinctis; nec malè illi opinati sunt qui structuram illam ex mœnium ruderibus, aliisque antiquitatum Romanarum reliquiis et monimentis exsurrexisse asseverârunt. Tribus coalescit fornicibus, non elatis quidem ex quò exaggeratum est antiquum pavimentum ecclesiæ, ad quam quùm olim per gradus plurimos, nunc per paucos descenditur. Porrò hujusce spatii æquè medietas populo, altera ministris divinisque celebrandis assignata est. Spatiosus satis (utque judicare est) chorus ligneorum subsellionum, opere et antiquitate præstantium, ordine duplicique superiori et infimo adornatus; cujusque angulos quatuor extantes duo canonici, queis una prima dignitas et personatus præest, occupant, sedilibus infimis beneficiariis et ministris reliquis destinatis.

Elata tribus gradibus conspicua est, ad dextram in cornu epistolæ, cathedra pontificia, ab extremis chori hujusce lateris modicum abjuncta, quæ intra sanctuarii limites extet constituta. Contigua autem sedi videntur inferiora dossuaria sedilia à sacerdote et ministris, rei sacræ operam præstantibus inter solemnia, occupata.

Tùm substat altare majus B. M. V. Assumptæ iconi, quod exquisiti operis columnæ gypsiæ capitellis suis, coronis et epistylio, insignitæ, convenienter satis illustrabant. Annis postremis, splendoris ergò, episcopus et canonici communibus impensis opus prostylon inaurari procurârunt; nam cùm siccitati gypsi diù aurum inhærere impar fuisset, excrustantes divellentesque se in dies tenues laminæ egregium aliundè opus deformant.

Sed non prætermittendum, rectà ad altare, ad dextram, aram esse constitutam, intùsque, intra mœnium ambitum, inesse spatium sacris reliquiis olim deputatum, quæ quamvis, inter bellorum incendia omnes dedecore damnoque nostro, aliò vel asportatæ, vel profanatæ fuerint, adeò ut nec ex multis martyrum integris morticiniis vel unum os supersit, locus tamen ille semper apud nostros magno est habitus in honore, ex quò præcipuè imago B. V. ibidem collocata, probatissima temporibus nostris signa edidit. Cui augendo cultui illustrissimus DD. Ondedeus, ex testamento ordinavit, providitque ut altare in splendidiorem formam refectum ditaretur B. Felicis martyris sacro capite et reliquiis, quas ipse ad ecclesiæ suæ decorem impetraverat à Clemente IX, cum limina Apostolorum veneraturus Romam concessit.

Exigua hæc Cathedralis templi capacitas, quæ quippè longitudinis passus..... latitudinis..... non excedit, at quam oppidò adauget contigua ad lævam parœchialis ecclesia, æquæ longitudinis, arcuato muro patens, et Cathedrali seu matrici suæ communicans. Undè convenienter inter sacra servatur quadamtenùs sexuum distinctio, prior namque templi portio quæ cathedralis est viris, parœchialis autem mulieribus assignata manet.

A lævâ parœchialis fani itur ad sacristiam, splendidis antecedentium præsulum exuviis sacris aliisque ornamentis decoram, nam cùm episcopis in ipso ingressu incumbat onus ecclesiam supellectili sacrâ adaugendi, reali quinque circiter millium librarum solutione, quæ veluti donarium quo sponsam subarrhant extitit, fieri non potuit quin è tantâ accressente pecuniâ sacro dotata evaserit vestiario, quod splendorem et antiquam illius nobilitatem repræsentet.

Jam exciderat memorare in ecclesiæ limine quadruplici præcelsâ fornice ingentem turris molem, quam Campanile vocant, inniti. Hæc enim ex eodem basilicæ saxo in magnam altitudinem assurgens, et tecto acuminato supervestita, Forumjulii quâquâ parte peregrinantibus eminùs effert se conspicuam. Sed et ipsa cymbalis grandibus et sonoris instructa, accedente ad hæc sitûs opportunitate, æris campani sonitum illustrem et in viciniâ nominatissimum conclamatissimumque præbet.

A basilicâ regredientibus, et extrà illius ambitum, conspicuum adest non ignobile sacellum figurâ rotundum, quod coronat sublimis satis tholus octo columnis fusilibus innixus, inter quas ampla extant loculamenta suis quæque altaribus decorata. Et in meditullio terno, sublimis gradu, locata est sacratissima lustrandorum piscina, posteris annis non digno et quo par erat opere pretio reedificata.

Materialis templi data descriptio postulat, ut nobilioris suimet portionis, et filiæ regis ab intùs gloriam aspiciamus. Itaque fundata est ipsa basilica major, ut et antiquæ et insignes regni nostri christianissimi, sub invocatione et patrocinio B. M. V. Assumptæ, cujus olim capitulum gerebat insignia, etiam tempore vacationis sedis præferenda. Parœchialis autem ecclesia sancto Protomartyri Stephano sacra est, undè in aliquot pervetustis instrumentis, quòd hæc adjuncta sit Cathedrali, dicta est ecclesia B. Mariæ et sancti Stephani.

Sed ex quo sanctus Leontius episcopus, urbis tutelaris, sedem suam, præsulum antecessorum sanctitate insignem, martyrio suo effecit nobiliorem, cùm ipse Vandalis oras maritimas infestantibus ultrò se dedit pro Forojuliensibus obsidem, quò civitatem ab impendente populatione liberaret, ex tunc, inquam, matrix ecclesia B. Mariæ et B. Leontii titulo indiscriminatim decorata fuit, ecclesiaque titularem agnovit cui plebs, grati animi ergò, nomem detulerat tutelaris. Hinc antiqua carthularia et piæ donationes factæ leguntur ecclesiæ B. Mariæ et B. Leontii; hactenùsque duplici illo titulo apud nostros cohonestata perseverat.

Media templi testudo ab utroque latere πεῶν habet ligneum æquæ amplitudinis, sed non æquæ positionis et situs, aliud enim alio excelsius visitur, (quod deformitatem quamdam generat). Quod à lævâ inferius est, exornat fretulatonium organum, Barthol. Camelini episcopi munificentiâ in Cathedrali primùm auditum; alterum episcopali palatio respondens, Leonis Ursini antistitis impensis factum fuit, quò præsules, nullo

* — fistulatorium (?)

diverticulo, cum domesticis, sacra cùm libuerit auscultùm adire et alia pia exercitia, quà conjunctim, quà separatim, obire possent.

### CAPITULUM FOROJULIENSE.

Cathedralis templi cultui mancipati sunt canonici duodecim, (quanquam ab antiquo plures). Horum primus Præpositi nomine cohonestatus, dignitatis primæ et solius nomen sortitur; nam Archidiaconus, Sacrista et Præcentor personatus tantum existunt, nullo penitùs jurisdictionis vestigio illorum sacerdotiis annexo. Sunt alii octo simplices canonici, quorum triduæ, ex nuperà institutione, præbendæ, una Theologi, altera Præceptoris officiis est supposita.

Porrò canonici singuli præbendas habent distinctas; ecclesiasque parœchiales, quarum habent nominationem, administrant per vicarios perpetuos, variis temporibus, episcoporum providentià, ipsis subrogatos, quæ alibì fusiùs suo loco prosequemur.

Cæterùm collegium illud ab initio, uti et alia, seculare fuisse et ex secularibus, ut vocant, clericis coaluisse liquet; at non ità probatu facile successu temporis regularem observantiam esse professum, et districtione monasticà, clericalem institutionem cohibuisse. Habemus sanè, ex probatis documentis, mensæ, ædiumque communitatem ad prætenta usquè sæcula, magno omnium emolumento et ædificatione, perdurasse; at hæc neutiquàm monasticen probant vel inducunt. Adeòque in eâ sententiâ perstarem nusquàm illam arripuisse canonicos, nisi inter legendum observassem eos antiquitùs, quâdam communi contesseratione, conjunctos fuisse aliis convicinarum ecclesiarum canonicis, quos constanter sancti Augustini regulam secutos esse compertum est; cùm maximè, uti et ipsimet, nostri, in signum desertæ militiæ cucullam retinuerint.

Exemptionum privilegiis nullis uspiàm fulta communitas, immediatè paret episcopo, quem ut patrem pastoremque legitimum cognoscit et reveretur. Itaque obedientiam quilibet in canonicum cooptandus spondet antistiti, illiusque et correctioni et judicio subditum in omnibus profitetur, solemni sacramento in codice statutorum inserto, et antè receptionem emittendo.

Dominium Capituli temporale satis amplum et pingue, sed perverso regimine imminutum et distractum, administratur per canonicum quotannis in die Pentecostes ad id officii suffragiorum pluralitate deputatum, qui sub se clericum vel laicum subadministratorem habet, peculii capitularis, sub debitâ fidejussione, custodem. Qui, quò faciliùs administranti canonico dissipationis, pravæque gestionis aditus præcludatur, ideò nullum de expediendâ pecuniâ mandatum, seu cedulam dare potest, quæ duorum canonicorum subscriptione non reperiatur firmata.

Distributiones pro diurno ministerio canonicis exsolvi solitæ, ex institutione primariâ, ad victum honestum sufficientes, tenues admodùm successu temporis devenere, sic ut sæpè ad providam episcoporum sollicitudinem recurrere coacti, ut capitularis mensæ inopiæ simplicium beneficiorum unione opitulari dignarentur. Etenim cùm manualia illa stipendia recipiant ex decimis fructuum Forojuliensis territorii, et ex illis, quorum tertia fermè pars episcopo obtingit quidquam in propria commoda distrahi vetitum sit, quousquè et beneficiarii et assisii portionem receperint, debitaque ecclesiæ onera, instaurationes et nova opera ex integro fuerint exsoluta, indè sæpiùs evenit ut canonici medietate vel tertiâ distributionum parte fraudati, dispendium illud aliis iniquis viis resarcire moliti fuerint.

In his ergò impræsentiarùm laboratur augustiis cùm quidam canonici præposito et præpositurae, à quâ olim distractam volebant, capitularem mensam rursùs adjungere cogitarent; rati sapienter rectiùs per unum quàm per plures administrari bona; quocircà illi cum vivente D. præposito compositionem solemnem ineunt, quâ, translatis sacerdotioque illi in perpetuum unitis bonis et juribus Capituli, vicissìm ipse, se et præposituram omnibus ejus oneribus indistinctè subjicit, et distributiones manuales tàm canonicis quàm aliis ministris expendere promittit. Bona hæc sanè Capituli conditio erat, sed longè melior præpositurae evadebat fortuna, serie temporum proventus maximos, ne dicam immensos, collecturae. At hoc ipsum attentiùs perpendentes ex oppidanis nostris præcipui, Capituli facultatum haud ignari, et in ipsum potiùs quàm in præposituram tot emolumenta refundenda rationabiliùs æstimantes, canonicis potiorem conditionem proponunt, spondentque se cuncta capitularis mensæ onera et distributiones, insuperque primo biennio septem nummorum millia, quibus ipso tenebantur exsoluturos, si ad solum integrum vicennium bona omnia et prædia è locationis titulo sibi traderent. Sed quis crederet? De conditionis majori commodo diù disputatum est; resque ad supremum Provinciæ tribunal devoluta infaustum exitum erat sortitura, ni ex nostris exorationis beneficio litem ad Gratianopolitanum senatum traxissent. Quo præstito, præpositi aliorumque consensu unanimi, contractus ille, pontificio accedente calculo, initus est. Cujus sub lege hodiè vivitur, anno primo illius vix evoluto, speraturque ut illius præsidio Capitulum è ruinis veluti suis exsuscitatum, quàm anteà fuerit, evadat opolentius.

Duodecim canonicis suppares, seu conajutores, respondent totidem beneficiarii, missas diurnas officiaque minora decantaturi. Præbendam in communi possident eorum vestiario antiquitùs assignatam; de reliquo medietatem canonicalium distributionum annuali famulatu suam facientes.

Duo perpetui vicarii, animarum regimini præpositi et gremio Cathedralis aggregati, in choro agunt hebdomadarios; chorario habitu, vestibus et distributionibus beneficiariorum, retento super illos præsedentiæ honore, gaudent. Hæc autem pro assistentiâ divini officii; nam sacramentorum administrationem episcopus certæ portionis, ut congruæ, solutione muneratur.

Breviarium et Missale proprium adhibebant in divinis Officiis recitandis; sed post concilium Tridentinum et Pii V bullam (quanquam ipsa nil in ecclesiam nostram statuerat, quæ longè antè annos ducentos probabat consuetudinem peculiaris ritûs), canonici, sede vacante, induxerunt Breviarium Romanum et ritum qui cæpit in ecclesiâ an. 1592, in festo Omnium Sanctorum, hactenùsque in eâ perseverat. Sed et insuper præter officium diurnum, cantatur etiam, sed demissiori voce, Officium divinum Beatæ Mariæ, exceptis festis duplicibus. In feriis autem adjungitur Officium mortuorum.

Exciderat penè memorare tàm hæc beneficia quàm canonicales præbendas et beneficiariorum portiones, ad solam et integram Capituli dispositionem, provisionem et collationem pertinere, episcopo jure duntaxat remanente vicarios à Capitulo præsentatos instituendi. Præposituræ autem et reliquis canonicatibus, canonici, episcopo secluso, provident et in acquisiti juris præsidium, provisionum instrumenta, ab annis quadringentis excusa, produnt, necnon præsulum pro tempore sedentium declarationes authenticas huic capitulari prærogativæ stipulantium. Quorum omnium fidem documentorum adauxit nobilis illa censura viri Cl. Dyonisii Falon advocati fisci catholici, qui discussis eventilatisque titulis nostris in celebri auditorio senatûs Parisiensis, germanos et authenticos pronuntiavit, eâque ratione canonicales præbendas tertiam partem jure regaliæ impetratas, ab eâ liberas immunesque declarari consensit aculeatis conclusionibus, ut vocant, fusè in arresti serie, illis per omnia concordis quoad expositis, quod..... idus januarii anni currentis ad instantiam et emolumentum Capituli pronuntiatum fuit. Quocircà ut in futurum omnis ecclesiam rursùs perturbandi ansa malevolis amputetur, expectant à singulari illustrissimi præsulis humanitate canonici ut quamprimùm sacrà fuerit unctione inauguratus, et clientelæ sacramentum emiserit, hoc idem in actorum tabulas cameræ Computorum Parisiensis referri inscribique jubeat.

Quod superest, ministrant in eâdem ecclesiâ octo vel decem presbyteri assisii quos nostri servitores vocant. Horum priores duo secundarii seu vicariorum coadjutores nuncupantur, qui sub se duos etiam habent diaconos vicariis itidem tùm in sacramentorum tùm in divini Officii functionibus administros. Quintus subsacristæ officio vacat, cui et omnis sacræ supellectilis cura commissa est. Sextus symphoniaci concentûs director, cui adjuncti sunt reliqui musici cantores, decennarium quem memoravimus servitorum numerum complentes. Et hi omnes, quamquam nunc in communi non vivant, habitant tamen in claustris Capituli, ubi domicilia habent sibi percommoda, singulisque pro ministerii ratione Capitulum honestis providet stipendiis, quæ etiam erogat apparitori unico, cui ordinandorum in ecclesiâ demandata de more provincia est. Hi autem ministri sicuti nominantur à Capitulo, ita ab eo quoties postulat necessitas vel utilitas revocantur et exauctorantur.

Minora sacerdotia, quas rectorias vel capellanias dicimus, multa antiquitùs in ecclesiâ fundata erant, quæ posteà vel injuriâ temporum, vel, quod probabilius est, improbitate hominum, quâ pietate erecta, pari irreligione extincta suppressaque fuêre. Quas autem in vetustis chartulariis evolvendis observavimus hæ sunt :

Capellania sancti Stephani, ad illius altare, fundata anno 1330.

Capellania sanctæ Magdalenæ, ad altare sanctæ Margaritæ.

Capellania sanctæ Catharinæ, ad illius altare.

Capellania sancti Blasii.

Capellania sub titulo sanctissimæ Virginis.

Capellania sancti Martialis.

Capellania Nostræ Dominæ Angelorum.

Quæ igitur à tam infelice sorte immunes evaserunt duæ sunt, quarum prima ad altare B. Ludovici Tolosani episcopi fundata fuit à Bartholomeo Grassy, bonæ memoriæ episcopo Forojuliensi, circa annum 1323, quæ, vertente eodem sequentis seculi anno, mensæ episcopali per Joannem episcopum unita, nescio qui factum ut ad primariam institutionem reversa fuerit. Possidet multa prædia et vineta in Forojuliensi territorio, in quibus vindicandis egregiam laudabilemque navârunt operam præteriti rectores.

Secunda capellania fundatorem agnoscit nobilem virum Joannem de Matis; dedicata est patrocinio B. Mariæ, cujus altare quùm ponè ecclesiæ gradus situm sit, nuncupatur vulgò Nostra Domina de Gradibus. Potiebatur amplo terrarum dominio, quod rectorum socordiâ prædiatoriis tributis regiisque vectigalibus subactum, sacer fundus ille accrevit sic ut in præsenti quàm olim illa pinguis, tàm tenuis exiguique proventûs rectoria maneat. Quæ tamen cum priori ad collationem episcopi ordinariam tempore vacationis spectat.

### SACRÆ DOMUS FOROJULII.

Regularium conventus seu domus tres extant Forumjulii, quarum prior occupata olim fuerat à Minimis militantibus sub sancto Francisco Paulano, qui à Ludovico XI in Galliam, grassante in Italiâ peste, vocatus, proptereàque à Provincialis oræ indigenis repulsus, et à nostris peramanter exceptus, cœnobium instituerat sanctis religionis suæ frequentatum, et tribus generalibus ordinis comitiis ibidem coactis insigne. Quem quùm anno 1571, permittente Pio V summo Pontifice, monachi aeris intemperiem causantes dereliquissent, occupârunt robustioris stomachi FF. Minores Observantiæ strictioris, qui instauratis adauctisque, defuncti antistitis liberalitate, pristinis ædibus, in iis decem Franciscani sub suo gardiano conveniunt.

Hâc unicâ regulari domo contenta perseverabat civitas, quùm Bartholomæus Camelinus, episcopus, supra hominum laudem commendabilis, FF. Dominicanos accersivit anno 1634, fundumque et ædes instruxit extra mœnia in suburbano vestusto sacello B. M. Virginis, supra amphitheatrum, cujus ipsi regimini præpositi adeò vitæ ac morum honestate cultum et venerationem illius promoverunt, ut circumquaquè suspensa anathemata et votivæ tabellæ, repensarum à Numine gratiarum veritatem juxtà ac copiam indigitent; ubi et quatuor religiosi, aliique presbyteri dietim pacificam hostiam offerunt, et locum spectaculorum mortaliumque sanguinis effusione pollutum, incruenti holaucaustomatis consecratione supremo quasi Numini reconciliant. Porrò conventus ille ex Forojuliensi adolescentiâ pene efformatus, Dominicano instituto aggregavit religiosos eruditione commendabiles, qui emensis philosophici et theologici stadiis, tamquam veterani milites ad propria reversi, domui suæ, doctrinæ et pietatis odore, Illustrissimi Jos. Ondedei tutelam et benevolentiam sibi et domui ità demeruerunt, ut ipse, adauctâ antecesoris fundatione, pecuniam ex testamento adhibuerit instaurandis et amplificandis ædibus necessariam, sic ut nunc, ex quatuor, octo aut decem religiosi convenienti peculio ditati sint ibidem regulam professuri.

Eodem propè tempore ejusdem Bartholomæi Camelini pietas induxit in urbem R. P. Societatis Jesu, quibus pro sex religiosis proventus assignavit à syndicis et universitate Forojuliensi quotannis persolvendos, hoc unico onere imposito, ut pro munio alter è residentibus sacerdotibus singulis diebus dominicis, in Cathedrali doctrinæ christianæ elementa rudes et imperitos iret edoctum; quo quidem officio, magno paganorum emolumento et laude funguntur. Quæ non imposuerat necessitas officia ambivit charitas, suasitque pro animarum salute studium ipsis duas instituere in ædibus suis fidelium congregationes; in quarum alterâ precipui cives, in posteriori piscatores, homines ut plurimùm fidei et religionis expertes, utrique non mediocri vitæ ac morum emendatione audiunt.

Deerat adhuc ad civitatis ornatum monialium cœnobium, quo ex utroque sexu, divino mancipatas cultui personas continere gloriaretur. Et eo rursùs decore suos adauxit Forojulienses Illustrissimus Bartholomæus Camelinus, qui anno 1631 monialibus Benedictinis, ex monasterio Taraconensi assumptis domicilia præparavit, quæ paulò post institutum mutantes, et sub sancti Dominici regulâ, quo casu nescio, militare volentes, ab Ordinarii animadversione immunes, sub FF. Dominicanorum obedientiâ et moderamine convixere. Sed et ipsæmet (ut varium et mutabile semper femina), mox fraternæ illius dominationis impatientes, rursùs, saniori quidem consilio, paternæ episcoporum providentiæ se ipsas supponere satagunt, adversantibus licet fratribus, quorum contradictionem continuis apud Apostolorum Sedem et repetitis supplicationibus superantes, diploma pontificium consequuntur quo, ab Ordinis sui superiorum jurisdictione sequestratæ, et Ordinario subjectæ in perpetuùm declarantur, anno 1659, in B. Petri pervigilio, vacuâ sede; quâ sub lege hactenùs perseverant. Indèque amplificatis ædibus et locupletato peculio, nunc triginta circiter professæ sub unâ priorissâ instituti regulam sectantur.

Bartholomæum Camelinum excepit Petrus ex fratre

nepos; patrui et antecessoris pietatem emulatus, alterum monialium cœnobium in urbe dotare voluit, proptereàque accersitis è Sabaudià sacris virginibus sub sancti Bernardi regulà profitentibus, novà illarum colonià Forumjulii adauxit, quæ quidem ob fundationis tenuitatem iis subacta erat augustiis, ut judicarent multi cœnobium brevi dissolutum iri, cùm D. O. M. cujus cogitationes ab iis hominum, quantùm cœli à terrà, distant, ità tunc pietatem et piam illarum confidentiam muneravit, ut tantarum odore virtutum illhc velari ambientes virgines, domum illam et sodalitio et redditu convenienti æquè instruerint, sic ut avità probitate nusquam deflectentes nunc enumerentur XXV professæ suæ priorissæ obtemperantes.

Primas tenere inter sacras domos suâmet nobilitate merebatur Seminarium clericorum in urbe fundatum illustrissimi defuncti antistitis curis et operà, si ipse paulò diutiùs apud nos superstes incœptam operam perduxisset ad finem optatum, et moderatores vocasset ad clericorum institutionem sufficientes, qui exercitia auspicati fuissent. Sed cùm hæc fuerint hactenùs desiderata, formata dici domus non potuit quanquam proventibus non careat ad rectorum et aliorum domesticorum sustentationem necessariis. Sic enim se habet res.

Carolus Taxius inculpatæ vitæ canonicus, et misericordià et liberalitate in pauperes in vità commendabilis, voluit in morte actus suos coronide dignà nobilitare, hæredem ex asse, ex testamento instituens, 20 jul. an. 1665, Seminarium ab antistite sedente fundatum. Eâ tamen lege ut omnia bona sua ad pauperes et xenodochium urbis transirent, si intra quiquennium à morte suâ, quæ fuit 25 julii anni præfati, computandum, episcopus præfatæ seminarii fundationi non providisset.

Eapropter Reverendissimus D. Ondedeus, qui anteà apud regem christianissimum instanter requisierat domûs instituendæ licentiam, et ab illius pietate tandem et petita impetrat, insuperque obtinet facultatem super omnia cleri diœcesani beneficia mille nummorum summam quotannis excipiendi, quoadusquè seminarium præfatum convenienti proventûs beneficiorum simplicium unione dotâsset.

Ex tunc igitur acceptatâ D. Taxii hæreditate, supremæ Parlamenti Provincialis curiæ offertur diploma regium verificandum, quod, clero contradicente, diutiùs rejectum, probatum est tandem et in acta receptum senatûs consulto peremptorio, auditis partibus, ac tamen appositâ exceptione ut clerus solutione tantum nummorum quingentorum remaneret subactus.

Intimatum autem arrestum in primis diœcesanis comitiis, non tantùm non reclamat clerus, sed antistitem precatur quatenùs domui illi convenientem supellectilem et alia necessaria ab ipsis syndicis quamprimùm exolvenda subministret. Tùm pontifex, demandato sibi functo officio, probatissimum sacerdotem suis præficit stipendiis, qui ad ordines promovendorum exploret vocationem, et per aliquot dies sit ipsis in spirituali secessu ductor et moderator. Sed cùm præsul laboraret in dies magnà sollicitudine domum ordinare, illique regendæ ex secularibus congregationibus sacerdotes præponere, proptereaque juxtà concilii verba et mentem duos è canonicis Cathedralis, sibi in hâc provinciâ delegisset adjutores, inter hæc morte præventus, ab illustrissimo electo antistite auspiciis quasi melioribus, curam reliquit adimplendam. Et hâc nusquàm spe delusos fore indicat satis paterna illa sollicitudo quâ sæpè monuit huic soli incumbendum esse curæ, ut bona et jura sacræ domûs intacta usque ad ejus adventum permanerent, quæ ni forent sufficientia ex suâ suppleretur abundè, — quæ tunc ni visa sint sufficientia ex suo adauctum iri manere certum.

Sed revocat in memoriam quod de testamento D. Caroli Taxii hac appositâ conditione tetigi, scilicet ut ex ejus bonis gauderet xenodochium si intra quinquennium ipsum non fundaretur seminarium, de civitatis xenodochio paucis cursìm disserere. Hoc enim meritò inter sacras domos non computandum quis ambigat, cùm hæc domus Dei nominetur et sit.

Itaque xenodochium sub sancti Jacobi Majoris patrocinio extructum visitur juxtà urbis portam, antiquis Antipolitanam dictam, quia ab eâ itur Antipolim. Coalescit domus ex duabus dormitoriis spatiosis satis, in quibus ægroti servatâ sexuum diversitate curantur. Et eorum sublevandæ miseriæ satis capax esset habitatio proventusque sufficiens si in eâ solum urbani exciperentur infirmi; at cùm urbis situs opportunitas exteros et peregrinantes hàc transire compellat, et aliundè aeris clementia rusticanos ex montanis hyemali semestri illùc advocet, qui ex utrisque illis in infirmitatem incidunt, adeò pro tempore adaugent numerum, ut ad omnes recipiendos quùm par non esset domicilium, cogitârunt nostri, pecuniâ quidem modicâ, sed grandi in Deum confidentiâ suscitati, ædes illas amplificare, et in nobiliorem ordinem reficere. Annuit Deus piis suorum conatibus, nam cùm positis vix fundamentis exhaustum jam esset ærarium, supplevit abundè defuncti liberalitas antistitis, qui moriens ædificio ad tecto usque perducendo pecuniam assignavit ex testamento propemodùm sufficientem.

Porrò in domo illâ fundata est nuper rectoria seu capellania à pio sacerdote ex beneficiariis nostræ Cathedralis, cujus proventus affecti sunt sustentationi unius presbyteri ibidem residere coacti, qui quantùm alii temporali miseriæ et corporali ægritudini, tantùm et ipse spirituali indigentiæ opem et auxilium ferre quoad ejus fieri potest annitatur. Cui sanè oneri incredibili ægrotantium emolumento hactenùs factum est satis.

Regitur domus per tres syndicos, quos rectores vocant, è primoribus civitatis, quibus subsunt totidem nobiliores matronæ rei domesticæ præpositæ. Sed illis omnibus presidet alter è cathedralis canonicis annis singulis à capitulo ad id officii deputatus, qui menstruis seu frequentioribus illorum conventibus auctoritatem præstat, aliisque dignitati consentaneis prærogativis super cæteros collegas potitur.

### FORUMJULII RECENS.

Sacris, quâ licuit diligentiâ, delibatis, ratio postulat instituti ut profana obiter attingamus, præsentemque civitatis statum, qui priscum primò descripsimus, delineemus.

Forumjulii itaque potiorem et jucundiorem antiqui sitûs formam retinuit, constructumque visitur in eâdem proclivitate collis molliter et clementer assurgentis : mare, à quo circiter mille passibus abjungitur, à meridie prospicit, quam occupant intercapedinem lacus et antiqui portûs mox descripti nobilia vestigia : cingitur ad occidentem latissimis lætissimisque campis, planitieque frumento granisque omnimodis fecundâ, Argenteo flumine, antiquis notissimo, irriguâ. Vallis ad septentrionem vinetis consita vernantibus pratis semper amœna, Rayrando, à quo nomen accipit, aliisque fluviolis intersecta, æstui caloris vehementiæ temperamentum suavissimum confert inquilinis.

> Fontibus omnia puris
> Hic sunt irrigua, et rivi de rupe cadentes
> Prata per et campos labuntur murmure dulci.

Ad orientem vallem item videt quæ ad Sterellis (celebris olim nemoris latrociniis) montes, ad Alpium radices spectantes, proterminata, sic vinetis, omnis generis arboribus, contractisque nemoribus variata ut obscuræ vallis indè nominis distinguatur.

Civitas autem contractioribus, quàm olim erat, circumscripta limitibus, adeòque potiùs inter medias quàm inter amplas Provinciæ accensenda, recentisque fabricæ muro vallata, non superbis quidem intùs sed honestis commodisque ædificiis domibusque instructa, vicos habet amplos et spatiosos, nec desunt platea et fora in quibus totius viciniæ commeatus expenduntur. Civium quidem animi ad studia et rem litterariam non admodùm proclives, toti fermè in mercaturâ et negotiatione terrâ marique, magno emolumento, incumbunt. Et, quod creditu difficile, vix in eâ tria, inter utrumque sexum, animarum millia paschali communioni subjecta computantur, quanquam ne unus quidem hæreticus in eâ sedem fixisse reperiatur.

Soli et aeris insalubritatem ità olim Provinciales decantârant, ut Forumjulii externorum proximum veluti coemeterium dudùm respexerint. Sed Dei beneficio nunc se res aliter habet; nam paludosa illa loca quæ potissimum ad septentrionem habebat, æquata et siccata ex quò fuerunt, salubritatem ex situs opportunitate obvenientem postliminio recuperavit, sanioresque vegetioresque convicinis oppidis, præsertim maritimis, habere gloriatur inquilinos.

Dominium urbis temporale quod aliàs episcopo et capitulo conjunctìm fuerat, liberalitate et donationibus principum Provinciæ comitum, attributum, adeòque divisà manente civitate inter regionem et homines episcopatûs et canoniæ, quùm indè altercationum et controversiarum inter utrumque Dominum exsurgerft seminarium, promovente Jacobo de Ossa, tunc episcopo (qui posteà summus Pontifex renuntiatus, Joannis XXII nomen assumpsit) tota urbis et territorii jurisdictio episcopali ditioni accrevit, anno 1309. Undèque inita ad id solemnis inter partes transactio, metropolitanâ auctoritate firmata, per quam sola Reyrandi et Sterelli regio (quæ hùc sunt latifundia Capituli) canonicorum jurisdictioni fuit assignata; residua urbis et territorii ad episcopum devoluta.

Eo itaque jure Dominus in toto, civitatis justitiam per magistratus, politiam per viguerium seu capitaneum, à se deputatos et ad nutum revocabiles, administrat. Iste consessibus communitatis præsidet et jus de plano in emergentibus controversiis dicere consuevit; ex nuperis autem transactionibus de triennio in triennium novum substituere è gremio universitatis assumptum coguntur præsules. Quod superest, regitur universitas per tres syndicos, quos consules vocant, quotannis in die Circumcisionis ex tribus civium ordinibus assumendos. Quorum qui primas tenet jus suffragii ferendi habet in comitiis provincialibus, quotiès hæc regia auctoritas cogi jubet.

Insignia autem civitatis sunt argentea crux in scuto miniato, cujus in adsuto cærulei coloris capitulo adjuncta sunt, Regum concessione, terna lilia aurea.

# CAPUT SECUNDUM.

## ECCLESIÆ COLLEGIATÆ.

Ad descriptionem diœcesanarum ecclesiarum divertenti insinuat mihi ratio ordinis ut, à nobilioribus auspicando, ad cæteras gradatim descendamus. Itaque Collegiatas quæ parochialibus illustriores sunt priùs à nobis enumerari convenit. Et hæ sunt quinque: Barjolensis nimirùm, Alpensis, Leonacensis, Dracenensis et Pignacensis. Numerosa equidem collegiorum institutio quam nec erit reperire parem in totâ simul Aquensi provinciâ unam tantùm aut alteram Collegiatam enumerante.

## BARJOLIUM.

Barjolensis ecclesia in oppido illius nominis, vulgò *Barjols,* fundata est ab illustrissimo Rayambaldo Arelatensi archiepiscopo, consentiente Bertrando diœcesano episcopo, an. Christi 1061; ejusque pietate et liberalitate nobilibus dominiis adaucta, accedentibus ad hæc Principum, fideliumque donationibus, Collegiata evasit insignis, constans decem canonicis, pinguibus, distinctisque præbendis provisis; quibus præeminet præpositus mensâ capitulari et temporali dominio ditatus.

Duo in eâ ecclesiâ sunt curati perpetui animarum regimini præpositi, et decem beneficiarii diurno famulatui mancipati, accedunt ministri musici et quatuor clericuli sub suo præfecto.

Ecclesia, sub B. Mariæ Virginis patrocinio, gaudere gloriabatur integris sacris morticiniis S. Marcelli Diensis episcopi, quæ in posteris hæreticorum emotionibus, furorem eorum haud evaserunt, urbe nanque ab illis occupatâ, sacras reliquias igni subjecerunt.

Præpositurae Barjoliensis collatio ordinaria est, et ad episcopum constanter spectans, sed præbendarum canonicalium cæterorumque beneficiorum provisio pleno jure ad præpositum attinet, qui bullas, cæteraque acta ad id necessaria sub suo sigillo expedire consuevit. Aliam sibi prærogativam arrogabat circà XII sæculum; prætendebat enim, medio certæ pensionis Cameræ Apostolicæ exsolvi solitæ, ecclesiam suam ab omni diœcesani antistitis jure et visitatione reddere liberam; at an. 1208, Bertrandus de S. Laurentio episcopus exemptionem illam irritam judicavit, et in ordinem præpositum et canonicos coegit.

In eo oppido visitur conventus antiquus Eremitarum S. Augustini ex comitum Provinciæ fundatione, in quo quatuor aut quinque religiosi sub uno superiore degunt.

Fundata est ibidem nostro sæculo domus monialium sub S. Augustini regulâ, quas vulgò Ursulinas nuncupant. Hæcque convenientibus proventibus dotata habet nunc XLV virgines regulam profitentes.

Situm et Barjolense castrum ad occidentem XI leucis à sede distans, in fertili territorio. Caput est Bajuliæ, et pro dominio temporali regi subest : in eoque duo circiter numerantur capitum millia quæ ad sacram Paschatis communionem teneantur.

### CASTRUM DE ALPIBUS.

Collegiata Alpensis, non olim residebat in burgo hujus nominis, sed in regione illius territorii cui nomen *Vallis Moyssina*, undè dicti præpositus et canonici *Vallis Moyssinæ*, et monasterium *Vallis Moyssinæ*. Quod tandem, anno 1499 Alexandri VI auctoritate, translatum est in castrum de Alpibus, parochiali illius ecclesiâ in collegiatam erectâ. Incomperta quidem capituli illius institutio omnibus suis documentis destituti. Proferunt canonici quoddam statutum, (luculentum sanè inscitiæ et corruptionis illius sæculi monumentum), canonicis namque facultatem impartitur *tenendi canem equum et accipitrem*, attento quòd sint nobiles, etc. quæ omitto.

Cæterùm ecclesia quæ est sub invocatione B. Mariæ et B. Pancratii martyris, burgi tutelaris, habet præter priorem seu præpositum sex canonicos quorum primus sacristæ officio gaudet : sex beneficiarios, duos parochos à præposito nominandos, diaconum unum et clericulos duos.

Præpositurae annexa est capitularis mensa, juribus, prædiis et latifundiis locupletata, è cujus proventibus dat præpositus manualia stipendia canonicis, inter quos aliqui præbendà potiuntur, cæterisque beneficiariis et ministris.

De præposituri providet episcopus, de canonicatibus autem et minoribus beneficiis contentio extat inter capitulum et episcopum, cujus definitio adhuc sub judice versatur.

In eâdem ecclesiâ fundata est capellania sub patrocinio Nostræ Dominæ et B. Joannis, cujus in dotem assignata sunt certa prædia, vectigalibus regiis supposita; illius patronus ignoratur. Item et altera sub eâdem invocatione super vinetis dotata.

Capellania S. Catharinæ extra muros dotata super quâdam pecuniâ et censibus sine patrono.

Capellania Nostræ Dominæ de Consolatione et S. Josephi extra muros.

Extat et alia capellania cujus nedum patronus sed titulus ignoratur, habens certos proventus à syndicis universitatis exsolvendos.

Sedes in castro fixere moniales Ursulitanæ ab an. 1625, ædesque amplas et magnificas construxere in quibus XL professæ sub suâ priorissâ, magnâ oppidanorum totiusque diœceseos ædificatione, instituti districtionem servant.

Ineunte sæculo, sacerdotes Oratorii Nostræ Dominæ Gratiarum ad universitatis postulationem domicilia ibidem locârant extra muros, in basilicâ Nostræ Dominæ Lauretanæ nuncupatæ, devotione et concursu vicinarum plebium celebris. Sed an. 1673, jubente generali congregatione, eadem multùm adaucta atque instaurata ex ordinarii consensu deseruerunt administratoribus castri, qui continuò hùc accersierunt Eremitas Augustinianos strictioris observantiæ, eamque litem adversùs Oratorianos moverunt, quâ adhuc perstrepit forum sedis ecclesiasticum.

Oppidum situm est ad occidentem in amœno salubrique solo annonæ excellentiâ celebri, novem leucis à civitate primariâ abjunctum. Caput est Bajuliæ regioque magistratui subjicitur, acceduntque ad synaxim tria circiter capitum millia.

### LEONACUM.

Ecclesia Leonacensis sub S. Martini titulo, in burgo hujus nominis nobili, evasit Collegiata pontificatu Martini V; fundatorem agnoscens Egidium Forojuliensem episcopum, qui devotionis zelo motus in eo oppido è quo tanquam prior decimas colligebat canonicorum collegium instituit, an. 1421. Constat autem decano, sacristâ cui cura animarum incumbit, præcentore et tribus canonicis, quorum unus theologi officium complet. Fundavit rursus idem pontifex quatuor beneficiarios, quibus debitum canonem assignavit sicuti et uni diacono et duobus clericulis.

Mensa capitularis ad Capitulum attinet è quà pro diverso ministerio detrahuntur distributiones canonicis et ministris exsolvendæ. Decanus autem pinguem habet præbendam è rurali prioratu S. Andreæ de Caneto sibi obtingentem, sicuti et prædia aliquot in territorio Leonacensi. Sacrista et præcentor distinctas rursùs præbendas habent, tres alii ex uno aut altero prioratu suas componunt.

Jàm et decanatus et canonicales præbendæ et reliqua beneficia ad puram simplicemque antistitis provisionem jure ordinario, tempore vacationis, spectant.

Extant ruri vel in ecclesiâ certæ quædam capellaniæ modici proventûs à nobis consultè prætermissæ.

Leonaci fundatum est cœnobium Servorum sive Annuntiationis B. Mariæ, sicuti et alterum Mathurinorum, vulgò ordinis sanctissimæ Trinitatis, et in utroque tres aut quatuor religiosi sub uno priore instituti regulam sectantur.

Accessit ad illa, an. 1670, Capucinorum conventus quibus adhuc civium religio domicilia ædificat, interìmque in turguriolis octo ex illis sub suo guardiano strictiorem fundatoris observantiam custodiunt.

Virginum Ursulitanarum ibidem aliarumque sub S. Bernardi regulà profitentium extant conventus, quorum prior xxxv professos; secundus.... enumerat.

Peramœno Leonacum territorio gloriatur, vinetis olivetisque consito, fluviolisque irriguo, circa occidentem situm et quinque leucis ab urbe distans. Bajuliæ seu vicariæ caput est, regioque magistratu gubernatur. Insuntque circiter quatuor capitum millia paschalibus debitis obnoxia.

### DRAGUIGNANUM.

Dracenæ seu Draguignanum quartâ gaudet collegiatâ sub titulo B. M. Virginis et sancti Michaelis, cui quamvìs in nobiliori diœceseos oppido sedes sit, collegium tamen habet cæteris obscurius. Igitur è vicariâ metropolitano archidiaconatui annexâ, an. 1409, ad collegiatæ honorem elata fuit, an. 1570, promovente nobili viro Joanne de Rascas archidiacono et senatore Aquisextiensi. Nunc unione dissolutâ, an. 1642, coalescit autem ex decano, sex canonicis et quatuor assisiis.

Capitularis mensa tenuis admodùm et ex solis fructuum decimis Dracenensis territorii conflata, solutione certi canonis uni ex canonicis Cathedralis attributi tenetur. Ex reliquis proventibus decano obveniunt, ex initâ compositione, nummi quingenti, residuique affecti sunt canonicis et assisiis, quorum duo tanquàm curati regimen animarum obtinent.

Hæc certe inopia, quæ maxima est, haud sola canonicorum miseriam facit; adauget omninò conficitque contentionum et litium studium, quas variis temporibus adversùs decanum moverunt, à quibus quùm semper exciderint, stupendum est, qui continuò unâ morbosus stomachus, geniumque dominationis impatiens novas ipsis jurgiorum ansas in dies suppeditet. Quæ sanè indè magis bonorum omnium animos commovent, quòd ipse decanus nunc sedens vir sit pietate, doctrinâ, prudentiâ et rerum experientiâ nulli secundus, cujusque proindè et operam et consilium varii quùm præsules exquisierint, et ad sedes suas evocare et sacerdotiis munerari obtulerint, ipse indivulsè ecclesiæ suæ adhærere anteposuerit, in quâ inter suborientes procellas securus, suique compos, summo odore, Deo et populis debitum exhibet famulatum.

Decanatus ad collationem episcopi pertinet, canonicatibus autem providet ex ipsâ fundatione decanus.

Extant aliquot capellaniæ in ecclesiâ unitæ archiconfraternitati SS$^{mi}$ Sacramenti, ergà quod cultu maximo Dracenenses videntur propensi.

Extra civitatis muros visitur sacellum S. Armentarii illius patroni, cujus cùm gesta ignorentur (alii enim eum episcopum Antipolitanum, alii anachoritam egisse testantur) non æquè memoriam hominum fugit veneratio singularis quâ in sanctum virum fuerunt affecti Dracenenses. Ex prædiis namque ab ipsis ejus basilicæ collatis, coaluit prioratus regularis, monasterio S. Victoris propè ex extra muros Massiliensis suppositus, et nunc in commendam concessus.

Fundata variis temporibus tùm in urbe tùm extrà mendicantium et aliorum religiosorum cœnobia. Qui primi arcessiti fuere, Minores S. Francisci sunt, hique sub finem decimi tertii sæculi. Hos subsecuti sunt Dominicani, an. 1304, Franciscani obstrictioris observantiæ et Eremitæ Augustiniani laxioris instituti, illi an. 1380, isti an. 1439 avocati; omnesque intra civitatis circuitum in amplis commodisque ædibus excepti, multiplicant quidem gentem, sed non multùm magnificant lætitiam; nam, si excipiantur Minores observantiæ, vix duo aut tres monachi unicuique cœnobio suffecti, vix ac ne vix quidem regulariter vivere possunt.

Extra mœnia collocati Minimi seu militantes sub S. Francisco Paulano, qui juxtà antiquam capellam Nostræ Dominæ de Populo nuncupatam (paludosus locus in quo fluenta civitatis excipiuntur) residentiam facientes, quùm ob modicos proventus, tùm ob aeris insalubritatem vix tres professi sub suo correctore degere possunt.

Ex adverso, in quàdam exigui collis celsitate constructus est Capucinorum conventus à duodecim religiosis et uno guardiano occupatus, qui juxtà mentem institutoris ab omni hierarchico regimine liberi, sanctificationi suæ incumbere duntaxat satagunt.

Ad tot cœnobia accessit postremò domus clericorum regularium Doctrinæ Christianæ vulgariter nuncupatorum, quibus informandæ juventutis cura demandata; quo, sanè multo diœceseos emolumento, funguntur officio, nam cùm in toto illius tractu, hoc unicum extet collegium formatum, in quo nimirùm à sextà classi, reliquæ disciplinæ et ipsa philosophia edoceantur, confluit illùc diœcesana juventus, è quà tùm proprio ut par est labore, tùm professorum curà prodeunt in dies adolescentes doctrinâ et pietate præstantes, qui publica munera sacræ civilisque magistraturæ exercere mereantur.

Moniales Ursulitanæ xxiv. Visitationis B. Mariæ xv.

Quod superest, Draguignanum sedem habet ad pedem montis, vallaturque circumquaquè collibus, vinetis, olivetis, omnibus fructiferisque arboribus feracibus. Solum quidem aquis scatens quæ à terno rivo ad urbem deductæ non modo fontes plateis et foris in quibus prominent, sed et domibus singulis haud difficulter suppeditarent.

Civitas muris convenientibus circumcincta vicos habens egregios et spatiosos, per plateas et fora identidem distinctos amœnissima extat, si quæ sit nedum in diœcesi sed in Provinciâ. Sita est in ipso penè diœceseos meditullio, quatuor solùm leucis à sede distans; caputque est amplissimæ vicariæ seu vigueriæ, sedesque nobilissima Seneschalli ab an. 1535; è cujus ditione quanquam fuerint detracta oppida quæ illam Grassensis et Castellanensis Seneschalli componerent, tot tamen adhuc superfluere ut inter Provinciæ amplissimas illius meritò accenseatur jurisdictio; jus enim in totam diœcesim et in oppida vicina viâ appellationis dicit. Unàque cum Seneschalli locum tenente præcipuo et generali, alii sunt particulares duo, quibus inferiores succedunt magistratus consiliorum nomine cohonestati, præter procuratorem et advocatos fisci.

Nobilis illa justitiarii fori sedes, plebem benè multam hùc avocat.

Sed quis crederet Dracenenses exteris gentibus urbani, humanique, longè sunt inter se feroces et crudelissimi. Civilia eorum intestinaque bella vidit, luxitque ætas nostra in quibus, (referre horret), dissensionum furor ità sensìm animos dementaverat, ut amici in amicos, et consanguinei in consanguineos prosilierint, sanguinemque invicem eatenùs sitiverint, quatenùs horribili carnificinâ cuncta expleverint. Sedatæ nuncquidem sunt, severâ præfectorum animadversione, discordiæ, sed quæ vel ad unius verbi, oculorum prolationem, vel motum, ità immaniter recrudescunt, ut non ampliùs ab hominum, sed à Dei solius providentiâ veterosi morbi curatio expostulanda et speranda remaneat.

Cæterùm quanquam hostilis illa insania multorum capita demessuerit, residua tamen adhuc posteris annis enumerata sunt septem millia quæ inter paschales octavos sacra persolverent.

## PIGNACUM.

Pignacensis ecclesia, cui sedes Pignacum dat nomen, reliquis collegiatis videbatur anteponenda, eò quòd illis fundationis antiquitate præstet; sed cùm fabulosa, quæ illa venditat, existememus initia, insuperque ad nostra usquè tempora perseveraverit regularis, proindèque semper in synodis postrema fuerit recensita, ordinem illum servare conveniens fuit.

Quidquid ergò sit de commentis fundationis et dotationis illius ecclesiæ, quas Clodovæi natis assignant, commemorare hìc obiter de more sufficiat collegium illud è canonicis sancti Augustini regulam profitentibus hactenùs coaluisse, qui quidem quam observare non poterant votorum districtionem longùm anxiè sufferentes, apud Sedem Apostolicam, capituli sæcularisationem diù tentatam, diùque repulsam, expensis maximis multisque exanltatis laboribus, impetrârunt à Clemente IX, operà et ministerio De Petro camerarii illius ecclesiæ, viri incomparabilis quem, egregià hac laudabilique ad optatum finem deductà operà, mors demessuit.

Igitur, recepto à canonicis pontificio diplomate et ab apostolico commissario debitæ executioni demandato, claustralium officiorum nomina, quibus distinguebantur primarii, in alia commutata sæcularibus ecclesiis communia, curarum prima fuit; quorum quidem secundùm hanc postremam innovationem titulos recensabimus.

Itaque qui primas tenet in choro et capitulo, decani, qui priùs claustralis prioris nomen obtinuit; secundus sacrista animarum regimine oneratus; tertius camerarius; quartus primicerius; quintus præcentor nuncupatur. Ex residuis canonicis, quatuor esse debent actu sacerdotes, diaconi duo, totidemque hypodiaconi; reliquis sub solo clericali titulo beneficium retinendi facultate servatà. Extant et aliquot alii ministri et clericuli.

Sed his omnibus supereminet præpositura dignitas, opulentum regiæque nominationis sacerdotium, cui proindè annexum est castri et convicinorum oppidorum temporale et spirituale dominium; tùm rectoriæ et prioratus urbani et rurales, mensam quidem capitularem componentes, sed cujus proventus, detractâ congruâ canonicorum portione, omnes præposituræ et præposito accrescunt.

Porrò canonicalium portionum et reliquorum beneficiorum mensæ annexorum provisio et omnimoda dispositio immediatè ad præpositum pertinet, qui ideò Pignaci vicarium habet generalem ad ea conferenda; sed ille cùm variis temporibus canonicis clericisque dominii præpositura dimissorias concedere, in delinquentes animadvertere, aliisque hierarchicis ministeriis immiscere se moliretur, prohibitus constanter ab episcopis pro tempore sedentibus, et in ordinem redactus, hæc ecclesia in utroque statu prisco et recenti, pontificis jurisdictioni subjecta remansit.

Extat in pervetusto sacello (parochialis olim sedes erat) capellania sub sancti Andreæ invocatione, quæ certos annuos proventus ex prædiis adjunctis percipit, habetque collatorem ordinarium episcopum.

Propè et extra civitatis muros, et in territorio Piniacensi adjuncto, substat conventus Minorum strictæ observantiæ, qui etiamsi in ditione Tolonensis episcopi situs sit, Piniacensis tamen nuncupatur, eò quòd ex oppidanis recipiant alimoniam, quibus ipsi vicissim spiritualia subministrant, quùm ibi decem professi sub uno guardiano convivant.

Circa autem annum 1632, S. Ursulæ moniales lares in oppido locârunt; conventusque sufficienti patrimonio ditatus, xl professarum victui et necessariis providet.

Oppidum in confinio diœceseos ad occidentem situm, novemque leucis ab episcopio distans, exiguo quidem, sed omnimodi frugum generis feraci territorio aquarum hinc indè scatentium ubertate peramœno potitur. Gubernatur per magistratus à præposito institutos, numeranturque duo fermè animarum millia quæ paschale sacramentum recipiant.

# CAPUT TERTIUM.

## ECCLESIÆ PAROCHIALES.

Descriptis nunc collegiatis, superest ut parochiales ecclesias enumeremus, ducaturque ab iis initium, quarum episcopus, tanquàm prior sacrum, vel uti dominus temporale, vel uti uterque utrumque dominium possidet.

### FAVENTIA.

Ecclesia de Faventiâ, sub titulo Nostræ Dominæ, sancti Michaelis et sancti Joannis Baptistæ, vulgò *Fayance*, prima extat diœceseos vicaria, post collegiatas in synodis nominari consueta, cujus prioratus episcopali mensæ annexus tenetur certâ portione congruâ quotannis exsolvendâ vicario perpetuo, cui Insuper attributa sunt quædam prædia et minoris decimæ portio. Subsunt eidem in animarum regimine comministri tres presbyteri et unus diaconus. Vicaria autem collationis est ordinariæ.

Numerantur in ecclesiâ tres capellaniæ, quarum duæ sub patrocinio sancti Joannis Baptistæ ad altare majus locatæ sunt, dotatæque super certis prædiis et censibus ad ordinariam collationem spectant, sicuti et tertia, in eâdem ecclesiâ fundata, sancto Antonio dicata, in cujus ditionem assignatus est quidam fundus regiis vectigalibus obnoxius.

Substat suburbanum ad muros sacellum pervetustum B. Mariæ de Cypresso vocatum, parochiali titulo olim decoratum, celebreque ob aliquas Provinciæ comitum donationes insignes episcopis pro tempore sedentibus factas.

Castrum mediocriter amplum et civibus frequentatum ad septentrionem respicit in montanis, situm in dorso collis vinetis olivetisque famosis consiti, vastâ hinc indè planitie cultissimâ, granoque ferace circumdatum, jure gloriatur solo quod præterquàm quæ necessaria sustentationi hominum sunt, sed etiam quæ utila jucundaque eâ copiâ cultoribus subministret, ut inter tractûs opima connumeretur. Undè existimârunt antiquitatum Provinciæ versati exploratores haud alium esse pagum illum tabulæ Peutingerianæ *Antea* vocatum, quod volunt Sansonius et Labæus, moderni ævi nostri geographi. Sed olim, uti et nunc quoque, Faventiæ nomen inditum, quòd propter soli ubertatem Romanæ faveret militiæ, cui hibernis semestribus sua exhibebat domicilia.

In editiori castri loco extructa erat episcopalis domus, in antiquis chartulariis fortalitii nomine designata, sed hac, in postremis fœderatorum tumultibus, ad paganorum securitatem eversâ, hi de jacturâ quùm tenerentur, ab eâ posteris annis sese exemerunt, numeratâ certâ pecuniarum summâ R$^{mo}$ D. Zongo Ondedeo defuncto antistiti, qui, adjuncto ab eodem ære proprio, nobiles super illius ruderibus amplasque ædes ædificari jussit, aquilonicis quidem flatibus ob situs celsitudinem plùs nimio verberatas, sed aliundè satis commodas, secessuique præsulum identidem opportunas; quùm enim à sede vix quatuor horarum itinere distet oppidum, contingit sæpiùs ut hæc larum immutatio tùm elaxando animo, tùm inofficiosis exterorum accessibus eludendis favorabilis admodùm evadat; quùm aliundè maximè ibidem, sicuti et Forojulii, majori in foroque dominio potiatur, magistratum instituat destituatque, et vassallis præsit, quorum mille circiter et sexcenti recensentur vivifici paschalis sacramenti participes.

### CASTRUM DE BAGNOLIIS.

Parochia sancti Antonini Bagnolicensis in castro inter Forumjulii et Faventiam, prioratum habet episcopali mensæ annexum, è quo detrahenda quotannis congrua portio, ad sustentationem vicarii perpetui, sub se unum habentis presbiterum, in sacramentorum, aliarumque functionum ministerio adjutorem.

Temporale pagi dominium episcopo subest integrum, postquàm Petrus Camelinus episcopus Montaurosii toparchiam remisit, medio portionis jurisdictionis Bagnolicensis, quæ uni condomino obtingebat. Possidet in territorio certos domaniales fundos; universitatem magistratu suo regit, habetque intra castrum ædes suas satis amplas. Numerantur autem octingenti rusticani paschali sacramento communicantes.

### CASTRUM DE PUGETO.

Parochialis ecclesia S. Jacobi de Pugeto, cujus prioratus præbendam componit sacristiæ Cathedralis ecclesiæ, regitur per vicarium perpetuum cui pro portione obtingit tota vini decima, præter debitum annonæ canonem à sacristâ persolvendum. Subsuntque eidem unus presbiter et unus minister. Porrò uti et alii canonici, sacrista ad vacantem vicariam nominat presbiterum ab episcopo instituendum.

Pagus vix unius horæ itinere ad occidentem ab urbe dissitus, in viâ regiâ ad Aquas Sextias situs, in planitie frumentis feracissimâ, amneque Argenteo irriguâ, dominos temporales in toto agnoscit episcopos, ad quos et eorum sedem, jure permutationis cum Provinciæ comitibus initæ, pervenit et ab hinc per pontificios bajulos gubernatur, qui sexcentis vassalis præeunt·

Conspicua sunt in fastigio colliculi antiqua rudera nobilis fortalitii intra civilium bellorum conflagratione diruti, è quo spatiosos indefinitosque terræ marisque tractus videre erat.

Extat in territorio nobilissimus episcopii domanialis fundus, vastissimi circuitûs escariis, hortis, pratis, viridariis, cultisque terris locuplex, juxtà atque amœnus, et ad utrumque à naturâ efformari visus; nam inter duos Argentei fluminis alveos positus, proindè que *Insulæ* nomine distinctus, aquarum illarum alluvione fecundatus et jucunda'us, præsulibus esse solet congruus veluti terminus ambulatorii excursûs, Forijulii indigenis, ob aeris crassitiem, tuendæ valetudini nedum utilis sed necessarii.

### CASTRUM SANCTI RAPHAELIS.

Ecclesia parochialis S. Raphaelis in pago ejusdem nominis, orientem versùs, sesquileucâ ab urbe remoto, in ripâ maris, per vicarium perpetuum regi solet, et ab episcopo, decimas omnes uti priore colligente, congruâ vini frumentique portione muneratum, quem et ipse nominat et instituit tempore vacationis.

Temporali rursùs dominio ditatur sedes, episcopi que pro tempore sedentes bajulos illius regimini præponunt; extantque ibidem vigenti supra centum rusticani, exules (ut colligere est) ex solo patrio, ad culturam parùm apto; sed quòd pagus sustentationem haud omnem excipiens, ad oram maris situs sit, hùcque appellent navigia quæ Forumjulii commeatûs aut deducendi aut auferendi gratiâ divertunt, sitque adeò hospitium navigantibus propinquius et opportunius, quæstum indè fermè omnem colligunt inquilini.

Cæterùm Sanraphaelitano adjacet aliud territorium, indigenis quidem infrequens sed aliàs nobilitatum naturali situ spatiosi securique portûs, priscis modernisque cogniti pariter et commodi. Is est *Agaton* portus, in antiquis tabulis celebratus. Ubi frequenter magno Forojuliensium emolumento sistunt moranturque navales classes, commeatum reportaturæ. Porrò tractus ille ditionis est pontificiæ ab episcopis tamen beneficiario jure mancipatus, certisque sub clausulis concreditus De Roux, nobili civi Aquensi, qui regio interveniente assensu, ædes suas ibidem construxit voluptuariis hortis satis commentatas, juxtàque fortalitii fundamenta jecit.

### FLAYÒSCUM.

Ecclesia parochialis sancti Laurentii de Flayosco dependet à prioratu ejusdem tituli, annexo dominio pontificio, è quo ad vicarii perpetui curati et unius presbiteri sustentationem detrahitur congrua portio satis pinguis, ad quam accedunt certa prædia hortique circa pagum; ipsâ vicariâ, vacationis tempore, ad episcopi collationem attinente.

Oppidum ad occasum, in regione Draguignani, in culto satis feracique territorio, suberat aliquandò, sicuti pro temporali, Forojuliensi sedi, à quâ quinque abest leucis, nunc autem ad alios dynastas permutationis viâ transiit, qui illud Baroniæ titulo decorari procurârunt. Insunt autem mille et ultrà pagani qui ad paschalia debita teneantur.

Prioratus ruralis Nostræ Dominæ de Sevenon in eodem locata territorio, habet quædam jura et prædia, à vectigalibus decimâque libera solutaque, perseverat unitus mensæ S. Victoris Massiliensis.

Extant et multæ rectoriæ tùm in parochiali, tùm in suburbanis sacellis quas, quòd vel tenues, vel juris patronatûs sint omnes laicalis, recensere consultò omittimus.

### CASTRUM VETUS.

Ecclesia parochialis S. Honorati de Castri Veteri vulgò *Chateau-Vieux* priorem suum episcopum agnoscit, qui dimidiam decimamque partem erogat vicario perpetuo parochiam moderanti, quem rursùs instituit episcopus, uti prior et ordinarius.

Castrum ad septentrionem, in montanis extremisque diœceseos finibus, solum habet ingratum, sed improbo paganorum labore et culturâ frumento granisque omnimodis ferax. Ex iis autem recensentur centum circiter paschalis sacramenti capaces.

In suburbanâ bajuliâ, capella S. Petro sacra extat, prioratus seu rectoria prædiis tùm Castroveteri, tùm in adjacentibus territoriis locupletata, annexa autem abbatiali mensæ Nostræ Dominæ de Floregiâ seu de Toroneto.

## ESCRAGNOLA.

Parœchia Nostræ Dominæ de Escragnola, in dissitarum ædium pago, priorem rursùs habet episcopum, cui tamen tertia tantùm decimarum pars obtingit, residuæ ad vicariam perpetuam, ordinariæ collationis, transeuntes.

Extat in arduis montanis sex leucis ab urbe remotus. Recenses sexcentos rusticanos vivifico sacramento communicantes.

## MONS AUROSIUS.

Ecclesia parochialis S. Bartholomæi de Monteaurosio, prioratus et appendix pontificii, regitur per vicarium, congruâ portione et inferiori decimâ, præter vini integram, dotatum; cui subsunt duo presbiteri à se, ut moris est in totâ diœcesi, instituendi; ipse autem per episcopum, uti priorem et ordinarium quùm occurit vacatio.

Oppidum ad orientem, quinque leucis ab urbe remotum, conspicuum est in dorso et celsitate montis, quem auræ quùm verberare solent indè Monsaurosus, vulgò *Montauroux*, vocitatur; nobilissimum quidem quùm ratione jurisdictionis et dominii, tùm respectu spatiosi territorii, frumenti, vini et olei famosi feracissimi, tùm denique indigenarum multitudine, quæ, quùm copiosior quàm illius ferebat capacitas excrevisset, coacta est universitas ex suis colonos ad suburbana excolenda nemora deducere; qui decurrentibus temporibus ità feliciter operæ insudârunt, ut vicus non ignobilis coaluerit patriis tamen lege et magistratibus gubernatus.

Hæc dynastia, ut jàm memoratum est, à pontificio sedente Petro Camelino, detracta, mediante certâ portione Bagnolicensis dominii, prætendebatur ab Illustrimo Z. Ondedeo defuncto proximè antistite, qui illius recuperandi ergò, quùm suis, tùm præcipui oppidanorum, injuriam vel propriam, vel ecclesiæ reclamantium, operâ et expensis, litem moverat adversùs præsentem possessorem; gravamenque in eo statuebat quòd in eâ permutatione, etiam antecedente Capitulari consensu, auctoritate apostolicâ firmatâ, accesserit ità potens excedensque ecclesiæ detrimentum, ut actorum recisio tanquam juri et legibus consentanea ab eo expostularetur; sed ipso morte, antè deffinitam controversiam, prævento, opus remanet operosum, à successoribus, si ità visum fuerit, aggrediendum.

### MODIUM.

Ecclesia parochialis Nostræ Dominæ de Lausa de Modio, vulgò *Le Muy*, prioratu gaudet episcopali mensæ annexo, habetque vicarium perpetum, congruâ portione certis prædiis et inferiori decimâ dotatum.

Subsunt illi, in animarum moderatione, coadjutores duo presbiteri et unus minister. Vicaria, dùm occurrit vacatio, collationis est ordinariæ.

Pagus, nobili dynastiâ insignitus, duabus leucis à Forojulii remotus in viâ ad Aquas Sextias, solo potitur vinetis et olivetis consito, undisque hinc indè scatentibus irriguo. Visuntur ibidem quædam Romanæ dominationis monumenta, quæ haud dubiè obscurat posterioris fabricæ turris editissima, juxta portam quâ parte itur illùc à Forojulii, apud nostros celebrata quòd in incursione illâ Cæsareâ à Carolo V in Provinciam tentatâ, imperatoriam militiam, hàc transeuntem, diù fatigârent, quùm tamen in eam vix pagani cxxv recepti vitam et securitatem tutarentur.

Prioratus S. Cassiani dotatur in eodem territorio latifundiis, circum capellam eidem dicatam conspicuis; dependetque à monasterio S. Victoris Massiliensis.

Sacellum sub B. Virginis patrocinio, trans Argenteum fluvium inter rupes asperas præruptasque constitutum, ejusdem extat territorii, ad quod quùm vicini accolæ devotionis ergò convenirent, eò brevi fidelium pietas liberalitasque excrevere, ut sufficientem pecuniam ad alimoniam trium Mathurinorum capellæ regimini præpositorum suppeditaverint; qui quidem, excrescentibus eleemosynis, ædes amplas juxtà et amœnas ædificari curârunt.

## SERANONUM.

Ecclesia parochialis S. Michaelis de Seranono subjacet priori regimini animarum præposito, cui, quòd pagus ex diversis coalescat viculis, eamdem quidem ecclesiam matricem colentibus, sed ad rusticanorum commoda sacella sua peculiaria habentibus, subserviunt tres presbiteri in illis collocati, ad quorum et suam sustentationem obtingit ipsis medietas decimarum totius territorii amplissimi, præter quædam latifundia à regiis tributis decimisque immunia.

Ex alterâ decimarum medietate fiunt duæ æquales portiones, quarum altera accedit pontificio, altera componit præbendam unius ex canonicis Cathedralis. At episcopus super istum nominationem et dispositionem ordinariam obtinet ejusdem prioratûs.

Certæ autem denominatæque agri regionis decimas percipit prioratus nostræ Dominæ Lyrinensis hujusce nominis monasterio unitus, cujus annuos proventus accrescunt latifundia nobili sacello adjacentia.

Extant ibidem duo prioratus sancti Benedicti in suburbanis capellis prædiis nobilibus dotati, collationis ordinariæ. Queis adjungi debent tres capellaniæ patronatûs laicalis.

Seranonum in montanis ad orientem, ab urbe leucis novem dissitum, agro nobilitatur amplissimo, sed vix aliud, ob aeris inclementiam, quàm frumentarium germinante, ibi enim vix, nives inter æstivos calores dissolutæ, vineta, aliique generis fructus sinunt excrescere, jacturam hanc pecuariâ negotiatione, ob soli pinguedinem non infaustâ, abundè pensante. Undè divites et opulenti sunt rusticani, quorum dinumerantur trecentos inter parschales inducias sacra solventes.

### CASTRUM DE ROCCABRUNA.

Ecclesia parochialis S. Petri de Rupenigrâ priorem regularem agnoscit abbatem simul ac monasterium Benedictorum Montis Majoris de Arelate, qui quùm curam animarum per conductitios presbiteros exercerent, et indè in dies paganorum querimoniæ exurgerent, viâ judiciariâ instituit episcopus perpetuum vicarium sub portione congruâ, an. 1633, cui et commissum tantùm regimen, et suppositi tres alii presbiteri in suæ partem sollicitudinis suffecti. Horum autem nominationem quùm prætenderent monachi, et controversiæ ob id, tùm in foro nostro ecclesiastico tùm in sæculari, motæ magnâ contentione fuissent, causâ apud nos cecidere cucullati, firmatumque senatûs consulto, mens. decemb. exeuntis anni, nostrum super hac lite judicium, quo tale jus ad vicarium pertinere declaratum fuit.

Oppidum trans Argenteum fluvium ad occidentem, unâ ab urbe leucâ vix distans, territorium habet omni frugum genere feracissimum, tamque ob pascuorum pinguedinem nominatum, ut tàm pagani quàm exteri, quŏ jus depascendi nanciscerentur, decurrentibus temporibus, dominium temporale in tot fermè portiones quot præcipui sunt indigenæ subdiviserint; ità autem infima distracta est jurisdictio, supremæ namque nobilior pars episcopatui annexa remansit, undè sedis magistratus civilis vassalis jus dicit. Numeranturque universìm duo millia inter paschales ferias vivifico sacramento communicantia, in oppido.

In ecclesià parœchiali fundatæ sunt aliquot capellaniæ laicalis ut plurimùm juris patronatûs, quarum consultò mentionem prætermittimus, ut aliorum sacerdotiorum in territorio vel viciniâ existentium detur descriptio. Hæc autem sunt sequentia.

### PALAISONUM.

Prioratus Nostræ Dominæ de Palaisono, in territorio hujus nominis, Rupenigrensi contermino, regularis est, et annexus monasterio S. Victoris Massiliensis, colligitque omnes decimas, teneturque solutione certi canonis Forojuliensi Capitulo, et annuæ pensionis episcopo, Palaisoni etiam domino.

### VILLAPISCIS.

Prioratus S. Michaelis de Villapiscis, monasterii Montismajoris Arelatensis mensæ annexus, decimas percipit territorii Rupenigrensi contigui, et à Forojuliensi fluminis Argentei cursu sejuncti, cujus etiam pars temporalis dominii episcopio suffecta manet, ubi et possidet latifundia.

### REVESTUM.

Ecclesia de Revesto olim parœchialis, nunc prioratus ruralis sub titulo S. Petri, ad collationem spectabat ordinariam, sed post mortem Petri Camelini episcopi attributus est annexusque mensæ Capitulari Leonacensi.

Temporale dominium ad varios dynastas spectat, quorum sicuti prior, ratione dignitatis extat episcopus, ità erat ratione pinguioris portionis opulentior; sed hac ex potiori parte quùm injuriâ temporum, et forte antistitum incuriâ, spoliata fuisset ecclesia, nunc apud supremum Provinciæ tribunal juris sui instaurationem prosequitur adversùs nobilem et potentem toparcham, nullo æquitatis præsidio suffultum, ut existimant peritiores; asseverantes insuper sedem annuo trium millium librarum proventu evenire locupletandam, si in legitima prætensaque jura postliminiis restitui contingeret; versatur quidem lis sub judice, sed à longo tempore adeò tricis et nævis forensibus repurgata, ut sola nunc requirenda sit senatoriæ curiæ deffinitio.

Cæterùm numerantur in eo territorio aliquot rusticani in dissitis tuguriis residentes, quorum curam gerit conductitius presbiter impensis prioris sustentandus.

### CASTRUM DE CLAVERIO.

Ecclesia parœchialis S. Silvestri de Claverio, nobilissimus appendix præpositurae, regitur per vicarium perpetuum, qui frugum decimas cum præposito, uti priore, partitur; habetque sub se duos presbiteros comministros à se quidem nominandos; ad ipsam autem vicariam tempore vacationis nominat seu præsentat præpositus, sicque præsentatum, si aliàs idoneus sit, instituere et investire tenetur ordinarius.

Oppidum occidentem versùs, quatuor leucis ab urbe sejunctum, elato situ et feraci solo notum, sicuti pro spirituali ità et pro temporali dominio suppositum est præpositurae et præpositis Forojuliensibus, qui ex comitum Provinciae concessionibus jurisdictione omnimodà ibidem pollent, cum facultate instituendi et destituendi magistratûs, qui jus dicit vassallis circiter octingentis vivifici sacramenti capacibus.

### BAUDRONIUM.

Temporali autem Claverii dynastiæ adjungi convenit Baudronii confine territorium. Præpositurae item patrimonium, quod quùm diù penes sæculares toparchas antecedentium præpositorum ignaviâ perseveràsset oppigneratum, præsentis solertiâ et expensis sacerdotio suo restitutum fuit. Porrò solum illud excolunt aliquot rusticani, in quos, eodem quo Claverii, jure et prærogativis potitur.

Præpositus patriâ Aquis Sextiensis ex nobili Coriolanorum prosapiâ senatoriis infulis primariisque togæ dignitatibus longùm insignitâ, vir est castigatis admodùm moribus, secreti tenax, sibi parcus, sed pauperibus liberalis, canonicis ab annis duodecim præest, curritque annum circiter quadragesimum, juris utriusque doctor.

### CASTRUM DE RAMATUELLA.

Ecclesia parœchialis Nostræ Dominæ de Ramatuellâ unita est archidiaconatui Cathedralis, cujus nobiliorem præbendæ portionem componit, è quâ tamen distrahenda congrua portio vicario perpetuo et duobus assisiis attributa. Vicariæ nominatio occurrente vacatione ad archidiaconum, collatio et institutio ad episcopum ut ordinarium respective attinent.

Castrum ad occidentem non longè ab orâ maris sinûs Sambracitani, tribus leucis à sede remotum, pertinebat olim ex parte ad archidiaconatum Forojuliensem, sed ea, permutationis jure, an. 1303, ad episcopalem mensam accedente, ab ecclesiastico dominio, præterito sæculo, distracta fuit. Solum annonâ ad indigenarum sustentationem vix sufficiens, egestatem illam vini ubertate abundè compensat. Porrò enumerantur in oppido quadringenti circum pagani paschalis alimoniæ participes [1].

Bernardus de Camelin Forojuliensis, ex Camelinorum genere, pontificiis nuper infulis bis illustrato, ortus, adolescens Oratorii institutum amplectitur, ubi emensis philosophicis studiis, quùm ad ulteriora progredi meditaretur, à patruo suo indè avocatus, ut ejus abdicationem sacerdotii reciperet, archidiaconi officio nunc fungitur. Optimam quidem sortitus est indolem quâ quotidiè pulsatur desiderio à patrio solo eatenùs discedendi, quatenùs quæ sibi ad animi culturam deesse videntur studiis ulterioribus comparârit, quæ sapiens et nusquàm sera cogitatio est, quùm vix XXVI an. attigerit, è quibus septennium in sacerdotio transegit.

Sacristæ præbendam et jura assignavimus sub descriptione ecclesiæ de Pugeto, cujus temporale dominium ad sedem pertinet, sic ut supersit solum de more commemorare à quo illa teneatur.

Antonius Maille Santorpetensis et diœcesanus Forojuliensis, presbiter et in jure licentiatus, ex antiquioribus canonicis, sacerdotium illud devolutario, ut vocant, jure obtinuit, huic negotiorum continuata meditatio solertiam attulerat singularem, proindèque ejus olim operam expetierat Capitulum, quam tamen

[1] Portio dominii, propter cleri subventiones factas in gratiâ Francisci I, ab episcopo distracta fuit, pertinetque ad P. de Villanova.
Stephanus Oclone minimorum à Ramatuellâ oriundus scripsit. — *Annotatio auctoris.*

nunc præstare haud potest, quòd jàm septuagenarius vix ea quæ officii ecclesiastici sunt complere valeat.

## GASSINUM.

Ecclesia parœchialis S. Laurentii de Gassino appendix est præcentoriæ, quæ portionem annonæ, cum integrâ vini decimâ, vicario perpetuo duos sub se presbiteros habenti, transmittit. Vicaria præcentorem patronum agnoscit, collatorem autem episcopum.

Gassinum ad occidentem in sinûs Sambracitani viciniâ, quatuor leucis ab urbe distans, solum habet vini ferax, sed non multis colonis excultum, vix enim recensentur centum quinquaginta qui paschalibus feriis ad sacram synaxim accedant.

Josephus Olivarius clericus Aquisextiensis, ex senatoriâ familiâ, præcentoriæ præbendâ potitur. Sed duobus et tribus abhinc annis residentiam non facit, nec sacris initiari fortè cogitat, quanquam XXIV vel circiter annum currat, et ex eo tempore jàm decem in suo transegerit sacerdotio.

## FIGANERIA.

Ecclesia parœchialis Nostræ Dominæ de Oliverio et S. Michaelis de Figaneriâ nunc præbendam facit antiquioris canonici, omnium frugum decimas percipientis, è quibus secernitur portio congrua vicario perpetuo assignanda, cujus adhuc sustentationi attributa sunt quædam prædia et portio inferioris decimæ; sed ex eo proventu tenetur stipendia solvere tribus assisiis, in animarum regimine coadjutoribus, quos ipse nominat eligitque. Vicariæ autem nominatio canonici uti prioris extat, collatio et institutio episcopi.

Figaneria burgum olim nobile et opulentum, situm ad septentrionem, et quatuor leucis à metropoli suâ remotum, commendatur solo olei ubertate atque excellentiâ nominatissimo, quod neque aliis frugibus colonis extat ingratum, sic ut necessariis ad sustentationem distractis, è copiâ suâ exteros, magno suo emolumento, solari possent, ni mutuæ inter ipsos scissuræ, cui et aliæ cum dynastâ successerunt, universitatis perniciem accelerâssent; quo factum fuit ut multi lares mutare et in pacatiori regione sedes figere non infeliciter incipiant. Sed nihilominùs residui sunt hactenùs septingenti qui inter paschales inducias imposito sacro religionis officio fungantur.

Extra burgi mœnia haud procùl constructum visitur sacellum B. Pontio episcopo Cemelenensi et martyri dedicatum, in quo traditur aliquot tanti martyris asservari reliquias, quarum tanto studio venerationem prosecuti sunt indigenæ, ut illùc in pretiosissimi thesauri custodiam, ab an. 1643, FF. Ordinis Redemptionis captivorum evocaverint. Ibi, domicilio et prædiis vicinis acquisitis, quatuor nunc religiosi sub suo priore convivunt.

Jacobus Bonaud Forojuliensis presbiter et in jure

licentiatus Figaneriæ præbendam obtinet ab annis amplius triginta, è quâ quùm vix, ob memoratam paganorum pauperiem, proventus vicario et ministris debitos, et ad consueta onera vix sufficientes perciperet, industriâ, labore et usurpatorum jurium vindicatione ipsam quadantènus ità restauravit, ut inter mediocres Capituli (quæ olim postrema erat) accenseri mereatur. Homo quidem, ut conjectare, non ignarus, nec negotiis forensibus inexpertus, cujus proindè operâ utebatur Capitulum, in quo antiquioris canonici prærogativâ gaudet.

### CASTRUM DE BROVESER.

Ecclesia parœchialis S. Petri castri de Broveser, appendix et præcipua portio præbendæ canonicalis, regitur per vicarium perpetuum, cui ad suam et unius presbiteri sustentationem assignata est medietas totius decimæ, residuâ pertinente ad canonicum uti priorem, qui etiam ad vicariam nominat præsentatque ministrum ab episcopo instituendum.

Castrum ad septentrionem in arduis montanis positum, septemque leucis ab urbe distans, territorium habet pascuis et granis satis abundans, sed ob aeris inclementiam inserendis vinetis ineptum; insunt ibidem quingenta civium capita sacris paschalium feriarum oneribus obnoxia, ad quæ per quadragesimam fit concio singulis diebus dominicis et festivis.

## CASTRUM DE SCLANO.

Prioratus castri de Sclano complementum facit præbendæ memoratæ, cui eâ ratione accrescunt è frugum decimis duæ portiones, tertiâ ad vicarium perpetuum transeunte. Porrò hæc vicaria collationis ordinariæ ruralis est, ex quo coloni è pago excedentes ad vicinia loca, commodi majoris ergò, lares transtulerunt, impositum tamen vicario onus in antiquo sacello missam, è maio ad septembrem, diebus dominicis et festivis, celebrandi. Cæterùm præfatum territorium beneficiarium est prædium marchionatûs de Transio, duabusque circiter leucis ad septentrionem à sede remotum.

Sed excidebat memorare ibidem fundatam esse capellaniam sub S. Romani invocatione, quæ aliquot prædiis, circa sacellum positis, dotata manet, cujusque collatio ad ordinarium spectat.

Petrus Emphiam Forojuliensis presbiter, cœpto vix anno ætatis suæ decimo quinto, ex avunculi morientis spontaneâ abdicatione fit canonicus, statimque de fortunâ, studiis et doctrinâ cohonestandâ, sollicitus, quùm expertus posteà fuisset illius aditum nonnisi labore et vigiliis manere pervium, mollioris vitæ blanditiis inescatus ab instituto resiliit, optione pessimâ cujus adeò impræsentiarùm auctorem pœnitet, ut tantam sibi factam injuriam resarcire laudabili vitæ consuetudine, aliisque animi dotibus non infeliciter collaboret, currit trigesimum tertium ætatis annum.

## SPERELLUM.

Prioratus ruralis S. Magdalenæ in territorio de Sperello portionem potiorem conficit territorii canonici, cui accrescit pinguis annonæ canon à Dracenensi Capitulo eidem persolvendus, qui tamen unicus quùm tenuior esset ad integram illius præbendam adjunxit eodem episcopus prioratum de Sperello præcitatum.

Petrus de Camelin Forojuliensis, ex eodem Camelinorum venerando stipite canonicatum adispiscitur ex patrui resignatione, cùm jàm humaniarum litterarum studiis incubuisset, quæ cum sacratiarum disciplinarum consecutione cumulare et nobilitare haberet in optatis, domesticis negotiis distractus fuit. Sed queis tùm et ipsis ità non incumbit ut ea Capituli neglectui habeat, quidni et ipsa reliquis anteponens, egregiam ad illius utilitatem incunctanter navat operam, judicio namque pollet ipse, et fide æquè ac zelo in amicitià commendatur.

## CASTRUM DE MONTIBUS.

Ecclesia parœchialis B. M. V. Assumptæ castri de Montibus prima præbendæ canonicalis portio, regitur per vicarium perpetuum cum quo canonicus, uti prior, partitur annonæ decimam, residuâ vini et infimorum granorum eidem vicario attributâ, cum obligatione debiti canonis duobus presbiteris conductitiis sibi in sacramentorum, aliorumque officiorum operâ adjutoribus, exsolvendi.

Porrò in parœchiali concio habetur per totam quadragesimam et recensentur mille circiter pagani vivificæ communionis participes.

Castrum memorato nomine distinctum, quòd reverà in præruptis montibus locatum sit ad orientem, cujus ingratitudinem soli cum diù respuissent vicini accolæ, à tribus circiter sæculis evocati sunt, ex insulâ Corsicâ et orâ Genuensis dominii, coloni qui illud excolerent. Nec delusit auctores opinio, rusticani etenim laboribus aliundè assueti, ità assiduâ operâ salebrosa rura complanârunt, ut ea exquisitæ annonæ devenerint feracissima.

Quod superest, præsunt castro toparchæ, ex nobilissimâ satraparum Turretanorum (quæ Villanova est) stipite oriundi, quorum alter obtinuit ut sui portio dominii marchionatûs titulo decoraretur à Ludovico XIV.

**Prioratus** S. Marcellini et prioratus S. Henrici uniti, extant in eodem territorio. Et in eâ parte decimas frugum percipit prior; gaudetque insuper dominii jure. Est autem uterque collationis ordinariæ.

**Prioratus** S. Joannis de Gaudio, in ipsomet territorio institutus, potitur decimis suæ distributionis satis amplæ, collatoremque agnoscit episcopum.

**Prioratus** ruralis S. Nicolai de Sclapono, in territorio Montensi contermino, colligit iterùm omnes decimas, ejusdemque collationis existit. Porrò hi tres prioratus satis sunt pingues, unusquisque namque honestæ possessorum sustentationi sufficiens est.

## BARGEMA.

Ecclesia parœchialis S. Nicolai de Bargemà, secundus ultimusque appendix memoratæ præbendæ, administratur per vicarium perpetuum, cui decimæ universæ medietas obtingit ad suam et unius duntaxat presbiteri conductitii sustentationem. In eà, per duas octavas antè festa paschalia, concio habetur ad plebem; et intra illam enumerabantur rusticani quingenti, qui debita religionis officia persolverent.

Pagus, ad septentrionem in montanis, octo leucis ab episcopio remotus, solo suo granorum feraci sustentatur, sedesque est dynastiæ vicecomitis occupatæ à nobilissimà gente de Ponteves.

Josephus Antelmius, Forojuliensis presbiter, sacræ theologiæ doctor, canonicalem illam præbendam adeptus est ex patrui sui abdicatione. Tutabatur eam nuper Lutetiæ adversùs temeraria molimina regalistæ, qui eamdem impetraverat longè post assecutam triennalem possessionem pacificam à resignatione. Ipsam namque à septem annis obtinet, curritque suæ ætatis vigesimum octavum.

## CASTRUM DE TURRETIS.

Ecclesia parœchialis S. Andreæ, castri de Turretis, priorem habet unum ex canonicis ecclesiæ Cathedralis frugum omnium decimas percipientis, demptâ tertiâ portione quæ obtingit vicario perpetuo, duos sub se presbiteros ad parœchiæ regimen nominanti. Ipse autem, vacatione occurrente, nominatur per canonicum uti priorem et patronum, instituitur verò de more per episcopum. Ibi per totum quadragesimale tempus concionatori assignata est retributio, dinumeranturque sexcenta circiter capita, quæ paschali communioni nomen tradunt.

Castrum ad septentrionem, à sede leucis quatuor, Fayentia ducentis vix passibus abjunctum, sedes est antiquæ baronis dynastiæ, quæ Villanovæ gentis heroum virtuti debitis honoribus munerandæ instituta, manet adhuc nobilior et præcipua dominiorum portio nobilissimi ex eâdem prosapiâ satrapæ, qui ductum ab antecessoribus natalium splendorem, virtute et egregiis animi dotibus auget et obscurat.

Cæterùm territorium vini et granorum æquè ferax pagum faceret nobilitati sedis quadantenùs consonantem, ni temporum calamitas et publicorum vectigalium onera universitatem debitis frequentibus onerâssent.

Prioratus SS. Philippi et Jacobi, in territorio de Podio Bressono, huic finitimo, appendix est memoratæ præbendæ, cui soli accrescunt omnes ex eo provenientes frugum decimæ.

**Prioratus ruralis S. Thomæ de Accasiâ** contiguam etiam ditionem suam habet, decimas item omnes percipit, cum imposito rectori onere, æstivo tempore, diebus dominicis et festivis, missæ celebrandæ in sacello ad hoc in medio territorio constituto; quod cùm nuper ob condominorum super illius situ dissidia dirutum fuerit, expectatur pastoris novi æquum ad definiendam controversiam judicium. Porrò sacerdotium illud satis pingue collatorem habet ordinarium.

**Rectoria SS. Simonis et Judæ,** sita in Turretano solo, potitur certis prædiis nobilibus, circum oratorium conspicuis, de quâ etiam, occurrente vacatione, antistes providet.

### CASTRUM DE MARTHA.

Ecclesia parœchialis Nostræ Dominæ de Petrâ Longâ, de Marthâ, priorem agnoscit eumdem canonicum; et ex illis et territorii decimis præbenda integra componitur. Quod superest, ecclesia illa regitur per vicarium perpetuum ecclesiæ de Castro Veteri, cujus prioratum episcopio annexum memoravimus.

Joannes Martin Forojuliensis presbiter, juris utriusque doctor, variis super sacerdotio suo impetrationibus, seu ut vocant devolutis, fatigatus, novissimè in suscitatis à regalistis litibus et machinationibus involutus, feliciter contra omnium molimina causâ suâ stetit, pacificèque nunc memoratâ præbendâ gaudet; insuperque dignitatem illam sustinet et indole optimâ, et multis animi dotibus commendandus, annum attingens XXVIII.

### CASTRUM DE COMIS.

Ecclesia parœchialis S. Andreæ castri de Comis, sacerdotium alterius è canonicis, gubernatur per vicarium perpetuum, cui æqua universæ decimæ et suburbanorum aliquot prædiorum medietas est attributa; duo presbiteri in eâ parochiâ subserviunt, duoque aut tres alii collocati sunt in dissitarum ædium pagis ab eâ quasi matrice dependentibus. Porrò in eam mittit episcopus de more concionatorem ad instituendos fidelium mores; è quibus octingenti circiter debitis religionis officiis faciunt satis.

Vicaria ista ex peculiari prærogativa, occurrente vacatione, non ad prioris sed ad capituli Cathedralis nominationem et præsentationem spectat, institutio autem ad episcopum.

Pagus, in arduis montanis ad orientem, in diœceseos finibus octoque leucis à sede distans, pro temporali dominos agnoscit Rhodios equites, soloque gloriatur granorum omnium feraci, suosque valdè cultores locupletanti.

Josephus Maurin, Senecensis diœceseos acolythus, aliquot annis Forojulii laudabilem residentiam fecit, sed genio ad melancholicum affectum proclivi plùs æquo indulgens, indéque in dementiam prolapsus, adhuc sub eâ afflictione, quæ tamen periodos deffinitos habet, in solo patrio perseverat castigatus.

Septimi canonici præbendam indicavimus sub recensione ecclesiæ de Seranono, in quâ quartam decimarum partem priori manere attributam memoratum est. Quæ omnia hîc ne actum agatur reticemus.

Antonius Sardus ex castro de Montibus, Forojuliensis diœceseos presbiter, sacræ theologiæ doctor, canonicatum suum adispiscitur ex permutatione initâ cum nobili Ludovico Ondedeo defuncti antistitis nepote, quâ nimirùm iste præbendâ abdicavit, mediante alterius pingui sacerdotio cum curâ, diœcesis Carnotensis, in quâ præfatus Antonius Sardus ab annis fermè triginta, quâ uti solutus presbiter, quâ uti beneficiarius, laudabiliter ministraverat. At exindè revisendi soli paterni studio itâ commotus fuit ut conditionem oblatæ præbendæ, etsi derelinquendæ proventibus inferioris arripuerit, quo fortè tranquilliùs vitæ reliquum duceret. Factum est ex adverso ut pertinaciter exagitatus illicò fuerit, at postremòque à regalistâ importunè vexatus, obtinuit tandem, summâ suâ laude atque emolumento, ut, post multos exantlatos labores, expensamque pecuniam, præbenda sua, quæ etiamsi præceptorialis, (quòd eam sicuti et alias nec divisìm neque conjunctìm cum canonicis episcopus conferat), declararetur à præfato regaliæ jure immunis solutaque, solemni senatûs consulto de quo alibì. Homo sexagenarius etsi ætate et corpore obeso gravis, tamen in rebus agendis solers et impiger, nunc pacificus et vitæ incontaminatæ odore, facit apud nos residentiam.

### CASTRUM DE MONTEFERRATO.

Ecclesia parœchialis Nostræ Dominæ de Bellovidere, castri de Monteferrato, habet prioratum annexum et perpetuò affectum canonico theologo Cathedralis, qui eâ ratione percipit ex decimis frugum omnium portionem dimidiam; vicario autem perpetuo, sub quo tres presbiteri serviunt, residua medietas, præter integram vini aliamque minorem decimam et prædia competit. Porrò ad vacantem vicariam præsentat presbiterum à capitulo, secluso ordinario, instituendum theologus.

Constituta quadragesimalis statio in eâ ecclesiâ in quâ paschalibus feriis ducenta supra mille capita sacris religionis præceptis obtemperant.

### CASTRUM DE MELIS.

Prioratus ruralis S. Ferreoli de Melis, in deserto territorio juxta Claverii oppidum, eidem annexus est præbendæ theologi, jusque habet universæ decimæ, cujus medietatem impartitur vicario perpetuo, qui, licet ob dirutum castrum residentiam non faciat, tenetur tamen missam dominicis diebus et festivis celebrare, à festo Inventionis ad solemnitatem Exaltationis sanctissimæ Crucis, in sacello inibi constructo. Vicaria autem illa collatorem habet episcopum, priorem verò patronum agnoscit.

Carolus Bonin ex diœcesi Sistaricensi, presbiter, sacræ theologiæ doctor, receptionis prærogativà inter collegas postremus, non ità eximiis animi dotibus inter eos habetur infimus. Adolescens namque Oratorianum institutum secutus, in eoque et disciplinis imbutus, et humaniarum litterarum magisterio ritè functus, Manuescæ, in loco patrio, parœchiam regit. Ubi aliquot annis transactis, permutationis vià theologalem præbendam consequitur Et huic sanè officio non illaudabiliter facit satis, nam egregiè perorat, at felicius et propensioribus musis poeticæ ludit, et honestæ consuetudini placidis et genuinis moribus condit, currens ætatis annum xl.

Oppidum ad septentrionem in infimis vallibus positum, præruptisque collibus undiquè superatum, irriguum patulà aquarum scaturigine, quæ, in universum territorium profluentes, fæcunditatem illius mirificè adaugent, item granorum, vini, olei, fructuumque omnium ferax, oppidanos suos locupletos facit et laboriosos.

### CASTRUM DUPLUM.

Ecclesia parœchialis sub titulo Annuntiationis Nostræ Dominæ de Castroduplo, annexa est mensæ seu communitati clericorum beneficianorum Cathedralis an. 1235, qui ibidem constituerunt vicarium perpetuum, tertiâ decimarum omnium portione muneratum, præter integram vini et olerum decimam; qui, ex illis proventibus, tribus presbiteris subservientibus stipendia legitima exsolvit. Beneficiarii, quibus residuæ portiones frugum duæ competunt, eas in æquales partes duodecim subdividunt, quæ cujusque cum proventibus prioratûs de Roccà, mox memorandi, quasi præbendam componunt. Sed antiquitùs, vigente communitate, compendium illud ad vestiarium illorum erat deputatum. Porrò vicariæ illius nominatio ad præfatos spectat clericos, collatio autem illius ad episcopum.

Fundata est ibi quadragesimalis statio, quâ elabente, recensentur ducenti supra mille pagani, qui proximis paschalibus festis ad sacram synaxim accedant.

Prioratus ruralis S. Martini, in regione illius territorii, percipit omnes decimas, habetque insuper prædia satis ampla, in sacelli viciniâ conspicua. Est autem provisionis et collationis ordinariæ.

Prioratus ruralis S. Andreæ, in deserto territorio *de la Garde*, Castrodupli affini, distractus est à præbendà unius è canonicis Cathedralis, unitusque mensæ Capituli, quod, ad jacturam illam compensandam, reddidit sacerdotium illud liberum solutumque à certà pensione quâ ergà Capitularem mensam tenebatur.

Castrum Duplum situm est supra montis dorsum, colliculisque quasi ad validissimum munimen à naturâ dispositis circumseptum, distansque à sede quatuor leucis, territorium habet salebrosum, sed ità accolarum sudore excultum ut omni genere frugum abundet. De eo extat mentio in quâdam bullâ Gregorii VII an. 1084, ubi legitur : Cella S. Trophimi apud Castellum Duplum.

### CASTRUM DE ROCA ET DE BASTIDA.

Ecclesia parœchialis S. Margaritæ, castri de Rocâ, unita est rursùs collegio clericorum unà cum ecclesiâ de Bastidâ in proximo dissitarum ædium pago, parœchiam tamen propriam et ab illâ de Rocâ sejunctam prætendente. Sed quidquid sit de eâ controversiâ, quæ in foro ecclesiastico manet adhuc indeffinità, hæ duæ ecclesiæ reguntur per duos conductitios sacerdotes, quibus debita stipendia erogant clerici uti priores et curati. Porrò Bastidani accolæ in ecclesiâ de Rocâ paschalia exsolvunt debita.

Pagus de Rocâ, situs ad septentrionem in montanis, sex leucis ab episcopio distans, numerat paganos circiter quadringentos; pagus de Bastidâ trecentos.

### CASTRUM DE EMPURIIS.

Ecclesia parœchialis S. Michaelis de Empuris subest priori sæculari qui decimarum medietate et aliquot prædiis potitur, alteram medietatem inferioremque decimam percipit vicarius perpetuus, qui habet sub se duos presbiteros in spirituali regimine adjutores. Numerant autem illi octingentos circiter parœchianos vivificæ communionis participes, queis et concionator per totam quadragesimam evangelium interpretatur.

Prioratus ille collatorem et provisorem habet episcopum, sed nescio quî ille annexus sit alteri sub titulo Nostræ Dominæ de Spelucâ, regulari, et cujus patroni sunt Lerinenses. Certè uterque ab uno impresentiarùm rectore possidetur. Vicaria autem patronum agnoscit Forojuliense Capitulum, collatorem autem ordinarium.

Prioratus ruralis S. Victoris, fundatus in suburbano sacello nunc diruto, annexusque mensæ monasterii S. Victoris Massiliensis, aliquot prædia possidet.

Prioratus ruralis S. Mauritii, in territorio adjacenti de Raynerio nuncupato, quodque olim accolis frequentatum fuisse, in eoque coaluisse pagum ex antiquis carthulariis elicimus, colligit omnes decimas, patronumque et collatorem habet episcopum.

Sed hìc etiam commemorare attinet in parœchiali ecclesiâ de Empuriis fundatas esse, modici proventûs, quatuor aut quinque laicalis patronatûs capellanias.

Empuriis ad septentrionem, versùs Draguignanum, sex leucis ab urbe remotum, territorium habet vinetis, olivetisque consitum, et in quo præptereà omnia quæ ad vitæ sustentationem necessaria sunt, colligunt rusticani.

**CALLIANUM.**

Ecclesia parœchialis Nostræ Dominæ de Rosâ, S. Donati et S. Martini, priorem habet sæcularem cui animarum cura commissa est, colligit universìm omnes et quascumque frugum decimas tàm in territorio de Calliano, quàm in determinatâ regione territorii de Podio Bressono, in quo etiam quædam prædia à regiis tributis libera possidet. Potitur insuper certis dominii juribus et prætio ratæ habitæ emptionis in regione de Corniolle. Prælibata jura in authenticos codicillos relata erant. Habet sub se prior tres conductitios presbiteros, qui, cùm indigenis non videantur cum priore ad regimen sufficientes, adeòque et ab illis ad pagum accedere requisitus per nos ecclesiasticus judex, quò per ipsum parœchianorum fieret legitima recensio, ad reverendissimum electum antistitem controversiam definiendam remisit, eodem namque judicio pronuntiari convenit cujus impensis erit ecclesia amplificanda, quæ quidem adeò exigua est ut vix in eâ larum medietas complecti possit; dinumerantur enim ducenti supra mille, qui intra paschales inducias debitum religionis præceptum compleant. Quod superest, prioratûs illius collator est episcopus.

Juxtà pagum extructum visitur sacellum sub invocatione S. Donati, cujus ibidem affirmant communi traditione corpus requiescere, quam quidem cùm temeritatis esset respuere, non æquè forsan absurdum erit suspicari sacra illa morticinia non esse S. Donati martyris et episcopi Aretiensis, cujus ecclesia memoriam recolit vii idus Augusti, ut vulgus sentit, sed B. Donati presbiteri et confessoris, qui in superiori provinciâ vitam anachoreticam duxit circa sextum sæculum, cujusque proindè in ecclesiasticis tabulis dies natalis excriptus legitur xix augusti. Sanè hæc mihi visa semper fuit similior veri opinio, quæ cùm alibi momentis suis sit expendenda, sufficiat memorare quod certum compertumque est, nimirùm ad præfatum sacellum religionis ergò ex totâ viciniâ occurentes accolas, fidei suæ mercede fraudatos nunquàm reverti, sed impetratæ sanitatis eos, maximè qui comitiali morbo laborant, aliisque gratiis consecutis, tanti intercessionem patroni mirificè magnificare.

In eodem sacello reconditæ sunt reliquiæ B. Maximæ virginis, quæ S. Torpetis martyris germana fuisse existimatur, at ea cùm nullis fulta rationibus appareat sententia ne hìc certa pro incertis venditemus, id solum de eâ constare fatemur quod omnia de ipsâmet attestantur martyrologia ad xvi maii, quorum verba perstricta satis elucidat quadantenùs in suo Petrus Equilinus dùm locum ubi sacrum corpus virginis requiescit expressis his verbis indigitat: *Maxima virgo in pago Forojuliensi, vico Callidiano, virginitate florescens et insignibus clara virtutibus, in pace quievit 17 kal. Junii.* Quæ quidem erroris arguunt Uguellum in Italiâ sacrâ et alios asseverantes corpus B. virginis Forojulii in Italiâ requiescere, quod tàm ex antedictis renuimus, quàm quia florentissima illius in diœcesi nostrâ memoria extructis dotatisque in eâ sacellis eò usquè perennet, cujusque adeò venerationem recolit Cathedralis ecclesia in cujus antiquissimis tabulis solemnitas illius quotannis sub ritu semiduplici præscribitur. Quæ omnia satis superque probant sanctam virginem domesticam apud nos fusè vitam suam extitisse et diem obiisse, cùm maximè etiam in memorato sacello sacræ ejus reliquiæ fidelium venerationi exponantur; quæ etiam annis elapsis, sedente Petro Camelino, solemni ritu in decentiorem arculam fuerint translatæ atque reconditæ.

Prioratus S. Cassiani in territorio affini, de Tancrono nuncupato, ruralis est et ordinariæ collationis, ipsi autem annexus prioratus ruralis Nostræ Dominæ de Embrianà, in proximo territorio de Tornono, ad nostra usquè tempora perseverat, sed uterque devoluto jure impetratus, rursùs pontificià et ordinarià auctoritate, an. 1672, nuper est divisus, quo fortè duo litigantes rei sacræ portionem aucuparentur, quæ etiam sic divisa ad honestam sustentationem necessaria suppeditat possessori.

Callidianum, ad septentrionem et quatuor leucis ab urbe sejunctum, locatum visitur in dorso colliculi Aurosio monti oppositi, culto feracique gloriatur solo, utpotè grana, vinum et oleum pari ubertate, atque excellentià colliguntur. Undè fortè oppidani, quòd ex domesticis facultatibus et ex earum negotiatione compendium referant, ità præbuerunt se elatos, rudes ac superciliosos ut, quamquam tota circumvicinia propriis itidem commodis intumescens, sicque necnon moribus haud absimilibus instituta sit, regio tamen illa Calianensium epitheto distincta fuerit et vocata etiam nunc : *Le Calianois,* quòd quasi aliorum principes elatà rusticitate cæteris antecellant, quæ sanè ni disciplinis et institutione serià castigata fuerit, haud faciliter sufferi potest.

Dominium temporale inter quatuor toparchias distributum est, annisque singulis per circulum toparchæ suos instituunt magistratus.

### CASTRUM DE LUCO.

Ecclesia parœchialis Nostræ Dominæ de Nazareth castri de Luco, cujus prioratus est regularis et annexus mensæ monasterii S. Victoris Massiliensis, regebatur olim per tres conductitios presbiteros à monachis nominandos, sed moderante Petro Camelino, fundata est in eâ perpetua vicaria, assignataque congrua portio ex compendio prioratûs detrahenda. Subserviunt ibidem tres presbiteri, plebs enim ibi frequentissima è quà computantur ducenta supra duo millia capitum catholicam religionem profitentium, quæ paschalibus feriis vivificum sacramentum percipiunt. Undè sat intelligitur ibidem per totum quadragesimale tempus ad eam concionem fieri, constitutâ ad id officii certâ retributione.

Sed in hoc solo diœceseos oppido, sacro illi veritatis suggestui perseverat adhuc opposita cathedra pestilentiæ Nannetensis, placiti præsidio suffulta, collocataque in urbano templo, tùm oppidanorum, tùm maximè exterorum gregalium accessione frequentatum, nam ex primis vix computabis..... pauperes ut plurimùm et in errore non nimiùm pertinaces, quòd ipsi sectarii imperiti sint, et perversorum dogmatum cavillorumque suæ gentis ignari. Undè abundans securaque messis reportanda, aggregandaque fidelium societati speraretur synagoga, ex selectorum operariorum deputatione, qui illius incantationes vivificæ predicationis auctoritate depellerent.

Prioratus S. Petri et S. Catharinæ uniti fundatique in suburbanis sacellis percipiunt tertiam partem decimarum territorii, possidentque quædam prædia et census ex vectigalibus fundis. Porrò sacerdotium illud, occurrente vacatione, pertinet ad collationem Piniacensis præpositi, cui etiam de certi canonis pensione tenetur.

Prioratus Nostræ Dominæ de Lauzadà et S. Magdalenæ rurales uniti in unum sunt, annexique capitulari mensæ Pianicensi, queis competunt decimæ provenientes ex præfato territorio de Lauzadà, Lucano adjacenti, et alii prædiales fundi.

Cæterùm, quà in parœchiali, quà in sacellis suburbanis, computatæ sunt rectoriæ triginta quatuor Bartholomæo Camelino pontificiam visitationem faciente, an. 1613, quarum pro tunc fundationes quidem compertæ, sed abalienata prædia et distracti proventus, haud dubiè sacrilegis hæreticorum latrociniis, sic ut nullus reperiretur qui vel ad unam jus prætenderet.

Advocati fuere in pagum sub medium decimi tertii sæculi Carmelitæ, qui etiam nunc ibidem tres aut quatuor suo sub priore convivunt.

Et Carmelitarum conventui adjunctum etiam est nostris temporibus, an. 1662, domus altera regularis

Religiosorum sanctissimæ Trinitatis discalceatorum. Ubi, sufficienter dotati, sex circiter religiosi priori suo parentes regulam profitentur.

Castrum ad occidentem, in viâ ad Aquas Sextias, sex leucarum spatio ab urbe disterminatum, amplum est, quippe quod tot inquilinos complecti opportet, constitutumque in climate satis attemperato sed insalubri, obcingitur ad occidentem colliculis vinetis et olivetis consertis, et ab oriente et meridie agris latissimis frumentaria uberibus. Comperta sunt ibi quædam antiquitatum Romanarum monumenta, undè, quòd in viâ Aureliâ positus sit pagus, suspicati sunt aliqui constituendum illic esse Forum Voconii apud antiquos celebratum, quòd circum illud Lepidius contra Antonium castrametatus esset. (Lepid. ad Ciceronem ep. famil. lib. X.)

Porrò ex castro de Luco deducti sunt in longinquam territorii regionem incultam coloni, qui labore assiduo ita feliciter agrum novârunt ut ibi, laribus constructis, ducenti enumerantur rusticani, qui ex manuum suarum laboribus sustentantur, quorum spirituali regimini quamquam præpositus sit unus presbiter, ipsi tamen advenientibus sacris paschalibus in ecclesiâ matrici de Luco sacra persolvunt.

### CASTRUM DE SANCTO TORPETE.

Ecclesia parœchialis Nostræ Dominæ de S. Torpete prioratum habet regularem et curatum à collatione abbatis S. Victoris dependentem, qui ab integro sæculo in commendam possidetur. Competunt priori universæ è territorio provenientes frugum decimæ, et nobile arvum vitibus satum circum antiquæ parœchiæ rudera constitutum. Et ex illis proventibus, satis pinguibus, confert prior stipendia tribus presbiteris sibi in spirituali moderamine adjutoribus. Impartitur etiam de more mercedem concionatori quadragesimalis temporis. Quæ quidem cùm sacram divini pabuli famem non explørent, Santorpetenses, qui præ cæteris nedum diœceseos sed et Provinciæ populis, morum candore et devotionis zelo præstant, certum as assignârunt per totum adventum concionanti attribuendum. Et hoc pium propositum à multis retrò annis formatum, ineunte decembri feliciter incœptum completumque est, probante et missionem nominationemque impartiente vicario generali, sede vacante. **Capita 1600.**

Non longè ab urbe visuntur antiquæ parœchiæ diruta monumenta, instaurata ex parte constructione unius basilicæ ædiumque, ad commorationem FF. Minorum Capucinorum, qui ibidem ab an. 1617, residentiam faciunt, et uni Gardiano decem religiosi subsunt, è quibus sex aut septem sacerdotes excipiendis fidelium confessionibus incumbunt. Cæterùm existimat vulgus inesse inter illa rudera tumulum et corpus S. Torpetis, quem jussu Neronis Pisis in Tusciâ detruncatum, indèque in cavosam navim impositum, ferunt ad oram illam appulisse, ibique ab honestissimâ matronâ sepulturæ traditum fuisse. Sed hæc conjecturis tantùm fulta est opinio, cui fortè auctoritatem omnem præstat quod habent Ado et Petrus de Natalibus in martyrologiis suis, nimirùm corpus sancti martyris compertum esse in portu qui dicitur *Sinos* seu *Sinus;* undè suspicatum est sinum illum non alium esse quam Sambracitanum, ubi oppidum sub nomine S. Torpetis positum est, antiquitùs nuncupatum Heraclea Cacabaria, in vetustis itinerariis satis nota [1].

Oppidum igitur ad oram Sambracitani sinûs versùs meridiem situm, et tribus aut quatuor leucis ab urbe remotum, amœnissimum est, tùm ob suavem indigenorum consuetudinem, tùm sui opportunitate sinûs, ubi portus visitur satis amplus et tutissimus, ad quem navigia ventis infaustis pulsata securitatem quæsitum veniunt. Verùm non exteri solùm, sed inquilini præcipuè magna et omnia fermè indè sua hauriunt commoda, nam à teneris annis infido elemento crediti, provectâ ætate, cùm nauticâ arte præstantes reperiuntur, ab oriente ad occidentem negotiationem

---

[1] S. Torpete supra portum majorem castelli hæc perlegi sunt : 1° in marmore nitido et sculpto paululùm incumato insignia Grimaldæ gentis seu de Raynaude d'Athenopolis. Inferiùs duæ manus se invicem complectentes è nube orientes cum hac inscriptione : *Per fidem salvabitur omnis caro*, et supra extat sphæræ figura à fabre sculpta tùm hæc inscriptio legitur : *Petrus de Renaud de S. Remigio D. S. Torpetis, Antipolis, Cagnæ, sancti Andreæ de Obela condominus, unus ex nobilibus aulicis Francisci I et Henrici hujus nominis II, Francorum Regum, maritus D. Catarinæ ex marchionibus Cevæ, hanc condidit arcem sibi et posteris, an. à Nativitate Domini MDLIII.*

A latere extat alter lapis marmoreus cum scuto *fasce de 3 pièces.* Et infrà : *Catherina ex marchionibus Cevæ Domina S. Torpetis an. MDLIII* (Annotatio auctoris.)

suam magnis emolumentis cumulantibus, prosequuntur. Sed et in mari proprio compendium maximum consequuntur, cùm in eo ità feliciter excrescat coralium ut illius duntaxat piscatoria inquisitio amplioris burgi divitias conflaret. Conquiescunt hostili tempore et intermissa quoque manent opera illa, nam quòd, attentà pagi exiguitate, recensentur ex eo quingenti fermè navitæ qui in navalibus regiis classibus fidelem operam præstant. Itaque cùm Santorpetenses omnes in mari fortunas suas et labores locent, frustrà videretur ipsis impartitam esse naturam pingue territorium cui excolendo neutiquàm incumberent, cùm illud quod habent incultum omninò remaneret, nisi rusticani ex montanis frigoris acerbitate pulsi, hùcque ob cœli clementiam avocati, operam illam conficerent. Ager quidem serendo frumento inhabilis, vinetis universìm consitus est, ex quibus vinum generosum et ad transactionem ità opportunum colligitur ut, è copià suà, expertes illius Genuensium et Ligustrii maris oras maximo lucro fecundent.

Quod residuum est, oppidum illud tàm præcipui momenti visum est Henrico IV ut in superiori colliculo arcem munitissimam construi jusserit : cujus custodiæ tùm pacis, tùm belli temporibus, specialis gubernator cum convenienti cohortum præsidio depútatur.

### CASTRUM DE SEILLANS.

Ecclesia parœchialis Nostræ Dominæ de Ulmo, castri de Seillans, regitur à priore à Sanvictorianis nominando, qui omnes frugum decimas percipit, consuetaque onera exsolvit, inter quæ præcipua sunt stipendia quæ impartiri tenetur tribus presbiteris sibi in animarum regimine suffectis. Numerantur autem ex iis quingenta supra mille quæ muneris sacri participationem paschalibus festis appetant.

Prioratus S. Petri de Betonio, ruralis, in eo territorio, annexus est capitulari mensæ Cathedralis.

Prioratus S. Martini, ruralis, collationis ordinariæ, percipit decimas cujusdam territorii ejusdem regionis.

Rectoriæ SS. Stephani et Joannis in sacello Nostræ Dominæ extra muros, habet aliquot prædia; collatoremque et provisorem habet episcopum, quamdiù illius patronus ignoratur.

Residentiam faciunt in castro clerici Doctrinæ Christianæ, qui uti fert nomen et institutum sacro illi officio tùm ibi, tùm in viciniâ incumbunt.

Seillans ad septentrionem juxtà Fayentiam, territorio feraci gaudet, undè nobile coalescebat oppidum, antequàm privatæ paganorum discordiæ et vafrities universitatem attrivissent, et temporale eorum subsidium inopiæ eorumdem spirituali coæquassent.

### CASTRUM DE CALLAS.

Ecclesia parœchialis Nostræ Dominæ de Bellovidere, castri de Callas, priorem habebat regularem ex Santovictoriano monasterio assumptum, nunc autem commendatarium agnoscit, qui omnes decimas territorii percipit, ex solutâ congruâ pensitatione vicario perpetuo et duobus presbiteris in ecclesiâ ministrantibus, in quâ et sacra religionis officia induciis paschalibus exsoluturi accedunt pagani sexcenti supra mille. Cùmque ad eam gentem complectendam capax haudquaquàm existeret parœchiale templum, amplificatum est nuper universitatis expensis sumptibus, quorum tertiam portionem à priori solvendam pro tribunali sedentes judicavimus ipsis januarii currentis idibus, quibus nos ista describere contingit.

Prioratus ruralis Nostræ Dominæ de Penafort, in affini territorio, cui competunt granorum decimæ, collationis est ordinariæ.

Extant in parœchiali aliquot capellaniæ, laicalis patronatûs dotatæ super prædiis aut viridariis, regiis vectigalibus suppositis.

Visitur etiam suburbanum sacellum S. Auxilii episcopi et castri tutelaris, ergò quem magna oppidani affecti sunt veneratione et studio. Quamquàm illius acta excidisse sinuerint, quæ quatenùs desiderabantur, eatenùs judicio omni supersedere convenit. Adverti quidem in veteribus registris pontificiis Bartholomæum Camelinum, diœcesim lustrantem, in præfato sacello incidisse in capsulam humanis ossibus oppletam, quam supertegebat plombea lapis, certis litteris et signis, adeò temporis edacitate deformatis, notata, ut cùm illa par non fuisset industriâ præsentium interpretari, pontifex eamdem arculam subtùs altare reposuerit, quo et in loco per antistites succedentes derelicta fuit usquè ad an. 1639 et 40, in quo item invenit Petrus Camelinus.

Castrum ad septentrionem quatuor leucis ab urbe sejunctum, situm est in proclivitate montis oliveti consiti, et undè quotannis pari ubertate atque excellentiâ oleum colligitur tanti nominis, ut etiamsi solum illud granorum et vini ferax non esset, ex eo tantummodò tot reportarent compendia oppidani, ut quà communitas, quà privati divites dicerentur et locupletes.

### CASTRUM DE SALERNIS.

Ecclesia parœchialis Nostræ Dominæ de Pietate, cujus prioratus appendix est mensæ monasterii S. Victoris Massiliensis, regitur ab antiquo per vicarium perpetuum, cui pinguis satis annonæ vinique canon attributus est, unà cum medietate inferioris decimæ. Subserviuntque illi tres presbiteri, nec enim pauciores sufficerent, nam ducenta supra duo millia capitum recensentur, quæ intra paschales sacras inducias consueta religionis officia compleant. Vicariæ collationi prætendebant Sanvictoriani adversùs episcopum, in diœcesanâ lustratione Bartholomei Camelini an. 1613.

Castrum ad occidentem novem leucis à sede suâ dissitum, fertili amœnoque territorio notum, quodque præ cæteris commendant exquisiti pepones, qui indè in Provinciam devehuntur, insignitum est marchionis dynastiâ.

### VILLACROSA.

Ecclesia parœchialis S. Romani de Villacrosâ, cujus prioratus annexus est rursùs mensæ monasterii S. Victoris sicuti et temporale castri dominium. Monachi olim famulabantur ecclesiæ per conductitios tres presbiteros; at nostris temporibus institutus est ibidem perpetuus vicarius, cui congrua assignata est portio, remanentibus in subsidium duobus aliis ministris.

*Hic auctor imperfectum suum dereliquit opus, sed posteà resumendum; quod, multis aliis distractus laboribus et morte præoccupatus, complere non valuit.*

# INDEX RERUM

### CAPUT PRIMUM.
#### CIVITAS ET ECCLESIA FOROJULIENSIS.

| | |
|---|---|
| Forumjulii vetus............ | 315 |
| Sedes episcopalis........... | 318 |
| Diœcesis Forojuliensis....... | 320 |
| Ecclesia Cathedralis......... | 322 |
| Capitulum Forojuliense...... | 327 |
| Sacræ Domus Forojulii...... | 334 |
| Forumjulii recens........... | 341 |

### CAPUT SECUNDUM.
#### ECCLESIÆ COLLEGIATÆ.

| | |
|---|---|
| Barjolium................... | 344 |
| Castrum de Alpibus.......... | 346 |
| Leonacum................... | 348 |
| Draguignanum............... | 350 |
| Pignacum................... | 354 |

### CAPUT TERTIUM.
#### ECCLESIÆ PAROCHIALES.

| | |
|---|---|
| Faventia.................... | 358 |
| Castrum de Bagnoliis........ | 360 |
| Castrum de Pugeto.......... | 361 |
| Castrum Sancti Raphaelis.... | 362 |
| Flayoscum.................. | 363 |
| Castrum Vetus.............. | 364 |
| Escragnola................. | 365 |
| Mons Aurosius.............. | 365 |
| Modium.................... | 366 |
| Seranonum................. | 368 |
| Castrum de Rocabrunâ....... | 369 |
| Palaisonum................. | 370 |
| Villapiscis.................. | 370 |
| Revestum.................. | 371 |
| Castrum de Claverio........ | 372 |
| Baudronium................ | 372 |
| Castrum de Ramatuellâ..... | 373 |
| Gassinum.................. | 375 |
| Figaneria.................. | 375 |
| Castrum de Broveser....... | 377 |
| Castrum de Sclano......... | 378 |
| Sperellum................. | 379 |
| Castrum de Montibus...... | 379 |
| Bargema.................. | 381 |
| Castrum de Turretis....... | 382 |
| Castrum de Marthâ........ | 383 |
| Castrum de Comis......... | 384 |
| Castrum de Monteferrato... | 386 |
| Castrum de Melis.......... | 386 |
| Castrum Duplum........... | 387 |
| Castrum de Rocâ et de Bastidâ. | 389 |
| Castrum de Empuriis....... | 389 |
| Callianum................. | 390 |
| Castrum de Luco.......... | 394 |
| Castrum de Sancto Torpete.. | 396 |
| Castrum de Scillans........ | 399 |
| Castrum de Callas.......... | 400 |
| Castrum de Salernis........ | 402 |
| Villacrosa................. | 403 |

FINIS INDICIS.

# TABLE ALPHABÉTIQUE

## DES NOMS DE LIEUX ET DE PERSONNAGES

MARQUÉS

### DANS LES MANUSCRITS DE GIRARDIN ET D'ANTELMY

## A

*Accasia* (*S. Thomas de*), à Avaye. 383.
Acceptus, évêq. élu de Fréjus. 319.
*Adalagardis*, *uxor Willelmi*. 202.
Adon, évêq. de Vienne. 23.159.162. 398.
*Adretius* (famille des). 282.
Adrets (les). 171.
*Ægidius Juvenis*, évêque de Fréjus. 130.348.
*Agareni*. 121.
*Agathon portus*. 29.322 363.
Agaune. 52.
Agay. 29.
Agay (Giraud d'). 123.
Agout (Elzéar d'). prévôt de Pignans. 273.
Agricol (saint), évêq. d'Avignon. 69.
Agricola (Julius). 101.318.
Agrippa. 56.
Agrippine. 21.
Agrœcius, évêq. d'Antibes. 76.238.
Aiguières (Humbert d'), archevêque d'Arles. 73.
Aigulphe (saint), martyr. 72.160.
Aigulphe (St-) de Villepey. 92.
Aille, rivière. 280.
Aille (St.-Julien d'). 9

Aix. 5.11.12.13.153.187.236.243. 281.321.
Alazard, médecin. 159.
*Albanus* (*vicus*). 287.
Albert (d') de Fos. 232.
Albert (d') de Sillans. 215.
Aldebert II, abbé de Lérins. 27.90.
Alexandre II, pape. 223.
Alexandre III, pape. 269.274.
Alexandre VI, pape. 210.301.346.
Allemagne (baronne d'). 305.
Almaric, roi des Visigoths. 262.
Almeradus, évêq. de Riez. 81.247.
*Alpibus* (Pierre de). 207.
*Alsium*. 18.
Amable (dom), chartreux. 296.
Amalric, abbé de Lérins. 73.
Amalric, prévôt de Fréjus. 215.
Amalric (Adolphe), prévôt de Pignans 273.
Ambroise (saint). 61.
Ampus. 10.245.389.
Ampus (d'), ligueur. 225.283.
Anastase, pape. 208.
Anastasie (Ste-). 265.273.278.
André (St-) du Cannet. 349.
André (St-) de Comps. 180.384.
André (St-) de Fréjus. 105.
André (St-) de la Garde. 388.

André *de Obeta* (Renaud de St). 398.
André (St-) de Pignans. 356.
André (St-) de Tourretes. 382.
Anduse (Frédol d'), év. de Fréjus.115.
Angarisme, religieuse. 161.
Angers (diocèse d'). 5.
Anges (N. D. des), à Fréjus. 333.
Anglais (les). 54.
Angleterre. 64.
Anjou (duc d'). 217.
Anne d'Autriche. 230.307.
Annibal. 151.
Annonciade (l'), à Bargemon. 178.
Annonciation de la S. V., à Château-double. 249.387.
Ansuègne. 146.
*Antea* ou *Anteis*. 246.322.359.
Antelmy, Charles Léonce, évêque de Grasse. 32.74.122.160.277.
Antelmy, Joseph, chan. vi.9.23.34. 39.81.101.149.164.239.247.312. 381.
Antelmy, Nicolas, chan. 195.
Antibes (ville et évêché d'). 14.17.18. 74.79.188.237.238.320.
Antibes (Renaud d'). 398.
Antibes (d') de St-Tropez. 111.
*Antiolus* (S.) 247. note.
Antoine, abbé du Thoronet et de Lé-Lérins. 138.
Antoine, triumvir. 396.
Antoine (saint) d'Illyrie. 60.
Antoine (St-) de Cabasse. 280.
Antoine (St-) de Cogolin. 113.
Antoine de Padoue (St-), à la Celle-Roubaud. 305.
Antonin (Itinéraire d'). 16.18.280.
Antonin (St-) de Bagnols. 83.369.
Aphrodise (abbaye de Ste-), à Béziers. 272.
Appollinaire (saint), évêq. de Valence 69.
Appollinaire. v. Sidoine.
Apt. 5.
Aquin (d'), Louis, évêq. de Fréjus.170.
Aquin (d'), Luc, évêq. de Fréjus.170. 241.257.

Aquin (d'), Pierre, prévôt d'Aups.211.
Aquin (d'), Thomas, prévôt d'Aups. 211.
*Arcis* (Guillaume *de*). 93.
Arcs (les). 9.187.288.322.
Ardenty, command. de la citadelle de St-Tropez. 99.
*Areis* (*Guido de*), prévôt de Pignans. 272.
Arezzo (saint Donat d'). 168.391.
Argens (rivière de l'). 30.85.93.129. 286.311.361.
Arius. 222.
Arles. 5.16.23.64.243.
Arles (IIIe concile d'). 71.74.
Arluc. 30.160.
Armagnac (d') cardinal. 236.
Armand (d'). 119.
Armentaire (saint), évêque d'Antibes. 77.237.351.
Armentaire (St-) de Draguignan. 237. 351.
*Arnaldus Petrus, canonicus*. 118.
Arnaud, de Comps, grand maître de Malte. 9.182.
Arnaud de Villeneuve. 292.
Arnoul (saint), évêq. de Metz. 69.
Arnoux (St-), de Seillans. 144.
Arpajon (Hugues d'), évêque de Marseille. 297.
*Artifex*, pont à Fréjus. 88.
Artignosc. 234.
*Asparellum*. v. Spérel.
*Assalitus* (*Petrus*), d'Ampus. 246.
Assomption de la S. V., de Fréjus.323. 326.
Assomption de la S.V., de Gassin.110.
Assomption de la S. V. de Montferrat. 251.
Assomption de la S. V., de Monts.379.
Assomption de la S. V., de Pignans. 265.
Astier (d') de Monessargues, prieur des Arcs. 290.
*Athenopolis*. 120.321.398.
Audibert, de Bargemon, curé d'Ivry. 179.

Audibert (d'), seigneur de Ramatuelle. 104.
Audibert *de Sado*, prévôt de Pignans. 273.
Audifren Laurent, général des Carmes. 9. 226.
Aufredy, Martin. 90.
Augier de Favas. 204
Auguste, empereur. 15. 21. 56. 88. 146. 316.
Augustins 8. 177. 212. 226. 240. 263. 345. 348 352. 355
Aups. 207. 216. 243 321 322. 346.
Aurélienne (voie). 15. 17. 82. 88. 280. 282 286. 396.
*Aurelii (Forum)*. 16.
*Aurelius Cotta*. 16.
Ausile (saint), évêque de Fréjus. 8. 69. 191.
Ausile (St-) de Callas 9 401
Ausile (St-) de Draguignan. 201.
Ausile (St-) de Lorgues. 201.
Authier de Favas. 204.
Autriche (Isabeau, archiduchesse d'). 178.
Autun (diocèse d'). 5.
Avaye. 150. 383
*Avenio, Avenionctum*. 79.
Avignon. 107.
Ayclias, veuve. 294.

# B

Bachis (Honorade de). 293.
Badier (de). 91.
Bagnols. 83. 155. 170. 360.
Baillet. 30. 53.
Baillon (St-) de Comps. 181.
Bargême. 143. 381.
Bargême (de) Pontevès. 123. 129. 154.
Bargemon. 6. 9. 105. 174. 187. 204. 291.
Bargemon (Guillaume de), poète. 178.
Barjac, capitaine. 91.
Barjols. 6. 220. 321. 344.
Barjols, bailliage. 207. 227. 235. 322. 346.
Barjols, chapitre. 165. 215. 224. 232. 234. 263. 344.
Baronius, cardinal. 66. 100. 229. 252.
Barralis. 32.
Barrème (de Villeneuve). 305.
Barthélemy (St-) de Montauroux. 169. 365.
Bastide (la). 173. 389.
Bastide (la), à Ampus. 246.
Bastide (François de la), observantin. 303.
Bathilde, reine de France. 140.
Baudrier de Châteaudouble. 250.
Baudron. 187. 189. 291. 372.
Baume (Ste-). 32. 37.
Bausset (abbé du). 172.
Bayeux (diocèse de). 5.
Beaulieu (commanderie de). 112.
Beauregard. 150.
Beauveser (N. D. de), à Monferrat. 251. 386.
Beauvoir (N. D. de), aux Arcs. 288.
*Bebiana*. 18.
*Bedocius*. 188.
Bellard, Jean, évêq. de Fréjus. 132. 300. 333.
Bellay (du), Martin, évêq. de Fréjus. 172. 230.
Bellissen (P.), doctrinaire. 156.
*Bellovidere* (N. D *de*), à Callas. 400.
Bénédictines. 336.
Benoît (saint). 165.
Benoît VII, pape. 73.
Benoît (St-) de Valderoure. 185. 368.
Béranger, évêq. de Fréjus. 27. 75. 90. 91. 214.
Béranger (Raymond II), comte de Provence. 81. 134. 187. 271.
Béranger (Raymond V), comte de Provence. 118. 178. 225.
Bérard, curé de Brenon. 183.
Béraudi, Gauthier, prévôt de Pignans. 273.
*Berengarius, canonicus*. 118.
Bergier, antiquaire. 21. 88.

Beringhem (de), prévôt de Pignans, évêque du Puy. 277.
Bernard (saint), abbé de Cîteaux. 134.
Bernard (St-) de Flassans. 287.
Bernard, official de Toulon. 269.
Bernardines. 130. 337. 349.
Bertaud. 111.
Bertaud, (Dauphiné). 295.
Bertel. 67.
Bertrand, abbé du Thoronet. 138.
Bertrand, archid. de Fréjus. 215.
Bertrand de Comps, grand maître de Malte. 182.
Bertrand II, évêque de Fréjus. 294.
Bertrand III, év. de Fréjus. 28. 263.
Bertrand V, év. de Fréjus. 117.
Bertrand VII, év. de Fréjus. 295.
Bertrand de Saint-Laurent, évêque de Fréjus. 345.
Bertrand, sourd-muet. 191.
Bérulle (cardinal de). 229.
Besse. 273. 274.
Besse (Antoine de). 274.
Béthune. 241.
Béziers (abbaye de Sainte-Aphrodise). 272.
Bianson ou Beausson, rivière. 171.
Blacas (famille de). 207.
Blacas (de), Bertrand. 209.
Blacas (de), Boniface. 209.
Blacas (de), Guillaume 207.
Blaise (St-), *castrum S. Blasii*. 257.
Blaise (St-) de Figanières. 130.
Blaise (St-) de Fos. 232.
Blaise (St-) de Fréjus. 333.
Blaise (St-) de la Martre 206.
Blaise (St-) de Montfort. 218.
Blaise (St-) de Roquebrune. 90.
Blanquefort. 273.
Boade (de). 92. 203.
Bolhiac (Louis de), év. de Fréjus. 148.
Bonaud, chanoine de Fréjus. 376.
Bonhomme (Laurent), solitaire. 37.
Bonin, chan. de Fréjus. 387.
Bonon (saint), abbé de Lérins 72.
Bontems ou *Betonio*, (St Pierre de). 141. 400.

Borigailles 150.
Bormette. 119.
Borrelly (de) de Fréjus 173.
Borrelly, officier. 99.
Bouche, historien. 88. 101. 297. 304.
Bouliers (de), évêq. de Fréjus. 32.
Bourguet (du) v. Quiqueran.
Bourol, vic. de St-Raphaël. 202
Boyer, Antoine, prévôt d'Aups. 211.
Boyer (le P.) 306.
Brancas (Gautier de). 183.
Brancassio (Pierre de), prévôt de Pignans. 273. 274.
Brenon 183. 320.
Bresc. 232
Bresc, rivière. 131. 215. 232.
Bretagne (Grande). 66.
Brignoles 280.
Brochi, vic. de Châteaudouble. 195.
*Broi (collis de)*. 116.
Brouillony, viguier d'Aups. 216.
Brovès, *castrum de Broveser*. 260. 377.
Bruis (Pierre de), hérétique 134.
Brun de Montferrat. 251.
Brunel de Villepey. 92.
Brunet (fief) 245.
Bruni (Jean-Baptiste de) 131.
Bude. 284.
*Burnis* (St-Sauveur *de*). 9.
Bus (César de). 229.

## C

Cabasse. 9. 18. 280. 285.
Cabris. 153.
Cabris (marquis de). 153.
Cabris (Pons de), prévôt de Pignans. 272.
Cagnes (Renaud de). 398.
Cagnose 271. 273. 275. 278. 285.
Caille de Favas. 204.
*Calidianus pagus*. 159.
Calixte II, pape. 91. 92.
Callas 10. 187. 190. 243. 260. 291. 400.
Callas (de) de Villepey. 92.
Callian. 10. 123. 153. 155. 390.

# TABLE ALPHABÉTIQUE. 409

Calvinistes. 221.283.394.
Camatullicains, *Camatullici*. 103. 120.
Camelin (famille de). 95.
Camelin (de) Barthélemy, évêque de Fréjus. 7.29.89.148.191.202.326. 334.336 395.401.402.
Camelin (de), Bernard, archid. 374.
Camelin (de), Pierre, évêq. de Fréjus. 83.167.169.178.198.292.336.364 366.371.393 394.402.
Camelin (de), Pierre, chan. 379.
Camot, Henri, vic. d'Escragnoles. 145.
Candumi. 285.
Cannes. 45.54.55.96.
Cannet (le). 285.349.
*Caporosso* et *Capofulvus*. v. Cauroux.
Caprais (saint) 56.62.
*Captucmiá (castrum de)*. 285.
Capucins. 8.101.102.130.131.219. 239.349.352.397.
Caramy, rivière. 218 231.280.
Carcès. 230.234.278.322.
Carcès (comte de). 153.221.245.287. 322.
Carcistes. 231.234.
Carles, *evesque comezor*. 213.
Carmes. 8.148.226 283.395.
*Carnallus* de Figanière. 203.
Carnoules 274.279
Carpegna, cardinal. 157
Cassien (saint). 30.58.
Cassien (St-) de Cannes. 30.461.
Cassien (St-) de *Sala Laudimii*. 9. 85 367
Cassien (St-) de Taneron. 153.393.
Cassin (abbaye de Mont-). 74.
Castellane. 243 353.
Castellane (famille de). 9.154.
Castellane (Pierre de), év. de Fréjus. 131.148.149.158.230.292.293.
Castellane (Antoine de), prévôt d'Aups. 211.
Castellane (Arthur de), prévôt d'Aups. 211.
Castellane (Claude de), prévôt d'Aups. 211.

Castellane (Gabrielle du Mas de) 305.
Castellane-Grimaud (marquis de).99. 120
Castellane (de) St-Juers. 120
Castellane (de Lauris). 246.
Castellane (Louis de), 1er prév. d'Aups 210.211.
Castellane (Yolande de). 215.
Castellet (de), prévôt de Pignans. 276.
*Catharina, ex marchionibus Cevæ*. 398
Catherine (monastère de Ste-) des Arcs 244.289 297.
Catherine (Ste-) d'Aups 347.
Catherine (Ste-) de Fréjus. 333.
Catherine (Ste-) du Luc.278.283.395.
Catherine (Ste-) de Pontevès. 233.
Catherine (Ste-) de Seranon. 184.
Cauroux. 17.21.30 41.55 82.
Cavalaire. 110.321.
Cécile (Ste-) des Arcs. 289 293.
Cécile (Ste-) de Draguignan.133.290.
Célestins d'Avignon 133.
Celle (prieuré de la). 117.289.
Celle-Roubaud (la). 294.
Césaire saint), évêq. d'Arles. 61.69.
César (Jules). 345
*Cevæ, marchiones*. 398.
Chaffaut (de) d'Aix. 144.
Charles Ier, comte de Provence. 178.
Charles II, comte de Prov. 93.107. 128.135.217.272.
Charles III, comte de Prov. 14.
Charles Quint. 84 166.367.
Charles IX, roi de France. 231.
Chartres (diocèse de). 5.
Chartreux. 8.
Chartreuse (Grande). 302.
Chartreuses (religieuses). 295.
Châteaudouble. 245.249.387.
Château-Royal. (Carnoules) 273.279.
Châteauvieux. 205 320 364
Chaudon, prévôt d'Aups. 211.
Chauvet (dom), chartreux 300.306.
Chemin (N. D. du), à la Motte. 244.
Chesne (Louis du), évêq. de Senez.292.
Chevreuse duc de). 142.

Chieusse (de), abbé du Thoronet 129.
Childebert, fils de Clovis. 262.
Choin (Joly de), évêq. de Toulon. 277.
Christophe (St-) de Brovès. 260.
Christophe (St-) de Fayence. 148.
Cimiers, *Cemenellum* 16 18 68.238 253.376.
Ciotat (la). 103.
*Circius ventus*. 99
Cisterciens. 8.134.
*Citharista portus*. 103.120.
Ciudad-Rodriguez. 45.
Clans (les). v. Esclans.
Clapier Antoine, prieur d'Aups. 211.
Clapier Isnard, prieur d'Aups.211.216
Claude, empereur. 21.
Claviers. 185.291 372
Clément (St-) de la Garde Freinet. 124.278.
Clément III, pape 271.
Clément V, pape. 108.
Clément IX, pape. 266.324.358.
Clément XI, pape. 157.275.
Clément, chan. des Accoules. 102.
Clément (Gabriel), notaire 289.
Cléou (N. D. du), à Fos. 232.
Clermont (diocèse de). 5.
Clermont (Benoît de) Tonnerre, évêq. de Fréjus. 159.166.257.
Clotilde, sœur de Thierry. 262.
Clovis (les fils de) 354.
Clue (la). 183.
Cluny (abbaye de). 73.204
Cogolin 10.111.121.278.
Colle (la) près Montauroux. 171.
Colomban (St-) de Pierrefeu. 278.
Comps. 180.320.384.
Comps (Arnaud de), grand maître de Malte 9 182.
Comps (Bertrand de), grand maître de Malte. 9. 182.
Comps (commanderie de). 89.91.181. 233.259.
Consolation (N. D. de), à Aups. 347.
Consortia (sainte) 82.
Constantin, empereur. 21.
Cordeliers. 8.239.351.

Coriolis (de), prév. de Fréjus.189.373.
Corniolle, à Callian. 391.
Corse (la). 56.380.
Cortès (Louis de). 274.
Cossa (Jean de). 97.
Cotignac. 226 234.278.322.
Cotta (Aurelius). 16.
Couloubrières. 117.148.253.278.
Courbon, prévôt d'Aups. 214.
Courtez (demoiselle). 104.
Couteulx (dom Le), chartreux. 296.
Crescent (saint), évêq. de Vienne. 23.
Cudalbanus, prévôt de Pignans. 272.
Cuers (de). 112.
Cuers (Jacques de). 113.
Cuers (Magdelon de). 113.
Cypières (baron de), prévôt de Pignans 274.
Cyprès (N. D. du), à Fayence.148.359
Cyr (saint) ou Cenis, ou Cirig. 142.

**D**

Dame (N.) des Anges, à Fréjus. 333.
Dame (N.) de Beauveser, à Montferrat 254.386.
Dame (N.) de Beauvoir aux Arcs. 288.
Dame (N.) de Beauvoir, à Callian.158
Dame (N.) de Bellovidere, à Callas. 400.
Dame (N.) de Bon-Secours, à Entrecasteaux. 131.
Dame (N.) de Bon-Suffrage, à Ramatuelle. 104.
Dame (N.) du Chemin, à la Motte. 244.
Dame (N.) du Cléou, à Fos. 232.
Dame (N.) de la Colle. 171.
Dame (N.) de Comps. 182.
Dame (N.) de Consolation, à Aups. 347.
Dame (N.) du Cyprès, à Fayence 148. 359.
Dame (N.) *de Embriand*, à Tournon.393
Dame (N.) d'Espinassols, au Luc.283.
Dame (N.) du Figuier, à Gonfaron 278
Dame (N.) de Florièye, à Silans. 215

## TABLE ALPHABÉTIQUE. 411

Dame (N.) de Florièye, à Tourtour. 259.
Dame (N.) de Grâce, à Colignac. 219. 228. 252.
Dame (N.) *de Gradibus*, à Fréjus. 333.
Dame (N.) et St-Jean, à Aups. 347.
Dame (N.) de la Laure ou *de Lausa*, du Muy. 84. 366.
Dame (N.) de Lorette, à Aups. 348.
Dame (N.) et St-Michel, au Cannet. 286.
Dame (N.) et St-Michel, à Draguignan 237. 250.
Dame (N.) de Miséricorde, à Fayence. 148. 359.
Dame (N.) de Nazareth, au Luc. 394.
Dame (N.) de l'Olivier, à Figanière. 375.
Dame (N.) de l'Orme, à Seillans. 140. 399.
Dame (N.) de Penafort. 260.
Dame (N.) *de Petrâ longâ*, à la Martre 383.
Dame (N.) de Pignans. 263.
Dame (N.) du Pin, à Ramatuelle. 104.
Dame (N.) du Piol, à Hyères. 277.
Dame (N.) de Pitié, à Salernes. 402.
Dame (N.) de Pitié, à Villecroze. 212.
Dame (N.) *de Plebe*, à Bargemon 176.
Dame (N.) de Pontevès. 233.
Dame (N.) de la Queste, à Grimaud. 122.
Dame (N.) de la Roque, au Muy. 86.
Dame (N.) de la Rose, à Callian. 390.
Dame (N.) des Sales, à Roquebrune. 90.
Dame (N.) des Salles, à Cogolin 113. 278.
Dame (N.) des Sept-Douleurs, à Rome 157.
Dame (N.) de Seranon. 184.
Dame (N.) *de Sevenon*, à Flayosc. 364.
Dame (N.) de Spéluque, à Ampus. 247. 248. 390.
Dame (N.) de Spéluque, à Montfort. 279.
Dame (N.) de Tournon. 154.
Dame (N.) *de Ulmo*, à Seillans. 215. 399.
Dame (N.) *de Ulmo*, à Sillans. 215.

Danès de Marly, évêq. de Toulon. 119.
Daumas Clément, curé de la Mourre. 125.
Dauphin (le), fils de Louis XV. 84.
Denis (saint) de Tourtour. 258.
Didier (St-) de Comps. 182.
Digne. 5. 243.
Dijon (parlement de). 236.
Dioclétien. 208.
Dion. 15. 56.
Doctrine chrétienne (pères de la). 8. 144. 239. 350. 400.
*Dodo (Fulco)*. 156.
Dominicains. 240. 334. 351.
Dominicaines. 336.
Dominique (saint). 137.
Domnin (St-) de Tourtour. 10.
Donat (saint), martyr. 168.
Donat (saint), prêtre. 394.
Donat (St-) de Callian. 167. 390. 391.
Doyennés du diocèse. 26.
*Dozor Pontius, testis*. 188.
*Dragone (castrum de)*. 258.
Draguignan. 236. 350.
Draguignan. (chapitre). 236. 293. 379.
Draguignan. (viguerie). 148. 184. 207. 221. 243. 322.
Duras (Charles de). 203.
Dynamius Patrice. 65.

### E

Ebroïn, maire du palais. 140.
Eloi (St-) de Monts. 144.
Embriane (N. D. d'), à Tournon. 393.
Emphiam, chan. de Fréjus. 378.
Empus. v. Ampus.
Endelos, rivière. 85.
Ennode, évêq. de Pavie. 60.
Entrecasteaux. 10. 131. 322.
Epernon (duc d'). 170. 246.
*Equilinus Petrus*. 392.
Escale, mont. 46.
Esclans. 9. 245. 260. 292. 378.
Esclapon. 185.
Esclapons (Audibert d'), chan. 105.

Escragnole. 145.365.
Espagne. 23.
Espagnols. 54.55
Espinassols (N. D. d') du Luc. 283.
Espitalier (d') des Tourres. 91.
Esplans (d'), marquis de Grimaud 120
Estérel. 20.21.45.83.95.341.343.
Estoublon (d'). 245.
Etienne (St-) de Bargemon. 176.204.
Etienne (St-) et St-Jean de Seillans. 400
Etienne (St-) de Fréjus. 326.333.
Etienne (St-) de Mandelieu. 82.
Etienne (St-) de la prévôté de Pignans. 273.
Etienne (St-) de Sillans. 215.
Etienne, abbé de Lérins. 72.
Etiennot (dom) 247.248.
Eucher (saint). 32.36.52.59.62.81.
Eugène III, pape. 269.271.
Eugène IV, pape. 114.
Euse (Jacques d'), Jean XXII, pape. 8. 93.104.107.296.297.343.
Eynardy ou Isnard Pierre, évêq. de Toulon. 115.

## F

*Faber Bernardus, canon.* 118.
Fabre (de). 212.216.
Fabrègues. 207.212.216
Falon Denis, avocat. 334.
Fauste (saint), évêq. de Riez. 35.59. 65.66.74.78.
Favas. 104.105.203.
Fayence. 147.173.358.
Félix (saint), martyr 324.
Félix (saint) de Nole. 193.
Félix (de), seigneur du Muy. 83.86.
Feltris (Isabelle de). 302.
Fénelon, archevêq. de Cambrai. 157.
Fenis de Callas. 191.
Ferréol (St-) de Lorgues. 130.
Ferréol (St-) de Méoux. 203.386.
Ferrier Rollin, prieur de Cotignac. 228
Fiesque (Nicolas de), évêq. de Fréjus, prévôt de Pignans. 166.274.

Fiesque (Urbain de), évêq. de Fréjus, prévôt de Pignans. 274.
Figanière. 203.252.375
Figuier (N. D. du), à Gonfaron. 278.
Flassans. 285.287.
Flassans (de) Durand de Pontevès. 221
Flayosc. 132.322.363.
Flayosc (Claude de Villeneuve-). 302.
Fleury, évêque de Fréjus. 12.26.39. 45.85.142.147.182.184.212.226. 276.290.
Fleury, hist. 53.
Fleury-sur-Loire. 72.
Florièye, rivière 134.
Florièye, abbaye. 134.259.
Florièye (N. D. de), à Sillans. 215.
Florièye (N. D. de), à Tourtour. 259.
Forbin Soliers (de), prévôt de Pignans. 275.
Forcalquier. 243.
*Forum Aurelii.* 16.
*Forum Julii.* 18.315.341.
*Forum Voconii.* 17.18.246.281.282. 322.396.
Fos. 215.232.320.322.
Foulque, des Arcs. 288.293.
Foulque, évêq. de Fréjus. 117.
Fouquet, abbé du Thoronet, archevêq. de Toulouse. 136.
François de Paule (saint). 334.
François Ier, roi de France. 11.84.242 249.374.398.
Fraxinet (le). 95.97.113.123.
Frédol d'Anduse, évêque de Fréjus. 115.186.
Frédol, prévôt de Fréjus. 186.
*Fredulus, canon.* 116.
Fréjus. 6.145.151.160.238.281.292. 392.
Fréjus, chapitre : dignitaires, chanoines et bénéficiers. 96.104.104. 110.112.132.141.143.144.152. 155.173.177.180.184.185.203. 204.206.215.249.252.259.261. 272.286.289.291.327.361.368. 370.372.373.375.377.378.379. 381.382.384.386.387.390.400.

Fréjus, diocèse. 1.68.154.159.
Fréjus (étang de). 104.
Fréjus (l'évêque de). 23.74.83.84.87.
  92.146.147.153.169.173.182.184.
  205. 208. 218. 250. 271. 286. 288.
  293. 358. 360. 362. 363. 364. 365.
  366. 368. 370. 371. 390. 391.
Fréjus, séminaire. 49.131.260.337.
Frioli. 164.
Fulco, prieur de Spéluque. 248.
Fulconis (de), doyen de Pignans. 274.

### G

Gache, relig. de Bargemon. 178.
*Gaius*. 25.
Galla, femme de saint Eucher. 82.
Gancelme, évêq. de Fréjus. 79.155.
  158.
Gantelmy, prévôt de Pignans. 273.
Gap. 295.
Garcinières (les). 119.121.273.
*Garcinus, testis*. 188.
Garde (la) de Draguignan. 250.388.
Garde-Freinet (la). 40.121.123.125.
Garde (Hubert de la), seign. de Vins.
  217.
*Garinus, prior de Corres*. 188.
Garnier, abbé de Lérins. 247.
Gasqui, prévôt de Pignans. 272.
Gassendi. 179.297.
Gassin. 110.121. 375.
Gastinel, vicaire des Arcs. 290.
Gaucher, abbé du Thoronet, évêq. de
  Gap. 138.
*Gaudio* (St-Jean *de*), à Monts. 380.
*Gaufridus, canon*. 118.
Gaufridus, prévôt de Pignans. 272.
Gaufridy de Barcelonne. 107.
Gautier (de), écuyer. 141.
Gaytte Barthélemy, docteur de Sorb.
  9.142.
Gaytte Jacques, doct. de Sorb. 142.
Gélase, pape. 271.
Gênes (rivière de). 16.56.144.233.
  380.399.

Genseric, roi de Vandales. 163.
Geoffroy VIII, comte de Prov. 223.
Géraldy Hugues, évêq. de Cahors. 108.
Germain (saint) d'Auxerre. 64.
Germain (de Mourgues de St-), prévôt
  de Pignans. 273.
Germanicus. 21.
Gervais (St-) et St-Protais de Pontevès.
  233.
Gibelin de Grimaldis. 120.258.
Gilly, de Callas. 191.
Girardin, curé de Fréjus. VII.
Giraud d'Agay. 123.
Giraud de la Garde de Draguignan. 29.
Glandevez. 5.
Glauconie, relig. d'Arluc. 161.
Godeau, évêq. de Vence. 22.76.141.
  200.238.290.
Goffredy, bénéf. des Accoules. 205.
Gonfaron. 40.271.272.273.274.275.
  278.279.285.
Gorcum (martyrs de). 306.
Goths. 198.
Grâce (N. D. de), à Cotignac. 219.228.
  252.279.
*Gradibus* (N. D. *de*), à Fréjus. 333.
Grammont (chroniques de). 108.
Grand-Selve, abbaye. 137.
Granegoune (la). 258.
Grasse, ville et évêché. 12.14.53.81.
  147.154.217.243.253.
Grasse (bréviaire de). 237.
Grasse (famille de). 153.156.159.
Grasse (de) Antoine, seigneur de Montauroux. 153.
Grasse (de) Françoise d'Escragnole.
  146.
Grasse (de), sénéchal de Provence. 160.
  162.166.
Grassy (de) Barth., évêque de Fréjus.
  297.333.
Grataloup, colline. 146.
Gratian (de). 141.
Greffe (Trinquère de la), observ. 305.
Grégoire-le-Grand (saint). 72.
Grégoire VII (saint), pape. 176.250.
  288.389.

28

Grégoire de Tours. 65.208.222.
Grenoble. 330.
Gréolières. 145.153.
Grignan (Félix, comte de). 83.
Grimaldy (famille de). 398.
Grimaldy Augustin, év. de Grasse. 74.
*Grimau (lou).* 258.
Grimaud. 10.102.120.125.214.243. 322.
Grimaud (golfe de). 98.159.
Grimaud (marquis de). 110.111.120.
Grueta (Guillaume). 79.
Gueibier de Roquebrune. 90.
Guido *de Areis*, prévôt de Pignans. 272.
Guidonis Bernard, év. de Lodève. 408.
Guilleaume (le bienheureux) du Thoronet. 138.
Guilleaume, de Claviers. 186.
Guilleaume Ier, comte Prov. 421.
Guilleaume II, de Pont, évêq. de Fréjus. 117.
Guilleaume III, évêq. de Fréjus. 118.
Guilleaume de Rocassio, prévôt de Pignans. 272.
*Guillelmus, sacrista.* 118.
*Guiraldus, canon.* 116.

## H

Haitze (Pierre de). 305.
Haluin (Isabelle d') de Piennes. 292.
Haussonville (d'), prévôt de Pignans. 274.
Henri (St-), de Monts. 380.
Henri II. 398.
Henri III. 154.217.
Henri IV. 145.399.
*Heraclea Cacabaria.* 97.110.322.398
Herbaud (Charles d'), évêque de Sisteron. 178.
Hermengarde, femme de Hugues, prince de Callian. 155.160.
Hilaire (saint), év. d'Arles. 32.58.64.
Honorat (saint), fondateur de Lérins. 31.56.68.71.

Honorat (Ile St-). 55.
Honorat (St-) de Callian. 158.
Honorat (St-) de Châteauvieux. 364.
*Horrea (ad).* 17.18.22.82.322.
Houën Mathias, archevêque de Malines. 177.
Huet Jean, prévôt de Pignans, évêque de Toulon. 273.
Hugues, cardinal *de Cypro*, prévôt de Pignans. 273.
Hugues de Claviers. 186.189.291.
Hugues de Montlaur, prévôt de Pignans, évêque de Riez. 188.270.
Hugues, prince de Callian. 155.160.
Hugues II, prévôt de Pignans. 271.
Hugues Rodoard. 186.
Hyblé, bénéficier de Fréjus. 102.
Hyères. 119.243.278.291.300.

## I

Ildefons Ier, roi d'Aragon. 135.187. 209.271.
Ildefons II, comte de Prov. 147.291.
Imbert Jean, prévôt d'Aups. 211.
Indic, abbesse de Sourribes. 295.
*Indola, fluvius.* 86.
Innocent II, pape. 269.270.271.
Innocent III, pape. 73.92.116.
Innocent IV, pape. 269.
Innocent VI, pape. 138.
Innocent XII, pape. 276.
Iscle (l'). 87.362.
Isle (de l'), Jean Trouin de Bargemon. 179.
Isnard Pierre, évêq. de Toulon. 115.
Issambre. 98.
Issars (marquis des). 214.
Issole, rivière. 280.

## J

Jabron. 181.
Jabron, rivière. 183.
Jacques, abbé de Ste-Aphrodise 272.

Jacques (St-) de Cagnosc. 278.285.
Jacques (St-) de Cogolin. 112.
Jacques (St-) des Garcinières. 119.
Jacques (St-), hôpital de Fréjus. 399.
Jacques (St-) du Puget. 87.361.
Jacques (St-) et St-Philippe, de Pibreisson. 155.382.
Jarentes (de). 111.
Jaubert de Roquebrune. 95.
*Jaufridus de Massiliâ, testis.* 188.
Jean XIX, pape. 208.
Jean XXII, pape. v. d'Euse.
Jean XXIII, pape. 236.
Jean-Bte (St-) de Châteaudouble. 249.
Jean-Bte (St-) de Fayence. 148.358.359
Jean-Bte (St-) *de Gaudio* de Monts. 144.380.
Jean (St-) d'Aix. 187.
Jean (St-) d'Aups. 347.
Jean (St-) de Cagnosc. 278.285.
Jean (St-) l'évangéliste, de Fayence. 148
Jean (St-) de Jérusalem. v. Chevaliers de Malte.
Jean (St-) du Puget. 87.
Jean (St-) de St-Raphaël. 28.
Jean (St-) de Touvès. 279.
Jean (St-) de Vidauban. 286.
Jean (St-) et Ste Cécile de la Valette. 277.
Jeanne (reine). 203.273.
Jésuites. 39.275.335.
Jordanus, prévôt de Pignans. 272.
Joseph (St-) de Cotignac. 227.
Joseph (chapelle St-), à Fréjus. 49.50.
Jude (St-) et St-Simon. à Tourettes.383
Juers (St-) Castellane. 120.
Julien (saint) de Tolède. 172.
Julien (St-) d'Aille. 9.
Julien (St-) de Fayence. 172.
Julitte (sainte). 142.
Just, vicaire de Callas. 191.

## L

Labbe (le P.) 359.
Lagneros. 250.

Lamanarre, abbaye. 300.
Lambert. de Cogolin. 112.
Lambert (St-) de Fréjus. 127.
Lascaris Elléon, de Tende, prévôt de Pignans. 274.
Lascaris Honoré, prévôt de Pignans. 274.275.
Laugier, de Callas. 191.
Laugier de l'Estérel. 95.
Laure (N. D. de la), au Muy. 84.366.
Laurent (St-) de Bargème. 143.
Laurent (St-) de Flayosc. 132.363.
Laurent (St-) de Gassin. 375.
Laurent Bonhomme, solitaire. 37.
Lauris (de) Castellane. 246.
Lauzade (la). 273.278.284.395.
Lebeccio, vent. 98.111.
Léger (saint). 139.
Léget, curé de Fréjus. 39.52.
Léget, supérieur du séminaire d'Aix. 157.
Léon-le-Grand (saint). 13.65.77.239.
Léon VIII, pape. 73.
Léon X, pape. 228.
Léon, Augustin, de Bargemon. 179.
*Leona, Leonacum, Longues, Lonegos.* 128.348.
Léonce (saint), évêq. de Fréjus. 8.56. 63.71.76.239.326.
Léonce (St-) Léonce du Muy. 86.
Lépide. 396.
*Lerina.* 53.
Lérins (îles de). 7.32.33.53.79.322.
Lérins (abbaye). 8.10.27.74.80.123. 127.141.155.176.184.247.248. 300.368.390.
*Lero.* 53.55.63.65.79.81.
Lesdiguière (de). 190.
Ligustique (mer). 14.98.399.
Lille (Honoré de). 156.
Limoges (diocèse de). 5.
*Limosiis (monast. S. Petri de).* 205.
Lipse (Juste). 178.
Lombard de Gourdon, marq. de Montauroux. 83.170.172.
Lorette (N. D. de), à Aups. 348.
Lorgues. 128.243.322.348.

Lorgues, chapitre. 95.257.371.
*Lorium*. 16.18.
Louis (St-) de Saint-Raphaël. 28.
Louis (province de St-). Observant. 303.305.
Louis (St-) de Toulouse, à Fréjus. 333.
Louis, abbé de Lérins et du Thoronet. 138.
Louis II, comte de Prov. 207.273.
Louis XI, roi de France. 14.334.
Louis XII. 244.301.
Louis XIII. 120.292.
Louis XiV. 217.230.268.283.307.380.
Louis XV. 20.
Loup (saint) de Troyes. 64.
Loup (St-) de Cabasse. 280.
Luc (le). 9.17.21.246.281.282.394.
Luc (famille du). 206.275.284.292.
Luc (de Vintimille du), archev. d'Aix 158.
Luce, pape. 271.
Lulle (Raymond). 179.
*Luni*. 16.

## M

Macon. 64.
Madeleine (Ste-Marie-) des Arcs. 293.
Madeleine (Ste-) de Collobrières. 278.
Madeleine (Ste-) de Fréjus. 333.
Madeleine (Ste-) du Luc. 395.
Madeleine (Ste-) de la Molle. 114.
Madeleine (Ste-) de Roquebrune. 90.
Madeleine (Ste-) de Spérel. 259.379.
Maille, chan. de Fréjus. 374.
Mainfroi, évêq. d'Antibes. 215.
*Malaveilla*. 79.
Malignon. 172.
Malinis (dom), chartreux. 299.
*Malisanguinis Rostagnus, canon*. 105
Malte (chevaliers de). 89.112.172. 181.204.214.219.261.286.384.
Mandelieu, *Mandolupcus*. 62.79.84.
Mangot, prévôt d'Aups. 211.
Manosque. 387.
*Mansiada, abbatia*. 134.

*Mantavonium*. 18.280.322.
Marc (St-) des Adrets. 171.
Marcel (saint), évêque de Die. 221.345.
Marcel (de P.) de Ste-Anne. 226.
Marcellin (St-) de Monts. 144.380.
Marguerite (île Ste-). 53.54.
Marguerite (Ste-) de Carcès. 231.
Marguerite (Ste-) de Fréjus. 333.
Marguerite (Ste-) de la Roque. 173.
Marguerite (Ste-) de la Roque d'Esclapon. 204.389.
Marie (Ste-) d'Ampus. 247.
Marie (Ste-) de la Celle-Roubaud. 295.
*Marius Maturus*. 317.
Marsans. 85.
Marseille. 5.243.
Marseille (commanderie de). 172.214. 219.286.
Marseille (vicomtes de). 99.288.
Marthe (P. Denis de Ste-). 77.93.138. 149.237.
Martial (St-) de Fréjus. 333.
Martien (saint). 163.
Martin (St-) des Arcs (Taradeau). 288. 296.
Martin (St-) de Callian. 158.390.
Martin (St-) de Châteaudouble. 250. 388.
Martin (St-) d'Escragnole. 145.
Martin (St-) de Flayosc. 132.
Martin (St-) de Lorgues. 130.348.
Martin (St-) de *Malaveila*. 79.
Martin (St-) de Malignon. 172.
Martin (St-) de la Moure. 125.
Martin (St-) de Roquebrune. 10.90.
Martin (St-) de Seillans. 400.
Martin (St-) de Taradeau. 38.133.
Martin V, pape. 130.348.
Martin Jean, chan. de Fréjus. 383.
Martre (la). 205.206.324.383.
Martyrs (les dix mille) des Arcs. 293.
*Matinier (lou)* de Vins. 247.
Matis (de), de Fréjus. 333.
Maur (St-) de Cogolin. 112.
Maurel (de) 233.235.
Maures (les), hameau. 283.396.
*Mauri*. 121.

Maurice, abbé de Montmajour. 73.
Maurice (St-) de Reinié. 249. 390.
Maurin, chan. de Fréjus. 384.
Maxime (saint), évêq. de Riez. 34. 65. 78.
Maxime (sainte) d'Afrique. 123. 160. 162.
Maxime (sainte), vierge. 8. 123. 159. 392.
Maxime (Ste-). 122. 127. 135. 159. 166.
Maxime (Ste-) du Cannet. 165. 286.
Maximin (couvent de St-). 273. 279.
Maximin (viguerie de St-). 221.
*Maximinus*, canon. 116.
Mayeul (saint), abbé de Lérins. 73. 79. 81.
Mazan, abbaye. 134.
Mazan, prieur de Callian. 158.
Meiffreit, prêtre de Seillans. 141.
Mela Pomponius. 16. 120.
Melgueil, principauté. 189.
*Melis (castrum de)*. v. Méoux.
Méoux. 203. 386.
Mercœur (duc de). 99.
Messala, consul. 21.
Mets François, ermite. 52.
Michel (Apparition de St) de Seranon. 184. 368.
Michel (St-) d'Ampus. 246. 389.
Michel (St-) du Cannet. 286.
Michel (St-) de Carnoules. 279.
Michel (St-) de Draguignan. 237. 350.
Michel (St-) *de Dragone*. 258.
Michel (St-) de Fayence. 148. 358.
Michel (St-) de Figanière. 252. 375.
Michel (St-) de Grimaud. 121.
Michel (St-) de Villepey. 92. 370.
Minimes. 148. 239. 334. 352.
Miramas. 122. 124. 126.
Miramas (St-Pierre de). 126.
Mistral, vent. 98.
Mitre Léon, de Bargemon. 179.
Molanus. 67.
Molle (la). 113. 121.
Montaigu (N. D. de), à Bargemon. 177.
Montauroux. 155. 169. 361. 365.
Montferrat. 245. 251. 386.

Montfort. 218.
Montgrand (de). 80.
Montlaur. v. Hugues.
Montmajour, abbaye. 73. 89. 92. 219. 369.
Montrieux, chartreuse. 294. 299. 304.
Monts. 143. 146. 155. 322. 379.
Morery. 9. 179.
Morgiis (de), prévôt de Pignans. 273.
Mortemart (de), évêq. d'Auxerre. 109.
Morzellis (de), prévôt de Fréjus. 105.
*Mota Lamberti*. 203.
Motte (la). 9. 244. 292.
Moure (la). 125. 278.
Mourgue, avocat. 9. 156.
Mourgues (de). v. St-Germain.
Mouton, bénéf. de Montfort. 219.
Muy (le). 17. 83. 366.
Muy (comte du). 84. 86.

**N**

Napoule (la). 10. 79. 127.
Narbonne. 317.
Nartubié, rivière. 85. 244. 245. 251.
*Natalibus* (Pierre de). 101. 162. 398.
*Novale Augusti*. 22. 317.
Nazareth (N. D. de) au Luc. 394.
Néron, empereur. 21. 100. 397.
Nesle, marquisat. 245.
Nice. 16. 187. 237. 252.
Nicolas V, pape. 115.
Nicolas (St-) de Bargème. 143. 381.
Nicolas (St-) d'Esclapon. 185. 380.
Nîmes. 42.
Nole. 193.

**O**

Observantins. 231. 240. 252. 266. 301. 302. 305. 306. 334. 351. 356.
*Octone Stephanus*. 374.
Odilon (saint), abbé de Lérins. 73.
Olières (d'), prévôt de St-Martin de Marseille. 195.

28*

Olivarii (Guigues), prévôt de Pignans. 273.
Olivier, poète 129.
Olivier (N. D de l'), à Figanières 375.
Olivier, chan de Fréjus. 375.
Olivier Luc, de Callas. 191.
Olivier Pierre, de Callas. 191.
Olivier, chan. de Senez. 182.
Ondedei Zongo, évêque de Fréjus. 37. 128. 147. 149. 324. 335 338. 360. 366.
Ondedei Louis, prévôt d'Aups. 211. 385
Oratoriens. 8. 212. 219. 227. 229. 252. 279. 348. 374 387.
Orléans (Philippe d'). 230.
Orme (N.D. de l'), à Seillans. 140. 399.
Othon, empereur. 317.
Othon, évêq. de Gap. 295.
Otton, abbé de St-Victor. 9.
Oxibiens. 13.

**P**

*Pacensis (colonia)*. 315.
Pâcome (saint). 70.
Paillon (le), rivière. 16. 253.
Palaison. 9. 91 127. 132. 370.
Palu (Madeleine de la) 205.
*Palus* (les) de Fréjus. 88.
Pancarte (la). 8. 287. 289.
Pancrace (St-) d'Aups. 208 346.
Papebrock (le P.). 164. 297. 306.
Paroisses (liste des). 5.
Parreimon, curé de Callian. 158.
Pascal II, pape. 73. 75. 85 122. 176. 213. 214. 282.
Paschaly, vic. de Figanière 256.
Pastour, de Cotignac. 9. 228.
Patrice (Dynamius). 65.
Paul (saint), apôtre. 23.
Paul (St-). 149.
Paul (St-) de Carnoules. 279.
Paul III, pape. 267.
Paulin (saint) de Nole. 58. 193.
Paulin, abbé de Floriéye. 135.

*Paulinus (Valerius)*. 318
*Paulo*. v. le Paillon.
Pélage 66.
Pélagiens. 64.
Pellegrin, chan. de Pignans 276.
Pelletier (Le), prévôt de Pignans. 268. 275.
Péloponèse. 56.
Penafort. 260 401.
*Pergamenorum* (registre). 122.
Perrache (de) 246.
Perrot d'Avaye. 150.
*Petcuel (collis de)*. 116
*Petrâ longâ* (N. D de), à la Martre. 383.
Pétrarque. 136.
Petronius, évêq. de Die 221.
*Petrus Arnaldus, canon*. 118.
*Petrus Stephanus, canon*.. 118
Peutinger. 15. 18 82 281. 282. 359.
Peyresc (de). 149.
Phelippeaux d'Herbault, évêque de Riez, abbé du Thoronet. 138.
Philippe (saint) de Néri. 228.
Philippe (St-) et St-Jacques, de Pibresson. 155. 382.
Philippe (dom), infant d'Espagne. 20.
Philippe d'Orléans. 230.
Philippe V, roi de France. 109.
Pibresson 155. 245. 382. 391.
Pie IV, pape. 223.
Pie V (saint), pape. 331 334.
Pierre (St-) d'Ampus. 247.
Pierre (St-) des Arcs 9. 288.
Pierre (St-) de Bargème. 143.
Pierre (St-) de Bontems. 141. 400.
Pierre (St-) de Brovès. 260. 377.
Pierre (St-) de Châteauvieux. 205. 364.
Pierre (St-) du Luc. 395.
Pierre (St-) de Miramas. 126.
Pierre (St-) du Revest. 94. 374.
Pierre (St-) de Salernes. 10. 214.
Pierre (St-) de Sourribes 295.
Pierre (St ) de Valderoure 185.
Pierre (St ) et St-Paul de Roquebrune 89. 369.
Pierre, abbé du Thoronet. 135.

Pierre André, de Marseille, témoin. 107.
Pierre II, évêque de Fréjus 215.
Pierre, chan de Pignans 355.
Pierrefeu. 278
Pignans. 18.262.281.321.354.
Pignans, chapitre. 10 111 112.113. 124.217.219.227.231.245.264. 280 284 285.395.
Piméniole, femme de St Loup. 64.
Pin (N. D. du), à Ramatuelle. 104.
Pintus 196
Piol (N. D. du), à Hyères. 277.
Piquet François, évêq. de Babylone, prieur de Grimaud. 121.
Pise 16 100.307.
Pissot, de Callas. 193.
Pitié (N. D. de), à Salernes. 402.
Pitié (N. D. de), à Villecrose. 212.
Plan (le) d'Anélès. 206.
Plan-de-la-Tour (le). 125.
*Planasia*. 55.
Planques (Janet des). 241.
*Plebe* (N. D. de), à Bargemon. 176.
Pline l'Ancien. 103.120.315.
Plutarque. 151.
*Podio Brissono* (*castrum de*). 155.
Poissy. 111.
Polycarpe (saint). 23.76.238.
Pomponius Mela. 120.
Pons (saint), martyr. 252.376.
Pons (St-), abbaye. 237.252.
Pons (St-) de Cabasse. 280.
Pons (St-) d'Escragnole. 146.
Pons (St-) de Figanière. 257.
Pons (St-) de Fréjus. 201.
Pons (St-) de Gonfaron. 280.
Pontevès. 233 329.
Pontevès (famille de).9.123 143 154. 190 234.287.381.
Pontevès (de) Balthazard. 274.
Pontevès (de) Bertrand. 233.
Pontevès (de) Durand, dit de Flassans. 221.234.
Pontevès (de) Jean, seign. du Muy, baron de Cotignac. 84.227.231 234.
Pontius, évêque de Marseille. 113.

Porcaire (saint), martyr. 29.73.
Pornari (Raphaël de). 97.
Porre, grand vic. de Fréjus. 256.
Pouillé du diocèse. 287.307.
Pourrières (de) Penafort. 260.
Prêcheurs (frères). v. Dominicains.
Ptolémaïde. 182.
Ptolémée. 55.253.316.
Puget (le). 87.127.361.374.
Puget, sculpteur. 257.
*Pyrgos*. 16.18.

## Q

Quenis (St-) de Gonfaron. 280.
Quenis ou Quinis (St-) de la la Motte 244.
Queste (N D. de la). 10.122.
Quinnidius, prétendu évêque de Fréjus. 244.
Quinson. 225.
Quiqueran-Beaujeu, seigneur de Ventabren et du Bourguet. 182.

## R

Rabasten (Raymond de). 137.
Radulphe, abbé du Thoronet, évêque de Sisteron. 138.
Radulphe, abbé de St-Victor. 244.
Raguencau (de), évêque de Marseille 120.
Ragusse (de). 130.
Raimbaud, archevêque d'Arles. 223 263.344.
*Raimundus, præpos. Foroj*. 118.
Ramatuelle. 103.120.121.373.
Raousset (dom), prieur de Callian.15
Raphaël (St-). 27.44.53.362.
Raphélis (de). 259.
Rascas (de) du Cannet, archidiacre d Draguignan 236.350.
Rascas (de) du Cannet. 156.243.286
Ravennius, évêque d'Arles. 59.69.
Raynaud Odoric. 109.

Raynaude (de) d'Athenopolis. 398.
Rayran (le). 30.341.343.
Rebouillon. 250.
Récollets de Cimiers. 254.
*Refudy Alphantus*, canon. Forojul. 105.
Reinié, *castrum de Reino* 249.390.
*Reis Appolinaris*. 246.
Religieux du diocèse. 8.
Reliques des saints du diocèse. 8.
Remi (Renaud de St-). 398.
Remoules (de), évêque de Grasse. 240.
Remoules (de) de la Tour. 259.
Renarde (de la) du Muy. 85.
Réné, comte de Prov. 115.120.273.
Revest (le). 93.94.127.130.371.
*Rhodii equites*. v. Chev. de Malte.
Riez. 5.12.34.65.78.121.181.246.250.320.
Rivière (de), évêq. de Volaterre, abbé comm. du Thoronet. 138.
Robert, comte de Prov. 207.220.
Robert (de) d'Escragnoles. 146.
Rocassio (de) v. Guillaume.
Roch (St-) de Cogolin. 112.
Roch (St-) de Valderoure. 185.
Rochelle (la) 217.
Rodoard (Hugues). 186.
Rohan-Soubise. 232.
Rollin. v. Ferrier.
Romain (St-) d'Esclans. 9.260.378.
Romain (St-) de Villecrose. 242.403.
Romillon, prêtre d'Aix. 229.
Roque (la). 173.368.389.
Roque (la) d'Esclapon. 204.
Roquebrune. 40.89.127.132.369.
Roque Taillade. 9.150.
Roquette (la). 85.86.367.
*Rosâ* (N. D. *de*), à Callian. 390.
Rosa, prieur de Roquebrune. 89.
Rossoline (sainte). 8.245.292.296.
Rostang, prévôt de Pignans. 272.
Roubaud, ermite. 294.
Rouen (diocèse de). 5.
Roux (de). 29.363.
Rovarelle, prévôt de Pignans, évêque de Toulon. 274.

Rovère (de la), prév. de Pignans, pape (Jules II). 274.
Rue, commanderie. 181.214.
Ruffi (de), historien. 215.

# S

Sabatiens. 16.
Sabran d'Arpajon, évêq. de Marseille. 298.
Sabran (Sibille Burgole de). 292.
Sacrement (St-), confrérie à Draguignan. 351.
Sado (Audibert de), prévôt de Pignans. 273.
*Sala Laudimii*. 9.367.
Salernes. 10.214.322.402.
Sales (N. D. des), à Roquebrune. 90.
Salgues. 214.
*Saliensium civitas*. 140.
Salles (N. D. des), à Cogolin. 113.
Salone (saint), évêque. 63.68.82.
Salvien (saint). 67.
*Sambracitanus sinus*. 98.101.121.162.321.398.
Sanson. 359.
Sardaigne (île de). 196.
Sarde ou Sardou, chan. de Fréjus. 385.
Sarrasins. 37.95.97.103.121.123.125.160.196.
Saturien (saint). 163.
Sauvecane, hameau. 181.
Sauveur (St-) d'Aix. 217.
Sauveur (St-) *de Burnis*. 9.
Sauveur (St-) de Cogolin. 112.
Savoie (Claude de). 274.
Savoie (Emmanuel duc de). 84.145.286.
Savoie (Réné de), prévôt de Pignans. 274.
Scaron (dom), chartreux. 299.
*Scaurus Æmilius*. 16.
Scholastique (sainte). 165.
*Sclangola*. 145.
Sébastien (St-) de St-Raphaël. 28.
Seillans. 9.139.155.173.399.

TABLE ALPHABÉTIQUE.   421

Seissons. 273.
Sellans (B. de), canon. 116.118.
Senez, diocèse. 5.181.182.320.384.
Sept-Douleurs (N. D. des), à Rome. 157.
Seranon. 10.183.320.368.385.
Servites. 130.349.
Sevenon N. D. de), à Flayosc. 364.
Siagne, rivière. 30.81.144.151.153. 154.171.320.
Siagrius (saint), évêque de Nice. 255.
Sicile. 56.
Sidoine Appollinaire. 61.62.67.
Siffred (saint), évêque de Carpentras. 69.
Sigaudi d'Aups. 233.
Signières (de), prévôt d'Aups. 211.
Sigonius. 16.
Silans. 215.
Silvestre (St-) de Claviers. 372.
Simon (St-) et St-Jude de Tourrettes. 383.
*Sinos* ou *Sinus*. 398.
Sion (Ste-Catherine du Mont-).297.
Sirmond (le P.). 253.
Sisteron. 5.243.
Sixte IV, pape. 89.273.
Soanen, évêque de Senez. 180.
Solomé, chan. de Riez. 81.247.
Sompy (de) Adam, prévôt d'Aups.211.
Soubise (prince de). 227.
Sourribes, abbaye. 295.
Spéluque (N. D. de), à Ampus. 247. 248.390.
Spéluque (N. D. de), à Montfort. 218. 273.279.
Spérel. 259.379.
*Sthœcades*. 55.
Strabon. 316.
*Suelteri*. 103.120.
Suétone. 317.
Suffren (de). 102.113.
Suzon Jacques, notaire. 301.

**T**

Tacite. 56.317.

Tanaron (de), prévôt d'Aups. 211.
*Tanaroni (castrum de)*. 153.
Taneron. 153.393.
Taradeau. 38.133.
Tassy, chan. 337.
Taulane. 206.
Templiers. 27.28.181.205.235.294.
Tende (comte de). 221.274.
Texier Barth., dominicain. 9.240.
Théodore, évêque de Fréjus. 74.77. 239.
Théoule. 55.62.82.
Thierry, fils de Clovis. 262.
Thomas (St-) de *Accasid*, d'Avaye. 150.383.
Thomas (saint), évêque de Tarentaise. 69.
Thomassin, évêq. de Sisteron, prieur des Arcs. 290.
Thoronet (le), abbaye. 8.89.123.125. 128.133.205.
Tibère, empereur. 21.146.
Tillemont. 31.53 71.78.237.239.
Tite-Live. 151.
Tomières (St-Pons de). 253.
Toscane. 16.
Toul (diocèse de). 5.
Toulon, ville et évêché.5.14.129.243. 275.278.286.321.356.
Toulon (évêque de). 266.269.
Toulouse. 137.
Tournon. 154.393.
Tourres (des) d'Espitalier. 91.
Tourrettes. 152.155.322.380.382.
Tourtour. 10.134.214.258.
Tourves. 18 21.279.281.
Tourves (le président de). 95.
Trans. 10.240.244.279.292.293.322 378.
Trans (marquis de).152.153.155.245. 251.
Transfigurat. de N. S., de Cogolin.111
*Traou (lou san)*. 33.
Tressemane (de) de Penafort. 260
Trigance, vic. de Montauroux. 141.
Trinitaires.86.130.252.283 349.367. 376.396.

Trinquère de la Greffe, observ. 305.
Tropez (saint), martyr. 100. 162. 392.
Tropez (St-). 10. 97. 121. 396.
Trophime (saint), évêque d'Arles. 23.
Trophime (St-) de Châteaudouble. 250. 389.
Tronin (de l'Isle). 179.
Troyes, en Champagne. 64.
Tulle (sainte) ou *Tullia*. 82.
*Turres*. v. Tourves.
*Turres*, en Italie. 16.

## U

Ughelli, *Italia sacra*. 164. 392.
Ulmo (N. D. de), à Seillans. 140. 215. 399.
Ulmo (N. D. de), à Sillans. 215.
Urbain II, pape. 27. 288.
Urbain V (saint), pape. 74.
Ursins (des) François, évêq. de Fréjus. 213.
Ursins (des) Léon, évêque de Fréjus. 89. 326.
Ursulines. 130. 211. 226. 266. 346. 347. 349. 353. 356.
Usuard. 159.

## V

Vaille, prêtre de Seillans. 142.
Vaixière Olivier, notaire. 195.
Valbelle (de), évêque de St-Omer. 130.
Valbourges. 244.
Valderoure. 184.
Valence (concile de). 319.
Valens. 317.
*Valentinus*, canon. 146.
Valérien (saint). 33. 68. 253.
Valérien, empereur. 253.
*Valerius Paulinus*. 318.
Valette (la), près Toulon. 141. 273. 277.
Valette (de la), commandant. 91.
Vallot, médecin. 307.
Valmoissine. 208. 216. 346.

Valnasque. 152. 245.
Vandales. 198. 326.
Var (le), fleuve. 17. 18.
Varrheilles, notaire. 107.
Venance (saint). 56.
Vence. 5. 238.
Vénelly, prévôt de Pignans. 275.
Ventabren (de). v. Quiqueran.
Véran (saint), évêque de Vence. 63. 68. 82.
Verdaille, mont. 228.
Verne (la), chartreuse. 114. 115. 289. 302. 321.
*Verucini*. 120.
Vespasien, empereur. 317.
Via (Arnaud de), archid. cardinal. 105. 107.
Via (Jacques de), capiscol, cardinal. 105. 107.
Victor (St-), abbaye de Marseille. 9. 74. 80. 85. 89. 91. 92. 99. 113. 121. 140. 176. 190. 213. 214. 215. 244. 254. 258. 282. 283. 288. 294. 351. 364. 367. 370. 390. 394. 397. 399. 400. 402. 403.
Victor (St-) d'Ampus. 390.
Victor (St-) de la Motte. 9. 244.
Victor (St-) de Roque-Taillade. 9.
Victor (St-) de Trans. 245.
*Vicus Albanus*. 287.
*Vidalbano (Ricardus de)* canon. 105.
Vidauban. 17. 38. 286.
Vienne, en Autriche. 294.
Viennoise (province). 13.
Vierge (Ste), de Fréjus. 333.
*Villa alta*. 10. 390.
Villars (duc de). 99. 284.
Villecroze. 10. 212. 403.
Villeneuve-lez-Avignon. 109. 306.
Villeneuve (famille de). 9. 80. 132. 144. 150. 174. 295. 301. 304. 306. 380. 382.
Villeneuve (l'abbé de), prieur des Arcs. 305.
Villeneuve (de) Antoine. 132. 305.
Villeneuve (de) Arnaud. 392.

Villeneuve (de) Balthazard, prévôt d'Aups. 211.
Villeneuve (de) Elzéard, évêque de Digne. 292. 296. 297.
Villeneuve (de) Gérard. 292.
Villeneuve (de) Hélion, grand maître des chevaliers de Malte. 9. 292. 296.
Villeneuve (de) Hugues, capucin. 292.
Villeneuve (de) Jeanne. 295.
Villeneuve (de) Joseph de Vauclose-Castillon. 175.
Villeneuve (de) Louis, le g⁴ marquis. 244. 293. 301. 302. 305.
Villeneuve (de) Marguerite, de Figanière. 286.
Villeneuve (de) Modeste, évêq. d'Apt. 292.
Villeneuve (de) P 374.
Villeneuve (de) Romée. 225.
Villeneuve (de) Rossoline. 292. 296.
Villeneuve-Flayosc (de) Claude. 302.
Villeneuve-Flayosc (de) Henri. 303.
Villeneuve-Flayosc (de) Jean. 305.
Villepey. 92. 370.
Villeroy (de) 190.

Vincent (saint) de Lérins. 33. 63.
Vincent (St-) de Vins. 218.
Vins. 216. 278. 321. 322.
Vins (de) Hubert de Garde. 216.
Vins (de), prévôt de Pignans. 275.
Vintimille (famille de). 9. 189. 247. 252. 283.
Vintimille (de) Charles, du Luc. 284.
Vintimille (de) François. 256.
Vintimille (de) Gaspard, archevêque de Paris. 284.
Vintimille (de) Jean, du Luc, évêque de Toulon. 284.
Vintimille (de), de Figanière. 286.
Virgile (saint), évêque d'Arles. 69.
Visitandines. 353.
Vitellius, empereur. 317.
Viviers (diocèse de). 134.
*Voconii (Forum).* 17. 18. 246. 281. 282. 322. 396.
Vulfin, évêque de Die. 222.

# W

*Willelmus Juvenis.* 202.

## FIN.

www.ingramcontent.com/pod-product-compliance
Lightning Source LLC
Chambersburg PA
CBHW050902230426
43666CB00010B/1989